법교육
교수학습방법론 강의

곽한영

서문

    이 글을 쓰는 지금은 2020년 7월입니다. 기록적인 폭우로 전국이 초토화되고 있는 시점에서 SNS상에 회자되는 어느 신문기자의 글이 불쾌지수를 더욱 높입니다. 이 칼럼의 요지는 교대와 사범대를 모두 폐지해야 교육이 산다는 것이었습니다. 각 분야에 전문가들이 많은데 교사의 전문성이란 겨우 6개월 정도 필수 교직과목을 이수하면 누구나 갖출 수 있는 수준이니 얼마든지 대체할 수 있다, 방학 때도 월급을 받는 '부자' 교사들의 기득권 지키기를 더 이상 봐주면 안 된다는 내용을 담고 있었습니다. 처음부터 끝까지 다 틀린 내용이라서 어디서부터 지적해야 할지 난감했지만 더욱 난감한 점은 이 글에 엄청난 수의 사람들이 '좋아요'를 누르고 공유하며 적극적인 공감을 표했다는 것입니다. 생각보다 많은 사람들이 이 기자와 비슷한 생각을 하고 있다는 뜻으로 보입니다.

    '교사의 전문성'은 교사라면, 혹은 예비 교사라면 누구나 갖는 고민입니다. '교사는 지식만 전달하는 것이 아니라 인성을 길러준다'는 대답은 질문의 포인트와는 다른, 어쩌면 오히려 교육에서의 전문성이란 별 것 아니라는 주장에 우회적으로 동조하는 것이 될 수도 있습니다. 많은 교사들은 이 질문에 대한 답을 '교수학습법'에서 찾으려고 하시는 것 같습니다. 지난 10년이 넘는 기간 동안 교사 연수 강의를 많이 다녔는데 최근 들어 뚜렷이 보이는 경향은 강의주제로 교수학습법을 요청하는 경우가 확연히 늘었다는 것입니다. 교원의 역량강화를 곧 교수학습역량의 강화로 이해하는 분들이 많아진 것입니다.

하지만 이 역시 절반의 대답 밖에 되지 않습니다. 앞서 기자가 '6개월만 배우면'이라고 쓴 것이 바로 그 의미입니다. 즉, 교사들은 내용적 전문성은 매우 떨어지기 때문에 교수학습법만 추가로 배우면 정치, 경제, 과학 등 각 영역의 내용 전문가들이 직접 가르치는 편이 훨씬 낫다는 논리입니다. 물론 교수학습법의 종류는 상당히 많고 숙련을 위한 시간도 적지 않게 걸리는 편이긴 하지만, 보편적 수준에서 교직과목에서 다루는 교수학습법만을 익힌다면 집중적으로 6개월 정도면 충분하다고 판단한 듯합니다.

사실 교육학의 영역에서 이에 대한 대답은 이미 오래전에 나와 있습니다. 주지하다시피 슐만(Schulman) 등의 연구를 통해 이미 70년대에 내용학·교육학만으로 분류될 수 없는 제3의 영역, 즉 교과교육학(Pedagogical Content Knowledge, PCK)의 영역이 존재하며, 실제 교과에서의 핵심은 단순한 내용＋방법론이 아닌 이 둘이 화학적으로 결합된 교과교육학임을 밝힌 바 있습니다. 이는 현재 교원양성체계에서 누구나 동의하는 주춧돌의 역할을 하고 있습니다.

즉, '법교육'은 '법학＋교육학'이 아니라 이 둘이 결합해 초중등 교육의 목적, 학생들의 수준, 학교의 상황과 교육과정의 운용에 따라 새로이 만들어진 '법교육'이라는 교과교육학의 형태로 존재합니다. 법교육이 법학 또는 교육학과 마찬가지이므로 법률 전문가가 법교육을 전공한 사회과 교사보다 더 잘 가르칠 수 있다는 것은, 청동이 구리와 주석이 합쳐져 만들어진 합금이니 구리 덩어리와 주석 덩어리를 한데 모아두면 그게 청동과 다를 바 없거나 심지어 더 낫다고 주장하는 것과 마찬가지의 어리석은 궤변입니다.

따라서 교사의 전문성에 대한 보다 깊은 탐구는 교대, 사범대의 교육내용들이 궁극적으로는 교과교육학의 형태를 지향해야 한다는 대전제 위에 올바른 방향을 설정할 수 있다고 생각합니다. 이는 또한 종합대학에 여러 전공의 학과들이 있음에도 불구하고 특수목적대학으로 교대와 사대가 별도로 존재해야 할 이유에 대한 근거이기도 합니다. 하지만 아쉽게도 대학 현장에서 교과교육학에 대한 보다 깊은 확장은 제대로 이루어지지 않는 것으로 보입니다. 사회과의 경우 정치, 경제, 사회문화, 법의 네 가지 내용영역과 별개로 사회과교육학이 존재하도록 대학교육 과정이 구성된 경우가 일반적입니다. 하지만 이런 구성은 앞머리에 설명한 '내용학＋교육학'이라는 분절구조를 학과 내부 차원에서 미시적으로 반복한 것에 불과합니다. 시민교육을 목표로 하는 사회과 전체의 교과교육학적 성격을 밝히는 사회과교육학의 의의와 가치는 분명하겠으나 정치, 경제, 사회문화, 법 역시 축약된 내용학의 형태로 존재하는 것에 만족하지 말고 정치교육, 경제교육, 사회문화교육, 법교육이라는 교과교육학의 형태로 진화할 필요가 있습니다.

이 책은 그런 문제의식에서 어찌 보자면 네 개의 내용학 영역 가운데서도, 내용중심적 경향성이 가장 강한 법교육의 교과교육학적 성격을 심화시키고자 하는 장기적인 목표에서 계획되었습니다. 법률 전문가를 양성할 법학 교육에서 사용되는 교수학습법과, 건전한 법의식을 갖춘 민주시민을 양성하고자 하는 법교육에서 사용되는 교수학습법은 달라야 합니다. 이 책에서는 많은 분들께 생소할 법교육 교수학습법을 조금이라도 친근하게 전달하기 위해 원고를 절반 정도 쓴 시점에서 전체적으로 내용을 갈아엎고, 학생과 선생님들께 직접 말로 설명하는 '강의' 형태의 문장으로 내용을 풀어나가기로 했습니다. 그래서 이 책의 제목도 '법교육 교수학습법 강의'로 수정되었습니다.

첫 머리의 '총론'은 법교육 자체에 대한 설명입니다. 교과교육학으로서의 법교육 개념과 성립과정 · 사례 등을 간략히 담았습니다. 이 부분에 대해서는 추후 별도의 책으로 확장해 자세하게 전달해드릴 기회가 있을 것으로 생각합니다.

이어서 모의재판, 교육연극, 청소년법정, 또래 조정, 딜레마 토론수업, 블렌디드 러닝과 플립드 러닝, 작문수업, 선거교육 등 여덟 가지 교수학습법을 골라 담았습니다. 창의체험활동을 비롯한 비교과 영역에서의 법교육 수업이나 법교육 동아리 운영 관련 내용도 원고를 작성했었습니다. 그러나 최근 정부에서 정시의 비중을 대폭 높이는 한편 학교 내 비교과 활동을 입시과정에서 완전히 배제하는 내용의 대입 개선 방안을 확정해 앞으로 학교 내 비교과 활동이 크게 위축될 것으로 예상되어, 아쉽지만 이 내용은 빼고 미국을 중심으로 한 법교육의 작은 사례들을 모아 9장을 구성했습니다.

각 장의 내용 구성은 조금씩 차이가 있긴 하지만 이론적 논의에서 시작해 구체적 사례로 내려가는 방식을 택했습니다. 예를 들어 1장의 모의재판이라면 모의재판의 개념과 역사·종류를 다루고 수업할 때의 단계 설정을 설명한 후, 실제 수업에 이를 적용한 사례를 소개하는 방식입니다. 특히 중점을 두었던 것은 최대한 현장 수업에서 곧바로 활용할 수 있도록 수업 적용의 방식과 사례를 구체적으로 제시하는 것입니다. 이를 위해 각 장에는 실제 수업지도안들을 실어두었습니다. 현장에서 수업지도안을 활용하시려면 한두 장의 종이에 통으로 인쇄해서 보는 것이 좋은데 책의 크기에 한계가 있어 여러 페이지로 나누어 수록할 수밖에 없었습니다. 이 부분은 출판사와 상의한 끝에 이 책의 편집을 맡으셨던 최은혜 선생님의 아이디어로 QR코드 링크를 제공해드리기로 했습니다. 1·2·4·8장의 경우 QR코드를 찍으시면 B4 크기로 잘 정리된 교수계획안 파일을 받아서 활용하실 수 있습니다. 이 자리를 빌어 본인의 교수계획안을 이 책에서 사례로 사용하게 해주신 여러 선생님들께 감사의 말씀을 드립니다.

일반적인 대학교재의 서문과는 좀 다른, 너무 뜨겁거나 긴 글이 되지 않았나 싶기도 하네요. 실은 저 역시 대학에 오기 전에 학교 현장에서 약 8년간 교사생활을 했습니다. 사범대에 오면서 마음속에 했던, 그리고 지금도 매순간 하고 있는 다짐은 저는 교수라기보다는 '교사를 가르치는 교사'라는 것입니다. 스스로를 교사라고 생각하는 입장에서 앞서 소개드린 기자의 글, 그리고 그와 비슷한 말을 스스럼없이 쏟아내는 주변 많은 사람들의 반응은 큰 상처로 다가왔습니다. 우리가 교대와 사대의 존재 이유를 말하고 교사의 전문성이 지닌 가치에 목소리를 높이는 것은 기자의 말처럼 그것이 대단한 '기득권'이거나 '기대소득이 30억 원대인 부자'라서가 아닙니다. 비단 사회과뿐 아니라 모든 초중등 교육의 궁극적인 목표는 '민주시민 양성'입니다. 교원을 양성하는 특수목적 대학을 없애고, 그리하여 우리가 이제까지 알고 있던 '교사'를 부정한다는 것은 우리가 이제까지 알고 있던 교육을, 그 교육의 목표를 부정한다는 것입니다. 어떤 이들에게 교육은 단지 사회의 부속품으로 제 몫의 노동을 감당할 '기능'을 전수해주는 것으로 충분한 모양입니다. 하지만 우리 교사들은 그렇게 생각하지 않습니다. 우리에게 교육은 아이들을 노예가 아닌 주인으로 만드는 과정입니다. 제가 상처받은 이유는 이토록 당연한 상식을 이제는 애써 주장하고 설득하지 않으면 안 되는 천박한 시대에 몸을 담고 있다는 것을 깨달은 부끄러움 때문입니다.

2020년을 뒤덮은 폭우와
코로나바이러스의 한가운데서
저자 올림

차례

총론 법교육의 이해

PART 01 모의재판

PART 02 교육연극

PART 04 또래 조정

PART 05 딜레마 토론수업

PART 07 사례연구와 작문수업

PART 08 선거교육

PART 09 미국 법교육 교수학습법 사례

부록

총론
법교육의 이해

1. 법교육의 개념과 역사

법교육의 의미

　법교육의 개념을 '공동체의 구성원들에게 사회적 규범을 가르치는 것'으로 넓게 이해한다면 법교육의 역사는 인류의 기원과 함께 시작되었다고 보아도 무리가 아닐 것입니다. 지구상을 지배하고 있던 강력한 포식자들에 맞서 상대적으로 육체적 능력이 떨어지는 인간이 최종포식자의 자리에 오를 수 있었던 비결은 무엇일까요? 집단을 구성하고 언어적, 비언어적 소통을 통해 상호작용을 강화하는 한편, 여기서 더 나아가 규범을 통해 이전에 다른 생물들이 상상할 수 없었던 대규모의 집단을 조직적으로 형성하고 효율적으로 운영할 수 있었기 때문일 것입니다. 이러한 규범들의 핵심적인 내용은 '해야할 일'에 대한 의무와 '하면 안되는 일'에 대한 금지의 목록으로 구성되어 있었습니다. 따라서 가장 고전적인 의미에서 법교육이란 구성원들이 사회적 규범에서 일탈하는 '범죄'를 막기 위한 것이었다는 점에서 '준법교육'과 맥을 같이 한다고 할 수 있습니다. 간단히 말하자면 '법을 만들고 집행하는 사람들'을 위한 법학교육과 달리 일반인들을 위한 법교육은 그저 주어진 법을 준수하도록 하기 위한 수단에 가까웠던 것입니다.

하지만 학술적 개념으로서 법교육(Law‒Related Education)이 체계화된 1970년대 이래로 법교육은 '준법교육'이라는 개념을 넘어서기 위해 부단히 노력해왔고 그 결과 현재 학계에서는 법교육을 보다 확장된 개념인 '시민성 교육'으로 이해하는 시각이 지배적입니다. 이런 변화에는 여러 가지 이유들이 있습니다.

첫째, '법을 안다'라는 것이 '법을 준수한다'는 것과 같은 의미인가에 대한 회의감이 있습니다. 지식과 의식 사이에 존재하는 균열이라고 할 수 있습니다. 범죄예방의 차원에서 법을 가르친다고 했을 때 그 밑바닥에는 '법을 알면 법을 지킬 것입니다'라는 전제가 깔려있습니다. 그러나 공동체에서 법을 몰라서 실수로 법을 어기는 것보다 근본적으로 문제가 되는 것은 법을 알면서도 위반하는 것, 심지어 법을 잘 알아서 그 허점을 이용해 자신의 이익을 취하는 것입니다. 따라서 단순히 법의 내용을 가르치는 것만으로는 사회적 규범의 준수라는 효과를 기대하기 어렵습니다.

둘째, '준법의식'의 양상은 단일한가에 대한 문제제기가 있습니다. 재소자들의 법의식을 조사한 강구진의 연구(1983)에서는 일반적인 상식과 배치되는 결과가 확인되었습니다. 현행 법에 대한 심각한, 반복적인 위반으로 재소자의 신분이 된 사람들이 당연히 낮은 법의식을 가지고 있으리라는 예상과는 달리 오히려 재소자들의 법에 대한 태도가 일반인보다 더 긍정적이고 강한 준법의식을 가지고 있다는 것이 확인되었기 때문입니다. 이 문제에 대해 강구진은 추가적인 조사를 통해 재소자들이 법 자체에 대해서는 긍정적이지만 법을 집행하는 경찰에 대해서는 불신감이 매우 높았다는 점에서 법을 법 집행자의 의지에 종속되는 것으로 이해했기 때문에 이런 결론이 나왔다고 설명했습니다. 또한 준법의식이 단일한 것이 아니라 준법의 이유에서 법의 규범적 타당성을 인정하는 경우, 제재를 강하게 인식하는 경우, 준법의 이익을 고려하는 경우, 법을 맹종하는 경우로 나뉜다고 설명하며 각각의 경우에 준법의식이 실제 규범 준수로 이어지는 양상이 달라짐을 지적했습니다. 즉, 단순히 준법의식을 높이는 것 자체가 문제가 아니라 '어떤 종류의 준법의식'을 함양할 것인지를 세심히 고려한 교육이 필요하다는 것입니다.

셋째, 의식과 행동 사이에 존재하는 간극의 문제가 있습니다. 사회심리학에서 의식과 관련된 기존 연구들에서는 여러 계기를 통해 의식이 형성된다 해도 이것이 실제 행동과는 많은 괴리가 있다는 점이 확인되고 있습니다(곽한영, 2007:72). 즉, 단순히 법에 대한 지식을 증가시키는 것만으로 준법행동이 강화될 것으로 기대하기 어려우므로 확장된 가치체계로서 민주시민성을 함양할 수 있는 보다 체계화된 교육방식이 필요하다는 것입니다.

하지만 여전히 이와 같은 설명들은 법교육이 '효과적인 준법교육'이 되기 위한 조건에 대해서만 고민하고 있다는 점에서 한계가 있습니다. 사실 이미 민주화된 사회에 살고 있는 우리들의 입장에서 법교육이 민주시민을 기르기 위한 교육이 되어야 한다는 생각에 반대하는 사람은 없을 것입니다. 문제는 그렇게 준법교육을 넘어서기 위해서 '어떻게' 해야 할 것인가 하는 점입니다. 법의 내용을 보다 자세하고 체계적으로 가르치는 것으로 과연 민주시민에게 필요한 법의식을 기를 수 있을까요?

'법교육'(Law-Related Education)은 전통적인 '법학교육'(Law Education)에서 시작되었으나 그 성격이 매우 다르다는 점에 주목해야 합니다. 먼저 생각해보아야 할 점은 법교육이 법학에 관한 지식과 소양을 갖춘 '예비 법학자', '꼬마 판검사들'을 길러내는 것을 목표로 하는가 하는 점입니다. 일반적으로 법교육이라는 용어에서 떠올리는 이미지들은 법학적 지식들을 동원해 법조인들의 도움 없이도, 혹은 적절한 도움을 구해 문제를 해결하는 법적 능력을 갖춘 시민의 모습일 것입니다. 이와 같은 일반적인 인식 때문에 법학교육과 법교육은 구분되어 인식되지 못했고 고등학생 대상의 교과서나 일반인들을 위한 법률 서적들도 법학개론을 축소하거나 소소한 법률적 상식들을 전달하는 형식을 띠게 되었습니다. 하지만 주로 대학에서 이루어지는 법학교육과 초중등단계, 그리고 일반인을 대상으로 이루어지는 법교육은 대상과 목표에 있어서 큰 차이가 있습니다.

첫째, 법학자, 법조인을 길러내는 교육에서는 개별적인 법조문이나 법학적 사실들을 많이, 정확하게 알고 적용하는 능력이 기본이 되므로 지식의 측면이 강조될 수 밖에 없습니다. 반면 법적 사고를 지닌 국민은 법을 많이 아는 사람이라기보다는 법에 대한 신뢰와 자부심을 가지고 법을 적극적으로 이용해 자신과 타인의 권리를 보호하려는 가치관과 태도를 가진 사람입니다. 물론 이를 위해 기초적인 법적 지식이 기반이 되어야 하겠지만 지식 자체의 양이나 전문성이 주된 관심사가 될 수는 없을 것입니다.

오히려 일반인들의 경우 법을 이용하려는 자세와 신뢰만 갖는다면 구체적인 내용들은 법전문가들에게 의뢰하는 태도를 갖도록 하는 것이 더 바람직할 것입니다. 반면 법조인을 길러내는 교육에서는 이러한 태도와 가치의 문제가 직업윤리와 관련되며 그 상대적 중요성을 인정한다 해도 직업적 전문성에 우선하는 중요성을 부여받을 수는 없습니다.

둘째, 법학교육은 직접적으로 법적 분쟁이나 논란이 되는 상황을 해결하기 위해 지식의 정확성을 강조하고 지식 자체의 논리성을 정밀하게 검토하는 것을 중요시합니다. 따라서 법적 용어들이 어렵고 낯설더라도(예를 들어 공서양속, 반의사불벌죄, 간주와 추정 등) 그 자체로서 이해해야지 이를 다른 쉬운 말로 풀어서 설명하거나 사례를 통해 이해하는 것을 꺼립니다. 왜냐하면 그러한 변용들은 다양한 수준에서 개념의 부정확성을 동반할 수 밖에 없기 때문입니다. 그러나 법교육의 목표는 스스로 모든 법적 문제를 완벽하게 해결할 수 있는 사람들을 기르는 것이 아니라 법적 해결의 필요성과 장점을 깊이 인식하고 해결과정을 신뢰하며 후에 문제가 발생했을 때 필요한 법률적 절차나 도움을 구할 수 있도록 법적 사고의 방식을 이해하고 이에 따르는 사람을 기르는 것을 목표로 합니다. 이렇게 되자면 일단 법에 익숙하고 친근한 느낌을 가져야 하고 법적 용어의 정확성보다는 그러한 용어나 제도가 가지고 있는 사고의 방식을 이해하는 것이 더욱 중요하므로, 자세한 설명과 함께 예시나 비교, 추론, 판단 등의 수업방식을 적극적으로 활용하게 됩니다. 물론 법학 교육에 있어서도 이러한 방식들이 완전히 배제되지는 않지만 그 도달점이 '법조인'인지 아니면 '법적 사고력을 지닌 생활인'을 지향하는지에 따라 교육의 내용과 방식이 크게 달라지게 될 것입니다.

법교육의 개념이 확립된 것은 미국에서 스트릿 로(Street Law) 프로그램을 중심으로 생활법교육 운동이 일어나던 1970년대입니다. 당시 미 연방법의 일종으로 1978년 제정된 법교육법(The Law Related Education Act of 1978)에서는 이런 흐름을 반영해 법교육을 '일반인에게 법, 법절차, 법제도에 관한 지식과 기술 및 그의 바탕이 되는 근본원리와 가치들을 교육하는 것'으로 정의하고 있습니다. 전미변호사협회 산하 청소년법교육위원회(YEFC)에서는 이를 보다 세분해 제시하고 있습니다(ABA, 1985). 이에 따르면 법교육은 일반적으로 복잡하고 가변적인 현대 사회에서의 법과 법적 쟁점에 대해서 효과적으로 대처하는 데 필요한 지식, 태도, 기능, 평가력 등을 개발할 기회를 제공하는 조직된 학습경험입니다. 또한 첫째, 일상생활에 직접적으로 영향을 미치는 도로법, 청소년 관련법, 소비자법 등에 초점을 맞추어 교육하는 생활법률교육으로서의 입장과 둘째, 자유, 정의, 평등, 권력, 사생활의 자유 등 법의 기초적 개념과 쟁점에 관심을 갖도록 하는 사고력 교육, 셋째, 형사재판, 입법과정 등 법의 실현과정에 학생들의 참여경험을 중시하는 참여능력 증진교육의 측면으로 나누어 제시하고 있습니다. 이에 따라 법교육의 목표는 다음과 같이 세 가지로 설정되었습니다.

1. 확고한 자기 입장을 가진 행위자로서 문제 해결자 및 반성적 의사결정자가 되는 것(Reflective Decision Maker)
2. 타인의 감정을 이해하고 사회적으로 책임감이 있으며 타인을 생각할 줄 아는 사람이 되는 것(Empathy and consideration for other)
3. 윤리적, 도덕적 문제에 성숙한 판단을 할 줄 아는 사람이 되는 것

우리나라에도 2008년 법교육지원법이 제정되어 법교육의 개념을 명확히 하는 한편 법교육 관련 활동들을 다각도로 지원하고 있습니다. 동법에서는 법교육의 개념을 다음과 같이 밝히고 있습니다.

법교육지원법(208) 제2조
"법교육"이란 청소년 및 일반국민에게 법에 관한 지식과 기능, 법의 형성과정, 법의 체계, 법의 원리 및 가치 등의 제공을 통하여 민주시민으로서 필요한 법적 이해능력, 합리적 사고능력, 긍정적 참여의식, 질서의식, 헌법적 가치관 등을 함양함을 목적으로 하는 법과 관련된 일체의 교육을 말한다.

또한 법교육지원법의 제정에 관한 기초연구자료의 역할을 했던 성낙인 등의 연구(207)에서는 법교육의 목표를 법에 대한 지식과 이해의 증진, 비판적 사고 및 문제해결 능력의 개발, 가치 및 태도의 명료화 등으로 제시하고 있습니다. 동시에 법교육의 필요성을 다음과 같이 설명하고 있습니다.

시민이 법을 정당한 것으로 확신하고 효과적으로 방어하기 위해 법에 대한 독자적인 판단능력이 요구된다. 이러한 독자적 판단과정을 통해 단순히 법의 준수에 그치지 아니하고 법을 지키고 실현하기 위해 능동적으로 참여하는 의식을 갖게 될 것이다 … 법교육은 시민이 자신에게 부여된 권리를 사실상 행사할 수 있는 생활 속의 실천 능력과 의지 및 태도를 갖게 하는 데 기여해야 한다(성낙인 외, 207:15).

이상의 내용들을 정리해보면 법교육은 법전문가의 양성을 목표로 하는 법학교육과 달리 일반인 및 청소년을 대상으로 민주시민으로서 필요한 시민성의 함양을 목표로 하고 있으며 이를 위해 기본적인 법적 소양뿐 아니라 법적 사고와 참여의식, 가치관 등을 기르는 것이 중요한 교육적 목표로 제시되고 있습니다. 따라서 법교육을 단순히 법학적 내용의 전달로 보는 시각은 수정되어야 하며 법교육의 교수학습방법 역시 법적 시민성 함양이라는 목표에 비추어 선택되고 실행될 필요가 있습니다.

02 　　법교육의 전개과정

이제 시민의 양성을 목적으로 하는 법교육이 어떻게 생겨나고 확장되어 현재에 이르렀는지 간략하게 살펴보도록 합시다. 법률 전문가의 양성을 목적으로 한 법학 교육이 아닌 청소년과 일반 시민을 대상으로 한 광범위한 법교육은 근대 국민국가의 등장과 함께 제도화되었습니다. 즉, 전근대 사회에서 혈연, 지연을 중심으로 구성되던 공동체의 구성원들에게 '민족'을 중심으로 훨씬 더 확장된 영토, 국민 그리고 여기에 배타적으로 작용하는 주권의 관념을 받아들이도록 하기 위해 체계적으로 이루어진 공교육 제도의 차원에서 법교육은 국가 차원의 동질적인 가치체계를 수용해 근대 국가를 건설하는 중요한 역할을 떠맡게 되었습니다. 이와 같은 차원에서 이루어지는 법교육에 가장 강조되는 분야는 헌법교육입니다.

예를 들어 법교육이 가장 활성화된 미국의 경우도 그 시작은 헌법교육이었습니다. 이민자들로 이루어진 국가의 특성상 사회통합의 기제가 절실했던 미국에서는 1900년대 초반부터 헌법, 그중에서도 권리장전의 내용들을 중심으로 공립학교에서 법교육이 활발하게 이루어졌습니다(Williamson et al, 2007;41). 이는 법교육의 시민교육적 성격을 고려할 때 모든 실정법의 근간이 되는 가치와 지향, 원칙 등을 담고 있다는 점에서 자연스럽게 헌법이 법교육의 핵심 영역으로 부각된 것으로 볼 수 있습니다. 이와 같은 현상은 일본의 법교육에도 그대로 나타나며 일본의 교과서에서는 현재까지도 헌법의 기초 이론과 인권에 관련된 내용이 법교육 관련 부분의 중심적인 축을 담당하고 있습니다(김미희, 2007:20; 이진석, 1994:135).

이러한 양상은 우리나라의 해방 후 초기 교육과정에서도 그대로 나타납니다. 교수요목에 의거해 해방 후 처음 만들어진 교과서에서는 '정치와 사회'라는 교과명에도 불구하고 헌법 관련 내용이 절대적인 분량을 차지하고 있으며 그 서술방식 역시 제헌헌법을 하나하나 설명하는 방식으로 구성되어 있습니다(이 내용은 뒤에서 좀 더 자세히 설명하겠습니다). 이는 새로이 탄생한 국가의 구성원으로서 청소년들을 교육하는 데 있어 헌법이 가장 중요한 매개체로 여겨졌기 때문으로 보입니다.

따라서 19세기 말에서 20세기 중반에 걸쳐 전 세계적으로 국민국가의 건설이 활발했던 시기에 헌법교육은 법교육의 핵심을 차지했습니다. 우리나라 역시 해방 직후 1948년 대한민국 건국을 즈음해서 헌법교육에 대한 수요가 매우 컸습니다. 최근 우리나라에서 헌법교육에 대한 시대적 요구는 그때만큼 강하지 않지만 후속 세대들의 사회화에 여전히 헌법교육은 중요한 역할을 담당하고 있습니다. 특히 동서독 통일과정에서 하버마스, 스턴버그와 같은 학자들의 주장을 중심으로 헌법을 매개로 한 통합, 즉 '헌법애국주의'가 강조되었던 것처럼 가까운 미래에 다가올 통일을 대비하기 위한 교육적 대안으로서 헌법교육의 유효성은 오히려 더 커질 것으로 예상됩니다.

03   생활법교육의 등장과 확산

미국에서 헌법을 중심으로 이루어지던 법교육이 극적인 변화를 맞이하게 된 계기는 1957년 스푸트닉 쇼크였습니다. 냉전의 양축으로 대립하던 미소 관계에서 소련이 먼저 인공위성을 쏘아올린 사건은 미국에 큰 충격을 주었고 아이젠하워 정부는 초중등 학교교육과정의 광범위한 수정에 착수하게 됩니다(Starr, 1985). 그 결과 학교 시민교육의 개혁을 위해서는 탈맥락적 상황에서 헌법

내용의 암기와 이해에 치중하는 전통적인 법교육보다, 그러한 헌법상의 기본권들이 근로 현장, 교육 현장, 거래, 계약 등 다양한 일상생활의 장에서 어떻게 실현되는지의 학습이 더욱 중요하며 그러기 위해서는 구체적 사례 속에서 자신의 권리와 의무를 학습할 수 있는 '생활 중심의 법교육'으로 전환되어야 한다고 강조하게 되었습니다(박성혁, 2006:57).

이러한 주장은 점차 미국 전역에서 공감대를 확산해나가며 사회과 교사, 교수들이 모인 NCSS(미국사회과교육협의회)의 1962년 Williamstown 회의에서 법교육의 개념을 공식적으로 확장, 선언한 Williamstown Report(1962)의 발표로 이어집니다. 이 보고서에는 '사회과에서 법영역은 헌법 내용이나 원리를 기술·설명하는데 그칠 것이 아니라, 헌법 이외의 다양한 법내용을 포함해 주요 법개념에 관한 주제를 가르치되, 실제의 사례를 활용하는 교수-학습 방식을 취해야 한다'는 선언이 담기게 됩니다.

이후 법교육은 기본권재단(Constitutional Rights Foundation, CRF), 시민교육위원회(Committee on Civic Education), 스트릿로(Street Law Org.) 등 다양한 단체들이 설립되면서 미국 내에 확산되어갔습니다. 또한 미국 내에서 가장 강력하고 광범위한 법조인단체인 전미변호사협회(American Bar Association, ABA)가 1971년부터 협회 산하에 청소년시민교육특별위원회(Special Committee on Youth Education for Citizenship, YEFC)를 설치하고 법교육을 적극 지원하면서 크게 발전해나가게 됩니다. 특히 1974년 청소년비행예방법(the Juvenile Justice and Delinquency Prevention Act)을 계기로 연방 법무성 산하의 미국청소년사법 및 범죄예방국(the US Office of

Juvenile Justice and Delinquency Prevention, OJJDP)이 법교육 사업에 적극 뛰어들었으며, 1978년 연방차원에서 법교육법이 제정되어 법교육 단체들이 연방정부의 재정적 지원을 받게 되면서 안정적 인 제도적 기반을 확보하게 되었습니다(Williams, 2007:48).

04 ▼ 시민법교육(PLE)으로의 확장

법교육의 범위와 내용이 확대되면서 80년대 이후 새로운 개 념 분화가 이루어졌습니다. 지역사회를 단위로 하는 법교육인 '지 역공동체 법교육'(Community Legal Education, CLE)이 호주를 중심 으로 등장했고 이는 기존의 청소년들을 대상으로 한 학교법교육 (LRE)과 달리 성인을 대상으로 한 시민법교육이 평생교육의 일환 으로 등장하는 계기를 만들어냈습니다. 성인을 대상으로 하는 법 교육은 청소년 대상 법교육에 비해 상대적으로 법적 지식 그 자 체에 좀 더 강조점을 두기 때문에 '정보를 어떻게 전달할 것인가' 가 중요한 포인트로 여겨지면서 '시민법률정보서비스'(Public Legal Information, PLI)가 등장하게 되었습니다.

그러나 법적 정보를 쉽게, 빠르게, 많이 전달하면 된다는 단 순한 목표설정과는 달리 대부분의 경우 사람들이 자신에게 어떤 법적 정보가, 언제, 얼마나 필요한지 자체를 판단할만한 소양을 지니지 못했다는 근본적인 문제가 있었습니다. 애당초 자신이 부 닥친 문제가 법적 문제인지 아닌지조차 모르는 경우가 많으므로 정보의 전달은 기본적인 법적 소양의 교육과 결합하여야 한다는 문제의식으로 연결되었고 그 결과 '시민법교육 및 정보서비스'(Public Legal Education and Information, PLEI), 그리고 이를 보다 단순화한 '시민법교육'(Public Legal Education, PLE)라는 개념으로 정착되었습니다(곽한영, 2012:7-9).

현재 시민법교육은 정규 교육과정에서 법교육이 정착되지 못한 영국, 호주, 캐나다 등을 중심으로 확대되고 있으며, 주로 사회적 약자들에게 자신의 권리를 알리고 지킬 수 있는 힘을 길러준다는 점에서 단순한 교육서비스를 넘어서 사회적 복지시스템의 일부로 여겨지며 그 중요성을 더해가고 있습니다. 예를 들어 캐나다의 브리티시 컬럼비아(British Columbia) 지역에서 시행되고 있는 'People's Law School'(PLS) 프로그램은 지역 사회의 현안을 중심으로 필요한 법적 정보들을 강연, 워크샵, 출판물, 연극, 이벤트 등을 통해 전달하고 있습니다. 또한 영국의 더 칼리지 오브 로(The College of Law)가 요크셔의 동거스터(Doncaster) 지역과 런던의 클래텀 파크(Clapham Park) 지역에서 벌이고 있는 '지역 사회를 위한 뉴딜'(New Deal for Communities)도 지역사회와 결합해 큰 효과를 발휘한 PLE의 성공사례로 꼽히고 있습니다.

시민법교육을 통한 지역사회 갈등의 해결과 복지 향상의 전형적인 예시로 영국의 법교육 사례 하나를 추가할까 합니다. 영국 런던의 사우스웍(Southwark) 지역에서는 주택임대료를 제때 지급하지 않는 주민들에 대한 퇴거문제로 몸살을 앓고 있었습니다. 임대료 지급을 제대로 하지 않아 퇴거해야 하는 대상 주민의 비율이 높았을 뿐 아니라 퇴거 과정에서 물리적 충돌이 생기기도 했습니다. 이와 관련된 지자체의 사회적 비용도 만만치 않아 사회문제가 되었습니다. 이러한 상황에서 단순히 통보와 강제적 퇴거만을 반복할 것이 아니라 새로운 교육적 대안을 모색해보자는 문제제기가 이루어졌고 그 결과 이 지역의 입주민들에게 임대료 지급의 중요성과 미지급시의 처리과정, 법적 권리 등을 교육하는 프로그램인 Southwark Possessions Prevention Project가 시작되었습니다. 이 프로그램에는 지역시민단체와 주택전문 변호사들이 함께 참여했는데 체계적인 교육의 결과 퇴거율이 낮아져 입주민과 지자체의 비용이 크게 감소했을 뿐 아니라 충돌로 인한 사회적 문제도 줄어드는 큰 효과가 있었습니다. 지역 사회의 특성에 맞춘 지역 공동체 법교육의 성공적인 사례라고 할 수 있을 것입니다(Law Centres Federation, 2007:19).

05 우회교육(diversion)으로서 법교육 프로그램

법교육은 대부분 초중고 단계의 학교교육과 결합해 정규 교과의 일부로 다루어지거나 교내 특별프로그램으로 실시되는 경우가 일반적이었습니다. 그러나 해방 이후부터 법 관련 내용이 사회 교과의 일부로 꾸준히 다루어졌던 우리나라와 달리 미국을 비롯한 대부분의 국가에서 법은 정규 교육과정에 편입되지 못했고 이는 법교육 확장에 큰 한계로 작용했습니다. 이에 따라 학교 바깥에서 범죄 및 비행을 예방하기 위한 프로그램으로서 시행되는 법교육의 비중이 커졌으며 공식적인 사법제도의 일부로 편입되기도 했습니다. 일반적으로 재판을 통한 처벌보다는 교육을 통한 재범 방지가 더 필요한, 나이가 어린 경미한 사안의 초범들을 위한 우회교육(diversion)의 일환으로 법교육이 시도되는 경우가 많았습니다. 켄터키주 소년 사법체계 내에서의 법교육 프로그램을 중심으로 그 형태를 보다 상세히 살펴보겠습니다.

켄터키주의 우회교육은 1986년부터 시작되었습니다. 18세 미만의 청소년들이 경미한 비행이나 범죄를 저질렀을 경우 이들을 정식 형사재판에 회부하는 대신 교육이나 사회봉사 등의 활동을 이수하도록 하는 것이 적절한지 판단하고, 이에 따라 대상 청소년이 유죄를 인정해 사실관계의 다툼이 없고 본인과 부모가 우회교육을 받는 것에 동의할 경우 절차가 개시됩니다. 이 과정은 형사절차의 일부이기 때문에 판사에 의해 감독을 받습니다. 따라서 교육 이수가 불량하거나 대상자가 중간에 재판을 받고 싶다고 마음을 바꾸면, 우회교육이 즉시 종료되면서 재판절차로 이행하게 됩니다. 예정된 교육이나 봉사활동을 모두 이수하면 사법절차를 종료하고 공식 범법행위의 기록은 남지 않게 되는데 켄터키주의 경우 연간 약 46,000건의 청소년 사건 중 50% 정도가 우회되었고 이중 89%의 학생들이 우회계약을 완수했습니다(Williams, 2007:203).

하지만 이러한 우회교육 과정을 법원에서 모두 감당하기는 힘들기 때문에 주 대법원에서 외부교육기관으로 민간기관을 지정 해 위탁하게 됩니다. 이러한 기관 혹은 개인들을 CDW(Court Designated Worker)라고 하는데 이들은 우회교육을 위한 계약에서부터 교육 프로그램, 봉사활동의 조정과 배치, 관리 감독 등 일반적으로 6개월 정도 걸리는 과정 전반을 담당합니다. 문제는 5년 간에 걸친 우회교육 프로그램이 그리 성공적이지 않았고 비효율적인 프로그램이 훨씬 많았다는 점입니다. 당시 다른 주에서 큰 성과를 거두던 법교육 프로그램에 대해 알게 된 켄터키주는 1990년 116개 CDW 기관 중 12개 단체를 선정해 법교육 전문기관으로부터 3일간에 걸친 집중교육을 받았습니다. 이들은 자신의 관할구역으로 돌아와 약 6개월간에 걸쳐 예비 프로그램을 만들었고 이를 바탕으로 12주짜리 본교육 프로그램을 도입했습니다.

이 프로그램의 특징은 첫 강의의 오리엔테이션 단계에서 부모를 참석시켜 프로그램에 대한 지지를 이끌어냈고, 변호사, 시민단체, 경찰 등 외부자원인사(resource person)을 적극적으로 활용했다는 점입니다. 또한 강의 형식의 수업이 아닌 활동적인 수업방식을 적극적으로 사용했고, 현장학습을 중시했으며 최종 주에 모의재판과 졸업식을 통해서 청소년들의 성취감을 극대화했습니다(Williamson & Young, 1992). 이 프로그램이 커다란 성공을 거두자 이듬해인 1991년 7월 켄터키 대법원은 법원 행정처 산하에 법교육을 전담하는 부서를 만들고 다양한 법교육 프로그램을 개발하는 한편 26인으로 구성된 법교육 위원회도 발족시켰습니다. 비행 청소년에 대한 우회교육 프로그램뿐 아니라 주 전체의 중학생들을 대상으로 한 법교육 전화회의나 초등학생 대상의 교재 제작과 배포, 분기별 법교육 뉴스레터 발간 등 사업의 범위는 꾸준히 확장되고 있습니다.

우회교육 프로그램은 미국의 여러 주에서 시행되고 있기 때문에 유사한 사례가 많습니다. 아이오와 주 소년원학교(Iowa State Training School for Boys)의 학생들을 대상으로 실시된 법교육 프로그램에 대한 연구에서는 비행에 직접적으로 영향을 주는 위험요인들이 크게 감소했다는 결과가 보고되었습니다(Buzzell & Wright, 1992).

지역사회를 기반으로 상습적 범죄를 저지르는 청소년 대상의 법교육을 실시하는 Teens, Crime and the Community(TCC) 프로그램에 대한 연구에서는 참여 청소년들이 법의 목적과 사법절차를 더 잘 알고, 범죄 희생자들에 대한 공감이 높아졌으며 행동의 결과에 대해 더 깊이 생각하게 되었다는 효과를 밝혔습니다. 또한 분쟁해결 능력, 성인들과의 대화에서 자신감, 대안적 행동을 찾는 능력 등이 향상되었다고 합니다(Buzzell, 1994).

범죄를 저지른 12세에서 17세까지의 청소년들을 대상으로 한 캘리포니아주의 우회교육 프로그램인 The Fresh Lifelines for Youth project(FLY)에서는 매주 2시간씩 총 15주에 걸쳐 법교육을 실시했습니다. 교육을 수료한 40명의 청소년들을 대상으로 한 효과 연구에서는 법적 지식, 준법 행동, 법적 딜레마 문제에 대한 이해와 태도가 긍정적으로 향상되었다는 결과를 확인했습니다. 특히 대부분의 학생들이 프로그램을 즐기고 큰 도움을 받았다는 소감을 밝혔습니다(Gannon, 2000).

하지만 우회 법교육 프로그램의 효과연구는 공통적인 한계를 가지고 있습니다. 참여하는 학생의 수가 제한적이기 때문에 통계적으로 유의미한 수준의 샘플을 확보하기 어렵고, 동일한 조건에서 어떤 비행청소년에게는 교육을 실시하고 다른 대상에게는 하지 않을 수 없기 때문에 비교 가능한 통제집단을 설정하기가 쉽지 않습니다. 또한 사법절차 대상자들이므로 개인정보의 보호 차원에서 설문조사 문항을 자세히 설정하기 어렵고 사전—사후 검사도 엄밀하게 실시하기 힘들어 포괄적인 차원에서 프로그램에 대한 만족도나 의견 정도를 받는 것이 일반적입니다. 특히 범죄예방교육 차원에서 가장 중요한 재비행률(recidivism rate)은 추적조사가 필요하므로 개인들의 동의와 사법당국의 협조가 필요한데 이러한 조건들을 충족시키기 쉽지 않습니다.

앞서 소개한 켄터키주의 사례에 대해서도 효과연구가 여러차례 이루어졌는데 이중 1993년에 발표된 연구에서는 동일 연령대의 고등학생들을 통제집단으로 설정한 유사 실험연구를 시도했습니다. 이 연구에서는 법교육 프로그램에 참여한 학생들의 자기자신, 부모, 이웃, 친구, 판사와 교사나 경찰 등 법적 권위체에 대한 인식이 긍정적으로 바뀌는 효과가 확인되었습니다. 특히 경찰에 대한 인식에 큰 변화가 있었다고 합니다. 또한 제한적이긴 하지만 1년 후의 재비행률도 평균적인 재비행률보다 낮게 나왔습니다 (Fox & Pelkey, 1993).

사우스 캐롤라이나 우회교육 효과연구에서는 좀 더 정밀한 결과가 제시되었습니다. 주 단위로 실시된 법교육 프로그램에 대한 평가연구에서 대상 청소년들은 법적 지식이 크게 증가했을 뿐 아니라 다른 우회교육을 받은 청소년들의 9개월간 재비행률 평균치인 36%에 비해 1/5 수준인 7%의 재비행률을 기록했고, 법교육 프로그램을 채택한 해당 카운티에서의 기소율 역시 다른 지역에 비해 크게 낮아졌습니다(South Carolina Department of Youth Services, 1986).

2. 법교육의 목표
- 법의식과 도덕성

01 규칙 개념의 형성과 도덕성 발달론

공교육 제도의 일반적인 목표는 '민주시민 양성'이고 법교육
은 민주시민의 여러 자질 가운데 '법의식'을 함양하는 데 목표가
있다고 여겨집니다. 그렇다면 과연 '법의식'이란 무엇이고 어떻게
변화가 가능한 것일까요? 법교육의 방법론을 이야기하기에 앞서
법교육의 목표라고 할 수 있는 법의식의 문제를 반드시 짚고 넘
어갈 필요가 있습니다. 이와 관련해서 인간의 정신적 능력이 어
떻게 성장하는가를 다루는 '인지발달론'에서의 논의를 참고해볼
수 있을 것 같습니다.

인지발달론은 인간의 내적인 정신과정, 즉 지각, 기억, 사고,
판단, 의사결정, 정보처리체계 등의 인지발달을 주로 연구하는 학
문입니다. 인지발달론의 주된 연구목적은 특정 연령 단계에 있는
아동의 지적 수준을 이해하고 기술하며, 연령에 따른 지적수준의
변화요인을 밝혀내고자 하는 것입니다. 인지발달론에서는 인간의

내면적 정신과정을 중시하기 때문에 인간은 능동적이고 주도적인 존재로서 환경요인보다는 스스로의 경험에 의해 발전해나간다고 봅니다. 그러나 그 과정은 양적인 축적이 아니라 질적인 변화이므로 변화가 순서적이면서도 단절적인 단계로 구성된다고 주장합니다. 즉, 인지능력이 계단처럼 한 단계, 한 단계 상승해간다고 보는 것이지요. 이는 환경의 조성에 따른 학습자의 행동변화를 강조했던 행동주의 이론과 대비되는 점입니다. 행동주의 이론에서는 학습자의 바람직한 행동변화를 이끌어내기 위한 여러 활동을 학습으로 보고 강화, 효과, 연습 등을 강조합니다. 이에 비해 인지발달론은 행동 자체의 변화보다는 그 행동을 지배하는 내적인 정신활동에 초점을 맞추고 있습니다. 이러한 인지발달론의 대표적인 학자로는 쾰러(Kohler), 피아제(Piaget), 비고츠키(Vygotsky) 그리고 콜버그(Kohlberg)를 들 수 있습니다.

쾰러는 행동주의자들이 주장하는 시행착오나 조건화를 통해 행동이 변화하는 것이 아니라 전체와의 구조 속에 간결하면서도 의미에 충만하게 통찰하는 내면적 작용을 통해 인지적 재조직화가 일어난다는 '통찰론'을 주장했습니다. 쾰러는 유인원이 천정에 매달린 바나나를 획득하는 과정이 반복적 시행착오를 통해 이루어지는 것이 아니라 문제 상태를 전체적으로 이해하고 그것을 분석해 인지함으로써 이루어졌다는 자신의 관찰을 바탕으로 행동주의를 강력하게 비판했습니다.

피아제는 이러한 인지발달의 단계를 체계화하고 각 단계에서 인지발달을 촉진하는 요인들을 제시해 인지발달론을 크게 발전시켰습니다. 피아제는 평형성에 기반한 동화와 조절과정을 통해 인지체계인 도식(schema)이 변화하는 것을 인지발달로 보고 연령에 따라 감각 운동기, 전 조작기, 구체적 조작기, 형식적 조작기의 단계를 거친다고 주장했습니다. 그러나 피아제는 모든 아동들이 보편적으로 비슷한 단계를 거친다고 주장해 문화적 환경의 차이를 고려하지 못했고 아동들의 정서, 사회성 발달을 소홀히 다루었다는 비판을 받습니다.

비고츠키는 인지발달이 사회문화적 맥락에서 일어난다는 점에 주목해 이러한 한계를 극복하려 했습니다. 아동의 실제적 발달 수준과 잠재적 발달 수준에는 차이가 존재하는데 이러한 '근접발달영역'에 교사나 부모의 환경적 중재를 통해 접근할 경우 발달이 가능하다는 것입니다. 따라서 비고츠키는 부모나 교사, 다른 유능한 협력자와의 상호작용이 아동의 발달에 큰 영향을 준다고 주장했습니다. 비고츠키의 사회문화적 관점은 협동학습, 문제중심학습, 상황학습 등에 영향을 주었으며 교사의 역할을 아동의 발달을 돕는 조력자로 보는 계기를 마련했습니다.

이러한 인지발달론들은 교육에 몇 가지 중요한 시사점을 던져주었습니다. 첫째, 반복과 시행착오만으로 어떤 것이든 배울 수 있는 것이 아니라 아동들의 인지발달에는 일정한 단계가 있으므로 이러한 발달수준에 적합한 교재나 교육방법을 선택해야 한다는 것입니다. 두 번째, 학습은 아동 스스로의 인지구조 재구성에 의해 일어나는 것이므로 일방적으로 교사가 내용을 전달할 것이 아니라 아동들이 스스로 자신의 인지구조를 재구성할 수 있도록 조력해야 한다는 것입니다.

인지의 다양한 요소 가운데 법교육과 직접적으로 관련되는 것은 '도덕성'입니다. 도덕성의 형성과 발달 과정에 관해서는 대략 세 가지 관점들이 제시되어 왔습니다. 첫 번째는 사회학습이론, 혹은 사회화 이론이라고 불리웁니다. 이 이론을 주장하는 사람들은 도덕성 발달이 특정 사회가 지닌 가치, 규범, 관습 등을 내면화함으로써 이루어진다고 생각합니다. 즉, 자신이 속한 사회에서 보편적으로 인정되는 가치가 이른바 '도덕'이며 이러한 가치들을 자신의 것으로 받아들이는 과정에서 도덕성이 형성된다는 것입니다. 두 번째는 정신분석학적 관점으로 도덕성을 초자아(superego)의 형성과정으로 설명합니다. 도덕성을 인간의 어떠한 내면적인 성격이나 혹은 본성적인 특성으로 규정하고, 이러한 성격이나 본성을 적극적으로 개발하거나 통제할 수 있도록 길러주는 것이 도덕교육의 할 일이라는 입장입니다.

마지막으로 세 번째가 앞서 언급한 인지발달론인데 피아제에 의해 제시된 이래 도덕성 발달이론 중 가장 영향력이 크며 일반적으로 널리 알려져 있는 이론입니다. 인지발달이론에서는 도덕성이란 어떠한 상황에서 행위의 적합성과 그 이유에 대한 추론능력을 의미하는 것으로 봅니다. 즉, 도덕성은 주어진 구체적 사태를 도덕적으로 해석해 무슨 행동이 옳고 그른지를 가려보고, 그 결과로서 어느 특정한 행동을 하기로 선택하는 심리적 또는 이성적 판단과정이라는 것입니다.

이 이론을 최초에 제시한 피아제는 아동의 도덕발달이 두 단계를 거쳐서 이루어진다고 주장했습니다.

첫째 단계는 도덕적 실재론(moral realism)의 단계로서, 이 단계에서는 행위의 옳고 그름이 외적인 준거와 행위의 결과에 의해 판단되는 타율적 한계를 갖습니다. 예를 들어 어머니를 도우려다

15개의 컵을 깬 아이가 찬장 속의 꿀을 꺼내 먹으려다 1개의 컵을 깬 아이보다 더 나쁘다고 판단한다는 것입니다.

두 번째 단계인 도덕적 자율(moral autonomy) 단계에서, 아동은 행위의 결과와 의도를 함께 고려할 수 있게 되어 비록 결과가 덜 심각하더라도 의도가 나쁠 때는 그 행위가 더욱 비도덕적인 것으로 판단하게 됩니다.

피아제는 도덕적 실재론으로부터 도덕적 자율단계로의 이행이 8~11세 사이에 이루어진다고 주장했습니다. 그는 두 가지의 인지구조는 고정된 것이 아니라 타율적에서 자율적으로 발달해간다고 보았습니다. 그리고 성숙되고 자율적인 정의개념을 가지게 되는 것은 주로 협동과 상호작용의 산물이며 또 개인차의 인식에서 오므로, 어린이들에게 있어서 판단의 개인차는 학교교육, 가정생활 및 기타 환경적 요인은 물론 또래 간의 협동의 기회, 호혜적인 상호관계의 경험 등에서 온다는 것입니다.

피아제의 이론을 확대해 도덕성의 인지발달론을 확립한 이론가가 콜버그입니다. 콜버그는 피아제의 2단계 구조설이 도덕적 행동과 관련된 인지구조를 너무 단순화시킨 것으로 봅니다. 따라서 사회문화적 보편성을 지닌 인지구조의 확인과 그 발달단계의 확인에 몰두한 결과, 주로 어린이를 연구의 대상으로 했던 피아제와 달리 성인까지 대상을 확대했습니다. 또한 일련의 도덕적 갈등사태에 대한 개인의 판단과 추론내용을 근거로 도덕성 발달을 3수준 6단계로 확대 제시했습니다. 이 개념은 이후 법인지발달론으로 이어지는 단초가 되기 때문에 조금 자세하게 정리해보았습니다.

① 인습 이전 수준

이 수준의 아동은 도덕적 규범이나 선악의 개념은 갖고 있으나 이 개념을 단순히 보상 혹은 처벌을 가져다주는 행위 결과나 외적인 권위에 비추어 해석한다.

- 1단계 : 벌과 복종 지향(3-7세)

특정 행위의 결과가 지니는 가치나 의미를 도외시한 채 그 행위가 가져다주는 물리적 결과가 선악판단의 기준이 된다. 이 단계에서는 처벌과 같은 외적 규제를 피하거나 또는 권위에 무조건 복종하는 수준의 도덕성을 보인다.

- 2단계 : 개인적 보상 지향(8-11세)

자신이나 때로는 타인에게 이익이 되거나 필요를 충족시켜주는 행위가 선이라고 판단하는 단계이다. 이 단계에서는 서로 이익을 주고받는 일종의 교환관계로서 인간관계를 이해하는 상대적 쾌락주의에 지배받게 된다.

② 인습 수준

이 수준에서는 가정·사회 등 집단의 기대를 따르는 것이 그 결과와는 상관없이 가치를 지닌다고 판단하며, 단순히 사회의 정서에 피동적으로 동화하는 것이 아니라 적극적으로 질서를 유지하고 정당화한다.

- 3단계 : 대인관계 조화 지향(12-17세)

올바른 행위란 다른 사람을 기쁘게 하고 도와주며 그렇게 함으로써 다른 사람의 승인을 받는 행위이다. 콜버그는 이를 착한 소년/소녀 지향이라고도 지칭한다. 이 단계에서 비로소 행위자의 의도나 내적 특성을 고려하게 된다.

- 4단계 : 법과 질서 지향(18-25세)

이 단계에서 아동은 사회질서 유지의 중요성을 인식하고 법의 기능을 개념화하게 된다. 올바른 행동이란 자신의 의무와 책임을 수행하고, 합법적 권위를 존중하며, 그렇게 함으로써 사회적 질서를 유지하는 행동이다.

③ 인습 이후 수준

이 수준에서는 도덕적 가치나 권위가 개인이나 집단의 권위와는 관계없이 그 자체로서 타당성을 가짐을 깨닫게 된다.

- 5단계 : 사회계약 정신 지향

이 단계에서 올바른 행동은 개인의 기본권리와 사회 전체가 합의에 도달한 도덕기준에 비추어 규정된다. 사회적 합의로서의 법과 제도가 중요시되지만 사회적 유용성이나 합리성에 따라 법과 제도가 바뀔 수도 있다는 사실 또한 중요시된다. 자유 · 정의 · 행복추구 등의 제도적 가치가 법보다 상위에 있음을 어렴풋이 인식하는 단계이다.

- 6단계 : 보편적 도덕원리 지향

이 단계에서 올바른 행위는 스스로 선택한 도덕원리에 따르는 것으로 정의된다. 여기서 도덕원리란 공정성 · 정의 · 인간권리의 상호성과 평등성 · 인간의 존엄성에 대한 존중을 포함한다.

콜버그(Kohlberg, 1976)에 의하면 인간은 연령에 따라 각 도덕발달 단계를 통과하게 되는데 그 진전은 더 상위 수준의 도덕추리에 노출됨으로써 이루어집니다. 즉, 자신이 현재 가지고 있는 수준보다 더 높은 도덕추리에 노출될 때 인지갈등이 생기는데 이를 해결하는 과정에서 도덕추론의 기준이 변화한다는 것입니다. 각 단계들이 고정된 발달 연쇄를 이루기 때문에, 각 개인들은 도덕적 추론단계 순서상 선행하는 추론 양상을 획득해야만 다음 단계의 추론 양상을 획득할 수 있습니다. 자신을 지배하고 있는 단계와 너무 차이가 많이 나는 도덕적 추론에 노출되면 어떤 변화를 해야 할지 이해할 수 없으므로 도덕추론에는 거의 변화가 발생하지 않고, 반대로 자신의 사고 형식보다 덜 복잡한 판단 기준 역시 거부하게 됩니다. 즉, 자신의 단계보다 적당히 높은 견해만 이 인지적 혼란을 야기할 수 있고 이러한 혼란을 통해 도덕단계 에서의 발달을 이루게 된다는 것입니다.

02 법인지 발달론

인지발달론을 법사회화의 차원에 적용해 '법인지발달론'(Legal Development Theory)을 구성한 학자들이 탭과 레빈(Tapp & Levine) 입니다. 이들은 연구대상자들에게 법, 정의, 평등, 동조, 권위 등 의 법관련 개념에 대한 질문을 던져 그 응답을 바탕으로 콜버그 의 도덕성 발달 단계에 매칭시키는 작업을 했습니다. 예를 들어 '법을 지켜야 하는 이유'에 대한 질문에 '혼나지 않으려고', '어른 이 시키니까' 등으로 대답하면 1단계, '다른 사람과 함께 살아가야 하니까'라고 답하면 3단계로 구분하는 식입니다.

탭과 레빈(1977)은 덴마크, 그리스, 이탈리아, 인도, 일본, 미 국 등 6개국에 걸친 연구를 통해 법 개념화 양식이 연령에 따라 변화한다는 것과 그 변화 과정이 콜버그가 제시한 세 가지 수준 및 여섯 단계와 조응함을 밝혔습니다.

첫 번째 수준은 콜버그의 '인습 이전 수준'에 해당하는 '규칙 −복종의 단계'(Rule−obeying stage)입니다. 이 수준의 사람들은 권위로부터의 처벌에 대한 두려움이나 신체적 피해에 대한 두려 움으로 권력에 복종해야 한다는 추론양식을 보입니다. 1단계는 힘이나 권력이 있는 사람에게 맹목적으로 복종해서 처벌을 피하려고 합니다. 가치로운 것의 추구와는 별개로 처벌을 받지 않을 경우 좋은 행동이라고 인식하는 것입니다. 2단계는 욕구의 충족에 좀 더 관심이 있습니다. 자신의 이익이 되는 행동은 좋은 행동, 손해가 되는 행동은 나쁜 행동이라고 인식하는 것입니다.

두 번째 수준은 콜버그의 '인습 수준'에 해당하는 '규칙-유지의 단계'(Rule-maintaining stage)입니다. 이 수준에서는 사회의 기존 규칙이나 권위에 대해 적극적으로 지지하는 태도를 보인다는 특징이 있습니다. 3단계는 자신이 알고 있는 사람을 기쁘게 해주고, 그들로부터 인정을 받기 위해 법을 준수하는 것입니다. 따라서 이 단계의 사람들은 착하다는 말에 민감하게 반응합니다. 4단계는 고정된 규칙에 복종하는 단계로 사회질서를 유지하기 위해 규칙을 지켜야한다고 생각합니다. 기존의 법은 악법이라 할지라도 사회구성원의 입장에서 지켜야 한다고 생각합니다.

세 번째 수준은 '인습 이후 수준'으로 '규칙-형성의 단계'(Rule-maintaining stage)입니다. 이미 존재하는 법을 준수하는 수준을 넘어 법을 제정하는 수준으로 사회체제를 위해 필요한 조건이 일방적이고 권위적인 명령이 아니라 보편적인 원리에 의한 윤리적 토대임을 인식합니다. 5단계는 올바른 행동을 전체 사회의 동의에 근거해 판단하는 단계로 사회적 유용성에 따라 법이 변화될 수 있다고 생각합니다. 6단계는 정의, 호혜성, 평등성 등 보편적 원칙을 토대로 구성된다고 생각합니다(문용린, 1994:40).

예를 들어 "규칙이 왜 필요할까?"라는 질문에 '인습 이전 수준'의 응답자들은 규칙이란 범죄를 예방하는 것이고 물리적인 위협을 막아준다는 유형의 응답을 보입니다. 반면 '인습 수준'의 응답자들은 법과 질서의 유지를 강조하며 사회질서를 위해 개인의 자의적 행동을 제한할 필요가 있다고 말할 것입니다. 한편 '인습 이후 수준'의 응답자들은 스스로의 도덕적, 법적 원칙에 의해 자신의 행동을 자율적으로 조절할 수 있다는 유형의 응답을 보입니다(박성혁, 1994:216).

이러한 법인지발달론 혹은 법사회화이론에 따르자면 법교육을 하는 목적은 인습 이전 수준에 머물러 있는 학생들의 법의식을 인습 수준, 더 나아가 인습 이후의 수준으로 끌어올려 규범을 존중하고 준수하며, 스스로 보편적 원칙에 따라 규범을 판단하고 사회적 합의를 통해 이를 합리적으로 변화시켜 나가려는 의지와 능력을 갖춘 시민으로 육성하는 데에 있습니다.

3. 법교육의 사례와 교육과정

---

01 ▾ 해외의 법교육

__ 미국의 법교육

　미국에서의 법교육은 주로 학자, 민간단체 등의 자발적 노력을 통해 발생하고 성장했다는 특징을 가지고 있습니다. 1950년대까지의 법교육은 국가공동체의 운영을 위해 규범과 질서를 전달하고 정부의 구조와 기능, 헌법의 원리와 기본권 등 중심의 헌법교육 위주로서 이루어졌습니다. 그러나 1950년대 후반 스푸트닉 충격 이후 사회 전반에 밀어닥친 변화의 바람은 이러한 법교육의 전통에도 많은 반성을 가져오게 되었습니다. 특히 추상적이고 탈맥락적인 내용들을 암기, 이해하는 것을 중심으로 삼는 기존의 헌법교육에 대한 반성으로 그러한 헌법적 내용이 일상 속에서 어떻게 실현되며 어떠한 문제들을 가지고 있는지의 이해가 중요하다는 인식이 확산되었습니다. 법교육의 선구자 역할을 했던 이시도르 스타(Isidor Starr)는 구체적 사례 속에서 자신의 권리와 의무를 학습할 수 있는 '생활 중심 법교육'을 통해 학생들이 법적 문제해결력을 함양할 수 있으며 더 많은 참여를 끌어낼 수 있을 것이라고 믿었습니다.

이러한 흐름은 비비안 먼로(Vivian Monroe)가 설립한 '기본권재단'(Constitutional Rights Foundation, CRF)의 활발한 활동을 통해 사회의 전문가 단체로 연결되었습니다. 이 단체는 지역 변호사 단체나 유지들의 재정적 지원을 받아 학습 보조자료를 개발, 보급했고 이러한 교재의 활용과정에서 변호사, 경찰 등 외부 인사들이 수업에 참여해 도움을 주게 되었습니다.

특히 1971년 설립된 조지타운 대학교 법학연구소에 의해 로스쿨과 학교현장을 매개하는 연결고리가 만들어지고 대표적인 법교육 서적인 'Street Law: A Course in Practical Law'가 출판되면서 법교육은 미국 각 지역으로 빠르게 전파되었습니다. 여기에 미국변호사협회(American Bar Association, ABA)가 산하에 청소년시민교육특별위원회(Special Committee on Youth Education for Citizenship, YEFC)를 만들어 법교육의 확산과 체계화에 가세했습니다. 특히 1990년대 이후 미국 법무부 산하 청소년 비행예방국(Office of Juvenile Justice and Delinquency Prevention, OJJDP)이 청소년비행예방의 효과적인 수단으로 법교육에 주목해 다양한 지원활동을 벌이면서 미국의 법교육은 확고한 체계를 갖추게 되었습니다.

이와 같이 미국의 법교육은 비행예방, 외부자원 활용, 청소년 법정 등 민간 주도의 개별적인 프로그램을 중심으로 만들어진 흐름에 지역사회단체와 대학, 변호사 단체, 국가기관의 지원이 결합되어 확산되고 발전하는 형태를 취했다는 점에서 큰 특징을 가지고 있습니다. 따라서 각 지역에서 비슷한 프로그램들이 각기 다른 이름으로 중복 시행되거나, 자료의 축적이 집중적이지 않고 재정지원이 가능한 프로그램별로 산발적으로 이루어진다는 문제점이 나타나기도 합니다. 그러나 이는 각 주별, 커뮤니티별 독립성이 강한 미국적 특성을 반영하는 것일 뿐 오히려 이러한 독자적인 움직임들이 훨씬 큰 다양성과 자율성을 보여주고 있습니다. 프로그램들이 다양하게 개별적으로 이루어지다보니 프로그램별 협력체계와 교류를 위한 프로그램들도 적지 않게 시행되고 있습니다. 무엇보다 이렇게 저변이 넓은 법교육 활동은 개별적인 정책변화에 크게 영향을 받지 않는다는 점에서 법교육의 든든한 풀뿌리 조직을 구성하는 것으로 해석해 볼 수 있습니다.

__ 일본의 법교육

일본의 법교육은 1990년 쓰쿠바 대학의 에구치 유지 교수가 미국의 법교육을 일본 학계에 소개하면서 시작되었습니다. 이후 일본 변호사 연합회와의 협력을 통해 발전해오던 일본의 법교육은 고이즈미 정권 하에서의 광범한 사회개혁 과정의 일환으로 사법제도 개혁이 논의되면서 크게 확산되었습니다. 일본에서 2001년부터 본격적으로 논의가 시작된 사법제도에 대한 개혁은 법이나 사법제도가 본래 법률전문가뿐만 아니라 국민 전체로부터 지지를 받아야 한다는 필요성에 따른 것으로, 그중 결정된 핵심내용은 평범한 국민이 일정 형사재판에 직접 참가하는 '재판원제도'

의 도입입니다. 2009년 5월부터 도입될 예정이었던 재판원제도가 성공하려면 제도에 대한 연구, 국민홍보 등과 함께 국민 한 사람한 사람이 스스로의 권리와 책임을 자각하고, 국민의 자율적인 활동을 지지하는 법의 역할을 충분히 인식하지 않으면 안 된다는 의식이 확산되며 법교육의 중요성이 부각되기 시작한 것입니다. 또한 법률전문가의 조력을 얻으면서 분쟁에 말려들지 않도록 필요한 준비를 하고, 만약 분쟁에 휘말렸을 경우에는 법이나 규정에 따른 적정한 해결을 꾀하도록 함과 동시에, 스스로 사법에 능동적으로 참여하는 자세를 국민들에게 갖추도록 하는 것도 법교육의 목표로 제시되고 있습니다(법무부, 2005, p.152).

일본의 법교육은 미국에 비해 상대적으로 일본변호사연합회의 역할이 크다는 것이 특징입니다. 특히 프로그램 운영 위주의 미국 정부기구와는 달리 법무성이 법교육연구회, 법교육 추진 협의회 등을 구성해 적극적으로 법교육의 확산을 위해 노력하고 있다는 점이 주목할 만합니다. 법원 견학 및 모의재판, 중고등학교 대상의 강사파견 제도, 검찰청 업무 소개 등의 프로그램이 활발하게 시행되고 있으며 학교현장에서는 헌법의 기초이론과 기본적 인권에 관한 법교육이 중심을 이루고 있습니다.

반면 법교육이 학교의 정규 교과화가 되지는 못했으며 사범대학이나 일선 교사들의 참여도 상대적으로 낮아 일반적으로 법교육의 1차적인 대상으로 여겨지는 청소년들보다 재판원제도에 대비한 성인교육 쪽으로 무게중심이 움직이고 기울어져 있다는 한계가 있습니다.

법교육이 정규 교과에 포함된다는 것은 매우 중요한 의미를 지닙니다. 교과로서 법교육이 존재하면 이를 배우는 학생들이 있게 되고, 학생들을 가르치기 위한 교사들의 전공 과목으로서 법교육이 자리잡게 되며, 예비 교사의 교육과 기존 교사의 재교육을 위한 교육과정이 대학과 연수원에 설치되고, 이를 위한 연구인력과 교수인력들이 생겨나게 됩니다. 즉, 교육과정과 교육내용의 연구, 개발, 연수, 교육, 피드백 등을 포함하는 순환과정으로서 법교육의 생태계가 구축될 수 있는 것입니다. 일본, 캐나다, 호주 등의 경우 법무부, 변호사 단체, 시민단체 등의 활발한 활동에도 불구하고 법교육이 확실하게 자리잡지 못한 원인 중 하나로 교육과정 내에 법교육이 진입하지 못했다는 한계를 지적할 수 있을 것입니다.

__ 독일의 법교육

독일에서의 법교육 즉, 법률가가 아닌 일반인을 대상으로 법의 이념, 제도, 생활 속에서의 법 등을 교육하는 것은 정치교육(politische Bildung)이라는 용어 아래 법을 비롯해 정치, 경제, 역사 등 광범위한 사회과학의 영역과 함께 이루어지고 있습니다. 독일에서 협의의 정치교육은 "독일연방공화국의 국가와 사회질서에 기본적으로 필요한 원칙에 관해 확실한 정보를 체계적으로 전달"하려는 것입니다. 이러한 원칙들이란 자유민주주의, 국민주권과 권력분립, 기본권과 법치국가성, 정당들의 공동 협력하에 정치의사 형성과 결정의 법적 절차들과 환경·사회적 시장 경제의 기본원칙들로 제시됩니다. 정치교육의 주요관심사인 독일기본법의 헌법적 질서 이념과 가치는 그 제도들의 상호작용에서 구체화되기 때문에 정치교육 과정에서 제도와 그 상호작용이 다루어집니다.

　　정치교육은 정치적으로 활동하는 시민이 일정한 자격을 갖추도록 하는 것인데 이를 위해 민주제도와 과정에 관한 지식은 필요합니다. 하지만 이러한 지식만으로는 부족하기 때문에 개인들이 스스로 현실적인 정치사회 문제들을 판단할 수 있도록, 개인의 능력을 길러주고 공공생활을 영위해 나가는 데 있어 사회와 정치에서 책임질 수 있도록 책임성을 개발해주는 것을 중요하게 여기고 있습니다. 그러므로 독일 정치교육의 목적은 개개인이 자주적으로 결정할 수 있고 또한 그 결정에 대해 자기가 책임질 수 있도록 민주적인 정치체제에 대한 지식을 전달해 주는 것으로 설정됩니다. 이러한 이념은 2001년도 개정된 독일연방정치교육원의 설립규정에 "국민의 민주시민의식을 고양해, 성숙하고 비판적이며 적극적으로 정치일상에 참여하도록 유도하는 데" 있다고 명시되어 있습니다.

　　독일의 정치교육은 이른바 보이텔스바흐 협약에 따라 진행됩니다. 정치교육을 위한 최소한의 조건들을 정해 놓은 이 협약은 1976년 가을 바덴뷔르템베르크주 정치교육원의 한 학술대회에서 결정된 합의에 근거하고 있습니다. 보이텔스바흐 협약은 정치교육의 다음과 같은 세 가지 원칙을 강조합니다.

독일은 정치교육을 체계적이고 효과적이며, 일관성 있게 추진하기 위해 연방정치교육원을 설치함으로써 초당파적이고 거국적이며 민간을 주체로 정부와 자발적 협력하도록 하는 체계를 구축했습니다. 독일의 정치교육은 모든 교육과정에 확고한 뿌리를 내리고 있는데 국가 차원의 제도교육에서 정규과목으로 배우게 되어 있으며, 학교 외의 성인교육 분야에서도 국가적인 행정적, 재정적 지원을 통해서 추진되고 있습니다. 독일에서 정치교육은 평생교육 또는 평생학습의 요소로 간주되고 있으며, 이에 따라 학교교육, 직업교육, 계속교육, 학교 외 청소년 교육 등에서 확고한 위치를 차지하고 있습니다. 이밖에 국가기관과 국가에 의해 보조를 받는 다양한 사회단체들이 교육프로그램을 통해 정치교육을 시행하고 있습니다.

02 ▚ 우리나라의 법교육과정 변천

법교육은 사회과가 처음 도입된 교수요목기(1946-1954)부터 제2차 교육과정기(1964-1974)까지 헌법 내용을 중심으로 이루어졌습니다. 이 과정에서 법의 기초이론이나 시민들의 일상생활과 직접적으로 연관되어 있는 생활법 관련 내용은 거의 다루어지지 않았습니다.

그 후 제3차 교육과정기(1975-1981)에 들어오면서 사회과의 학습영역에 헌법뿐만 아니라 법기초이론과 사법 영역 기타 생활 주변의 여러 법 영역이 처음으로 포함되었습니다. 그리고 이러한 법교육 관련 내용이 모두 공통필수과목의 내용으로 다루어짐으로써 법교육 영역이 크게 확대, 강화되었습니다.

하지만 제4차 교육과정(1982-1987) 이후 법관련 내용 가운데 헌법교육 영역과 법기초 이론 위주의 다른 법교육 영역이 다시 분리되었습니다. 법교육의 다양한 영역들은 때로는 일부가 필수 과목에 포함되거나 반대로 선택과목으로 포함되는 등 변화를 거듭하면서 다시 위축되었습니다. 이러한 배경에는 사회과 교육과정 속에서 경제교육의 확대에 따라 법 관련 영역이 상대적으로 위축된 측면이 있었습니다(박성혁,1994).

이와 같이 법관련 교육내용은 교육과정 속에서 4차 이후 위축된 채 명맥을 유지해 오다가, 제7차 교육과정에 들어와 6학년 사회에서 기초 수준의 헌법교육과 인권교육 내용이 설정되고 중학교 2학년 단계인 8학년 과정에서 법 관련 기초이론이 국민공통 교육과정에 포함되었습니다. 특히 제7차 교육과정에서는 생활법교육을 지향하는 '법과 사회' 과목이 신설되어 법교육이 독립적으로 시도될 수 있는 새로운 전기를 맞게 되었습니다. 제7차 사회과 교육과정에 의하면 법관련 내용은 국민공통 기본 교육과정 '사회' 과목의 6학년 과정에서 '3.우리나라의 민주정치' 단원으로, 8학년 단계에서는 '7.사회생활과 법규범' 단원에서 부분적으로 다루어졌습니다. 이를 바탕으로, 고등학교 단계에서는 선택교육과정으로 신설된 심화선택과목 '법과 사회'에서 집중적으로 다루어지고 있습니다. 하지만 법교육의 중요한 요소라 할 수 있는 헌법교육 내용인 '헌법의 이념과 원리', '국민의 권리와 의문', '통치기구' 등은 심화선택과목인 '정치' 과목에서도 다루었습니다.

이후 2009 교육과정에서 선택교과목 축소 원칙에 따라 '법과 사회'와 '정치' 과목이 통합되어 '법과 정치' 과목이 만들어졌고 다시 2015 교육과정에서 '정치와 법'으로 이름을 바꾸었습니다. 정치교육과 법교육이 연계성을 지니는 것은 타당한 방향일 수 있지만 각 과목이 다루는 핵심적인 내용에서 차이가 있을뿐더러, 학생들의 학습량도 크게 증가하기 때문에 과목 선택에서 외면을 받는 등의 문제가 있을 수 있습니다. 무엇보다 서로 이질적인 학습 내용들이 체계성이 부족한 상태로 산재될 수 밖에 없다는 점에서 교수학습의 내실을 기하려면 현재와 같은 어색한 동거상태는 개선이 필요할 것으로 보입니다.

03 ❘ 제1차 교육과정 성립 전 법교육의 양상

　통상 우리나라에서 '교육과정'에 관한 논의를 할 때는 1955년 발표된 제1차 교육과정부터 이야기가 시작되거나 조금 더 소급한다 해도 해방 직후 미군정하에서 1946년 9월에 발표된 '교수요목'으로부터의 시작이 일반적입니다. 이러한 연구들에서 공통적으로 확인되어온 바는 우리나라의 법교육이 정치과목의 일부로 시작되었으며, 처음에는 정치제도와 관련된 통치구조론을 중심으로 헌법관련 내용이 많이 다루어졌으나 애초에 독립적인 과목도 아니었으므로 법교육에 대한 인식도 분명치 않았다는 것입니다. 이어 6차 교육과정에 이르기까지 그 비중이 꾸준히 줄어들어오다가 7차 교육과정에 '법과 사회'가 신설되면서 처음으로 본격적인 법교육이 시작되었으나 이후 '법과 정치'로 다시 통합되었다는 것이었습니다. 즉, 법교육에 대한 역사적 연구자료들을 일별하다보면 사회교과에서 법교육에 대한 인식은 늘 미분화된 상태로 존재해왔으므로, 7차 교육과정에서의 '법과 사회' 분리가 '갑작스러운' 일로 보일 수 있으며 오히려 이후 '법과 정치'로 다시 합쳐지는 과정이 당연한 귀결처럼 여겨지는 것입니다. 이렇게 보자면 앞서 언급한 '어색한 동거'라는 표현이 역사적으로는 그리 타당하지 못한 말처럼 보이기도 합니다.

　하지만 필자가 각종 고문서를 경매하는 사이트에서 우연한 기회에 접하게 된 한 권의 초기 사회과 교과서는 이러한 인식에 큰 혼란을 가져왔습니다. 단기 4285년, 그러니까 6.25 전쟁 중이었던 1952년에 발행된 이 교과서는 '고등학교 사회생활과 공민1

법제생활'이라는 긴 제목을 달고 있었습니다. 필자를 혼란스럽게 한 점은 이 교과서가 한번도 들어보지 못한 '법제생활'이라는 제목을 달고 있었다는 점입니다. '법제생활'이 한 학년 분의 독립된 교육과정을 구성하는 교과서로 제작되었다면 1997년에 와서야 '법과 사회'가 '정치'로부터 분리되었다는 기존의 인식은 완전히 부정되는 것이기 때문입니다. 하지만 사회과 교육과정에 관한 기존 연구물이나 공식 기록물을 확인해보아도 '법제 생활'이라는 교과는 확인할 수 없었습니다. 표지에 인쇄되어 있는 '문교부 검정필'이라는 문구를 고려해보았을 때 이른바 참고자료로 사용되는 인정교과서도 아닌, 학교 현장에서 정식으로 사용되었던 정규교과의 교과서임에는 틀림이 없었습니다. 그렇다면 발행시기로 보아 전쟁 중의 혼란스러운 상황에서 교과서가 발간되면서 저자가 임의로 붙인 부제목이 별다른 수정없이 그대로 인쇄된 것일까? 일단 그렇게 밖에는 이해할 수 없었기 때문에 혼란 중의 일종의 실수 혹은 예외로 두고 넘기려 하였습니다.

그러나 한 달가량 시간
이 지난 후 같은 경매장에
서 이번에는 1949년에 발행
된 교과서를 접하게 되었습
니다. 이 교과서 역시 '고등
공민－법제'라는 이름을 달
고 있었습니다. 이 교과서
는 앞서의 교과서와 똑같은
이름, 내용 편제를 지니고
있었을 뿐 아니라 발행시
기도 한국전쟁 이전이므로
'법제(法制)' 교과서가 일정

기간 동안 공식적으로 존재했다는 사실을 부정할 수 없게되었습
니다. 따라서 이 교과서들의 기원과 의의를 따져보는 연구에 본
격적으로 착수하게 되었습니다. 연구과정은 매우 흥미로웠지만
기본적으로 연구를 위한 자료 확보가 무척 어려웠습니다. 초기
사회과에 관련된 자료는 교육부를 비롯한 국가기관에 공식적인
교육과정조차 온전한 형태로 남아있지 않았고 교과서를 확보하는
것은 더욱 어려웠습니다. 개인적으로 접근 가능한 선에서 최대한
자료들을 구입했으나 당시 상당수의 교과서들이 다양한 출판사들
에 의해 발간되었다는 점을 감안하면 보편적 수준의 연구결과에
이르기 위해서는 훨씬 방대하고 체계적인 자료수집 과정을 수반
한 연구가 필요할 것입니다.

제가 입수했던 고등공민 교과서는 학제 개편 전에는 고급 중

학교, 전쟁 후 6-3-3-4제로 학제가 개편된 후에는 고등학교 1학년에서 가르치는 내용이었습니다. 그러나 이 시기의 공식적인 기록들을 통해서는 '법제'라는 교과목명 자체를 확인할 수가 없을 뿐더러 공식적인 교과명이 '사회생활'이었음에도 불구하고 '공민'이라는 명칭만이 사용되거나 혹은 병기된 이유도 알 수 없었습니다. 따라서 연구범위를 확장해 구한말 우리나라에 근대 교육이 도입되던 시기에서부터 해방기까지의 교육과정과 교과서의 흐름을 살펴 '법제'라는 명칭의 유래를 추적해보았습니다.

우리나라 근대 교육의 시작은 세 가지의 문서 포고로부터 비롯된다고 볼 수 있습니다. 즉, 1894년 6월 28일 조선 정부는 학무아문 관제를 선포하고 7월에 고시를 발표합니다. 1895년 1월 7일에는 고종에 의해 홍범 14개조를 포함한 '독립서고문(獨立誓告文)'이 반포되었고, 그 해 2월 2일 조칙으로 발한 '교육칙어(敎育勅語)'를 통해 근대적인 모형의 학교 교육이 본격적으로 도입되는 계기가 마련되었습니다(이종국, 2008:35). 법과 관련된 최초의 교육제도는 이 뒤를 이어 곧바로 공포된 법관양성소 규정(1895년 3월 25일, 칙령 제49호)이라고 할 수 있습니다. 이는 예비 법관의 실무 교육에 관련된 기관과 내용 등을 규정하고 있는 것으로 근대화과정에 있던 대한제국이 법률체계의 정비와 법관의 확충을 중요한 과제로 인식하고 있었음을 보여줍니다. 머나먼 헤이그까지 달려가 독립의 의지를 알리다 끝내 뜻을 이루지 못하고 타계한 이준 열사가 바로 법관양성소의 1회 졸업생으로 검사가 되었던 사람입니다. 그러나 법관양성소는 법관련 전문직을 교육시키는 곳이었으므로 일반 국민들을 대상으로 한 법교육으로 보기는 어렵습니다.

교과목으로서 법이 처음으로 등장하는 것은 이보다 약 5년 뒤인 1900년의 기록에서입니다. 한성사범학교(1895), 소학교(1895)에 이어 1899년 4월 4일 중학교 관제가 공포되고 1900년 9월 4일 학부령 제12호로 공포된 중학교 규칙(학부령 제12호)에서는 중학교를 4년 과정의 '심상과'와 3년 과정의 '고등과'로 나누어 제시합니다. 이 고등과에서 가르칠 과목 15개 가운데 하나로 '법률'을 들고 있습니다.

사실 이렇게 독립적인 교과로 법률이 중시된 것은 개화기 우리나라 전반에 나타난 법에 대한 관심을 고려했을 때 당연한 것이라 할 수도 있습니다. 개화기의 지식인들은 우리나라의 근대화를 위해 반드시 필요한 핵심적인 지식요소의 하나로 법을 꼽았고 각종 학회지나 팸플릿, 신문매체 등을 통해 법에 대한 국민적 관심을 고취하고 소양을 함양토록 하는 데 많은 노력을 기울였습니다.

따라서 대한제국에서 공식적인 교육과정을 발표하기 이전인 1883년 설립된 최초의 민간교육기관, 원산학사에서는 이미 법관련 과목들을 교육과정에 포함하고 있었습니다. 원산학사는 문예반과 무예반으로 나뉘어 있었는데 문/무 공통으로 수업을 받는 필수 교과목 10개 가운데 2개가 '만국공법(萬國公法)'과 '법률'이었습니다(이종국, 2001:82). 만국공법은 지금의 국제법을 가리키는 말이므로 원산학사에서는 각각 독립된 교과로 국내법과 국제법 수업을 진행했다고 볼 수 있습니다. 또한 이 수업에 사용하기 위해 법리문(法理文) 1권, 만국 공법 6권 등 총 7권의 교과서가 사용되었습니다.

앞서 언급한 국가차원에서의 교육과정이 공포된 이후 이에 사용될 교과서의 발행도 활발하게 이루어졌던 것으로 보입니다. 1895년 8월에서 1897년 사이 학부편집국에서 펴낸 교과서 목록에 의하면 법률 교과에서 사용될 '공법회통'(公法會通) 교과서가 1896년 발간되었음을 알 수 있습니다(이종국, 2008:50). 교과서 원본을 확인할 수는 없었지만 당시 교과서 가격표를 입수해 간접적으로 그 존재를 확인했습니다. 국한문 혼용 세 권으로 구성되어 있는 이 책은 최하 8전에서 최고 50전 내외인 다른 교과서보다 월등히 높은 가격인 1원에 판매된 것으로 기록되어 있어 그 분량이나 내용이 상대적으로 많았으리라 예상됩니다. 또한 1906년에는 '법학통론(法學通論)'이라는 교과서와 '증정법학통론(增訂法學通論)'이라는 두 권의 교과서가 발간된 기록도 남아있습니다(이종국, 2005:55).

그러나 이 시기에는 이미 조선에 대한 일본의 영향과 간섭이 노골화되어가고 있었습니다. 1896년 발간된 '신정심상소학'(新訂尋常小學)은 일본인 편찬원이 개입해 전반적인 내용을 자문했을 뿐 아니라 삽화 등에 강한 영향을 미쳐 내용을 왜곡시킨 첫 교과서라고 할 수 있습니다. 유의할만한 부분은 이 교과서에서는 법 및 통치구조와 관련된 전반적인 내용이 삭제되었다는 점입니다. 이는 역시 초등용 교과서로 1년 전 편찬된 '국민소학독본'(國民小學讀本)에 '국제이해'라는 단원을 따로 두고 각국과의 수교통상조약 등을 다루었던 점이나 이후 1907년 개화파 지식인인 현채(玄采)가 집필한 '유년필독'(幼年必讀)에서 정부의 조직, 통치 단위의 조직 등이 독립적인 단원으로 다루어졌다는 점, 그리고 이 '유년필독' 교과서가 검정당국인 학부로부터 '발매 반포 금지' 조치를 당했다는 점을 통해서도 간접적으로 확인할 수 있습니다. 즉, 일본의 개입과 함께 개화와 근대 초기의 법교육은 크게 약화된 것입니다.

그러나 법관련 교육은 이후 완전히 사라진 것이 아니라 일제 강점기의 시작과 함께 다시 등장했습니다. 1909년 7월 5일 학부령 제4호로 공포된 고등학교령 시행규칙에 포함된 고등학교 교과과정 및 교수 시수표에는 12개 과목 가운데 하나로 '법제(法制)'가 포함되어 있었습니다. 이 과목은 1학년과 2학년에 각 1시간, 4학년에 2시간 수업을 하도록 시수가 배정되어 있었습니다. 주목할 만한 점은 '법제'라는 과목명이 이 교육과정에서 처음으로 등장했다는 점입니다. 과목에 대한 설명에 '현행 제도 및 경제의 대요'를 다루도록 되어 있는 것으로 보아 법률 일반에 관한 이해보다는 일제의 강점이 시작되면서 새로이 만들어진 제도들에 대한 소개와 숙지 자체를 목표로 했기 때문에 '법률, 경제'의 약자로 '법제'라는 새로운 명칭을 만든 것으로 보입니다.

배경에 대한 추론을 바탕으로 보면 이러한 변화는 단순한 명칭변경에 그치는 것이 아니라 법교육의 성격 자체가 체제순응적이고 체제의 유지를 위한 기술적 지식을 전달하는 한편, 현 체제의 정당성을 옹호하는 차원으로 전락했음을 암시하는 것이 아닌가 생각됩니다. 이러한 사정은 교과용 도서의 검정 및 인정 상황에 관한 자료에서 간접적으로 확인할 수 있습니다. 일제 강점 이후 교과용 도서에 대한 검열과 탄압은 극심해졌는데 주로 도서 검정과 인정 과정에서 불인가 판정을 내려 발매 반포 금지 도서로 묶는 방법이 많이 사용되었습니다.

따라서 1910년 5월의 현황을 보면 수신 교과의 경우 12종 중 3종, 국어의 경우 16종 중 4종, 한문의 경우 13종 중 3종만이 인가되어 30%가 채 안되는 검정 통과율을 보인데 반해, 법제 교과서는 검정교과서의 경우 출원 교과서 2종이 모두 통과되고 인정 교과서는 18종 중 17종이 통과되어 이례적으로 높은 통과율을 보이고 있습니다.

이후 조선총독부가 들어선 뒤의 교육과정 변천은 4차에 걸친 '조선 교육령' 시행기를 통한 구분이 일반적입니다. '교육령'은 요즘으로 치자면 국가 차원의 교육과정 개정으로 이해할 수 있을 것입니다. 1911년 8월 22일에서 1922년 2월 3일에 이르는 제1차 조선 교육령 시행기에는 '법제 경제'라는 명칭으로 법교육이 꾸준히 이어졌고 제2차 교육령 시기에도 이러한 흐름은 계속되었습니다. 그러나 1932년 일제는 식민지에서 실업교육을 강화하고 전문 영역의 교육을 약화시키기 위해 고등보통학교 규정을 부분적으로 개정해 '법제 경제'를 폐지하고 새로이 '공민'(公民)과목을 설치했습니다(유봉호, 1982:224). 이러한 변화의 이유에 대해서는 공식적으로 '실제 생활에 유위유용한 지식을 교수하기 위해서 종래의 전문적인 지식의 주입에 흐르기 쉬운 법제 및 경제 과목을 폐하고, 공민과를 신설해 일상 사회생활에 필요한 교양을 기르도록 한다'라고 기록되어 있습니다. 하지만 그 저의는 법제 및 경제라는 학과명이 전문적 지식을 교수하기 쉬운 명칭이므로 공민과로 개정시킴으로써 일본의 충량한 공민으로서의 정신과 태도를 더 집중적으로 교육시키고자 하는 의도를 보인 것이 아닌가 생각됩니다(유봉호·김용자, 1998:129-130). 즉, 식민지 피지배계층에게는 법과 제도에 관한 깊이 있는 지식 제공보다 신민화 교육이 우선이라고 판단해 전문교과를 폐지하고 일반적인 내용을 다루는 공민과로 전환한 것입니다.

여기에서 교과서에 공민과 법제가 동시에 표기되는 기이한 현상, 즉 '공민' 과목과 '법제' 과목 인식상의 연관이 생겨난 것이 아닌가 추측됩니다. 최소한 외양상으로는 기존의 법제 과목 내용이 보다 완화되고 실생활에 연관된 형태로 공민과목에 흡수, 전달되었다는 인식이 발생하게 된 것입니다. 따라서 그 성격이 바뀌었음에도 불구하고 공민과목에서는 일정 수준 이상으로 법관련 내용들이 다루어졌을 것으로 예측해볼 수 있습니다. 그러나 제2차 세계대전의 격화로 인해 노골적인 황국신민화교육으로 교육 전반의 성격이 변화되던 제4차 조선 교육령에서는 공민과마저 완전히 폐지되었습니다. 따라서 1943년 이후로는 중학교, 고등보통학교에서 법관련 교과가 없어지고 다만 사범학교에서만 관련 내용이 교수되다가 해방을 맞이했습니다.

앞서 언급된 교과서 두 권의 경우 교수요목상의 교과구분에 따르면 지금의 고등학교 1학년에 해당하는 중학교 제4학년에 사회생활과를 구성하고 있던 지리, 역사, 공민 중 공민 영역의 '정치문제'에서 교수되던 것으로 매주 2시간씩 수업이 이루어졌던 것으로 보입니다. 추측해보자면 해방 전까지 '정치'라는 과목이 없었기 때문에 일제강점기 교육과정에서 사용되었던 '법제'라는 과목명을 그대로 쓰거나 새로이 도입된 '사회생활과'의 취지에 맞추어 '법제생활'이라는 명칭이 사용된 것으로 보입니다. 이는 1949년 3월에 발행된 교과서가 머리말에 '이 책 초판이 뜻밖에 많은 애호를 받아 문교 당국의 수정 명령을 참작해 증보 개정했다'고

밝히고 있는 점으로 뒷받침됩니다. 중등 사회생활과 교수요목이 발표된 시점이 1948년 12월이었기 때문에 1949년 3월에 발행된 교과서가 '개정증보판'이라면 그 초판은 교수요목 성립 이전에 이미 존재했고 그것을 이어받아 교과서가 만들어졌다고 봄이 타당하기 때문입니다.

  이렇게 된 또 다른 중요한 이유는 '정치문제' 내용의 대부분이 제헌 헌법에 대한 소개와 개념 설명으로 채워졌다는 점입니다. 교수요목이 작성되던 시점인 1948년, 제헌 헌법의 공포와 대한민국 정부 수립은 온 국민을 열광시킨 가장 큰 사건이었기 때문에 국민들에게 헌법을 알리고 이를 통한 생활질서의 정착을 꾀해야 한다는 것이 교수요목 그리고 교과서 작성자들에게 가장 시급한 현안으로 다가왔을 것입니다. 이렇게 교과서 전체가 헌법에 관한 내용으로 채워지다보니 '법제'라는 과목의 연장선상에서 개정판 교과서들이 만들어지고 혹은 새로 만든 교과서에도 '법제생활'이라는 이름을 붙이는 것이 어쩌면 당연한 일이었을 것입니다. 즉, 법교육에 대한 일반적인 인식과 달리 정치과목에서 법관련 내용이 파생된 것이 아니라 반대로 헌법을 주된 내용으로 하는 법관련 교과서가 정치과목 교과서로 변화하게 되었다는 것입니다. 현재 우리나라 정치 교과서의 뼈대가 헌법의 내용체계와 유사함은 이때 만들어진 흐름이 계속 이어진 결과로 볼 수 있을 것입니다.

  그렇다면 의문은 오히려 이후 1954년 발표된 1차 교육과정에서 과목명이 왜 '정치와 사회'로 바뀌었을까 하는 점입니다. 이에 관해서는 여러 가지 추론이 가능합니다. 우선은 애초 교수요목기의 과목명칭이 '정치문제'였다는 점이 영향을 미쳤을 것입니다.

여기에 전쟁 중 부산 정치파동을 불러온 이른바 '발췌개헌'으로 만들어진 1952년 1차 개정헌법은 제헌 헌법과 달리 헌법 자체의 정당성이나 그 내용을 소리높여 알리기 어렵다는 정서적 문제도 겹쳤을 것입니다. 보다 중요한 것은 건국의 상징으로서 헌법 내용을 강조했던 교수요목기 교과서에서는 국민의 권리에 관한 내용 일부를 다루었으나 방점을 찍은 것은 새로이 만들어진 나라에 도입된 새로운 제도나 용어에 대한 소개와 설명이었다는 점입니다. 더불어 교사나 학생들 혹은 일반 국민들에게도 중요하게 다가온 내용은 추상적인 권리론이 아니라 구체적인 통치구조론이었을 것입니다. 즉, 헌법의 핵심 요소인 권리론이 제반 사회적 상황으로 인해 부각되지 못하는 상황에서 입법, 행정, 사법부로 대표되는 통치구조론의 지식들은 곧 '정치제도'로 쉽게 환원되어 사고되었으리란 추측이 가능합니다. 게다가 우리나라 형법은 1956년, 민법은 1960년에 가서야 제정·시행되었으므로 54년 발표된 1차 교육과정에서는 법관련 내용을 독립적인 교과로 다루려야 다룰 수도 없었을 것입니다.

이러한 상황의 영향으로 1차 교육과정에서 등장한 '정치와 사회'라는 과목은 여전히 헌법 및 법관련 내용들을 주요한 내용으로 포함하고 있었음에도, 명칭 자체가 일종의 시작점을 형성하면서 이후 꾸준히 사회과 교육과정에 영향을 미치게 되었습니다. 이에 따라 정치, 경제, 사회문화 전반에 관련을 맺고 있는 법이 독립적인 교과목이 되는 데 50년이나 걸렸고 그나마 10년 만에 다시 정치와 합쳐질 운명을 예정하는, 교과로서의 법교육에 대한 미약한 인식을 국민들에게 심는 단초를 제공하게 된 것입니다.

모의재판

1. 모의재판의 개념과 역사

01 ▼ 모의재판의 역사

　법조인이 되려는 목적을 갖지 않은 일반인들도 법을 배워야
한다는 '법교육'(Law-Related Education, LRE)의 개념이 도입된 것
은 그리 오래된 일이 아닙니다. 시민혁명을 통해 민주주의라는
새로운 정치 시스템이 자리잡고 모든 이들에게 투표권이 주어지
는 보통선거 제도가 자리를 잡게 되면서 이들이 시민으로서 자신
의 권리를 제대로 행사할 수 있도록 소양을 길러야 한다는 필요
성이 제시되면서 '민주시민교육'의 일환으로 법교육이 시작되었으
니 그 역사는 길게 잡아도 200년 내외라고 보아야 할 것입니다.
　법교육의 시대가 오기 전까지 오랜 기간 동안 '법을 배운다'
는 것은 당연히 법조인이 될 사람들에 한정된 교육인 '법학교
육'(Legal Education)을 의미했습니다. 전문직업인으로서 법조인이
되기 위해서는 법의 내용들을 이론적으로 이해하는 것 못지않게
실제로 법조인답게 말하고 행동하는 것을 배울 필요가 있었습니

다. 가장 좋은 방법은 진짜 법률가들처럼 흉내내서 재판을 해보는 것이었습니다. 야구에서 공을 잘 던지는 방법을 공기역학과 근육의 구조 등을 통해 이론적으로 배우기보다 유명한 투수의 모습을 흉내내어 던져보면 더 쉽게 배울 수 있는 것과 비슷하다고 할 수 있습니다. 그래서 '모의재판'은 법을 가르치고 배우는 여러 방법들 가운데서도 가장 오래되고 널리 사용되는 방법 중 하나가 되었습니다.

그 뿌리는 대략 14세기 영국으로 거슬러 올라갈 수 있습니다. 영국의 변호사는 기본적으로 법정에서 소송업무를 담당하는 '법정변호사'(barrister)와 그 외의 법률 자문, 계약서 작성, 법정책 관련 업무를 담당하는 '사무변호사'(soliciter)로 나누어집니다. 이 가운데 이론적이기보다는 실무적 성격이 매우 강한 '법정변호사'를 길러내기 위해 교육방식의 변화를 요구하는 목소리가 높아졌고 그 결과 현재 로스쿨 제도의 전신이라고 할 수 있는 법조학원(Inns of Court)이 활성화되었습니다(홍대식, 2008:134). 법정에서 실제로 변론하고 각종 소송절차를 진행해야 하는 실무자를 길러내는 교육인만큼 실제 상황을 위해 모의로 재판상황을 설정하고 변론을 연습하는 모의재판 교육이 대표적인 교육방식으로 자리잡게 된 것입니다.

미국에서의 법학교육도 영국의 영향을 받아 형성되었기 때문에 모의재판은 근대적 법학교육이 시작되던 초기부터 주된 교육방법으로 자리잡았습니다. 하버드(Harvard) 대학에서는 1820년에 모의재판 교육을 시작했고 버지니아(Virginia) 대학에서는 1840년 중반부터 모의재판 교육 프로그램이 시작되었습니다. 또한 이러한 교육과정들을 바탕으로 학교 대항 모의재판 경연대회도 꾸준히 개최되어 지금까지 오랜 역사를 이어오고 있습니다(홍대식, 2008:135).

하지만 1870년대에 출범한 하버드 로스쿨(Harvard Law School) 초대 학장으로 취임한 랭델(Langdell)[1]은 실무위주로 이루어지던 교육과정에 문제를 제기하고 사례중심 교육, 대화식 교육, 시험을 통한 학업관리 등을 강조했습니다(최대권, 1999:299). 랭델식 교육방식의 핵심은 다양한 법적 사례에 대한 대화와 토론을 통해 법적 사고, 논리를 발전시키는 것으로 이른바 '변호사처럼 사고하기'(Thinking Like a Lawyer, 정봉진, 2010:289)를 교육목표로 설정하는 이었습니다. 이러한 흐름에 의하자면 법정에서 변론하는 것을 흉내내어(mocking) 연습하는 기존의 모의재판 수업방식은 그 중요성이 크게 축소될 수밖에 없었습니다. 반면 이러한 랭델식 법학교육과 쌍벽을 이루던 드와이트(Dwight)식 법학교육에서는 실무교육 자체의 중요성은 그대로 인정하지만 일단 실무연습을 하기 이전에 원리, 원칙을 제대로 배우는 것이 중요하다고 보아 강의와 토론을 통한 학습 이후에 실무연습의 차원에서 모의재판 수업을 결합시키는 방식을 택했습니다(최대권, 1999:292).

---

1) 랭델은 또한 판례, 사례를 이용한 수업인 '사례연구 수업'(case method)을 계약법 수업에 도입한 것으로도 유명합니다. 이 부분은 뒤에서 다시 다루도록 하겠습니다.

모의재판의 두 가지 흐름

이러한 두 개의 흐름은 그대로 모의재판을 서로 상이한 두 개의 개념으로 분기시키는 결과를 가져왔습니다. '모의재판'을 영어로 표현할 때, moot court라는 용어와 mock trial이라는 용어가 동시에 사용됩니다. 일반적으로 이 두 용어를 큰 차이 없이 사용하기도 하고, 법학교육에서 사용되는 보다 전문화된 모의재판은 moot court, 초중고 학생들이 흉내내기 수준에서 모의재판 수업이나 연극을 할 경우 mock trial이라고 칭합니다.2) 그러나 법학교육의 차원에서는 이 두 용어 모두를 사용합니다. 'moot'가 '사회적으로 저명하거나 영향력 있는 사람들이 모여 주요한 사안들에 대해 토의, 토론하는 것'이라는 의미를 지니었음을 고려하면 moot court는 법적 쟁점을 두고 상호 토론하는 연습을 통해 법적 사고를 기르는 모의재판의 방식을 가리킨다고 볼 수 있고 이는 랭델식의 전통과 상통하는 바가 있습니다. 실무적으로는 미국에서 법률심에 해당하는 항소심이나 조정절차에서의 재판을 연습하는 데 이러한 토론 위주의 훈련이 도움이 되므로 법학교육에서는 '상소법원에서의 재판'을 가리키는 것으로 받아들여지고 있습니다. 반면 mock trial은 재판의 형식이나 변론의 방식, 절차 등을 익히는 '연습'으로서의 의미가 더 강하기 때문에 이론과 결합된 실무연습 단계로 모의재판을 설정한 드와이트식 전통과 연결되어 있습니

---

2) 미국 법교육을 대표하는 기관인 ABA 산하 법교육 디비전이나 스트릿 로 (Street Law) 같은 단체에서 청소년들을 대상으로 하는 법교육 프로그램의 일부로 모의재판 수업을 할 때 일관되게 Mock Trial이라는 표현을 사용하는 것이 이러한 용법의 대표적 사례라고 할 수 있습니다.

다. 주로 더욱 복잡한 절차와 변론방식이 강조되는 제1심에서의 배심원 재판이나 법관에 의한 재판을 가리키는 것입니다(정봉진, 2010:311).

법학교육에서 모의재판의 개념이 나뉘는 이와 같은 과정은 법교육에도 중요한 시사점을 줍니다. 법학교육에서 모의재판은 크게 두 가지 기능, 즉 법적 쟁점에 대한 토론과 그 과정에서의 논리 개발(moot court)과, 실제 재판의 과정을 시뮬레이션해보면서 절차와 형식을 학습하고 배운 내용을 재판 상황에 적용해보는 훈련(mock trial)을 가지고 있습니다. 이 두 가지 목적은 모두 법률 전문가, 실무자를 길러내는 과정에서의 필요한 것이므로 건전한 법의식을 지닌 민주시민을 양성한다는 법교육의 목표와는 초점이 조금 어긋나는 측면이 있습니다. 따라서 교실 현장에서 모의재판 수업을 시도하기 위해서는 먼저 이 수업의 목적이 무엇인지 분명히 설정할 필요가 있습니다.

Mock Trial의 관점에서 모의재판에 접근한다면 가장 중요한 부분은 학생들에게 법정 상황이라는 특수한 경험 혹은 체험을 제공하는 것이 됩니다. 이 경우 실제 법정에 가깝게 교실을 꾸민다거나 법복 혹은 정장을 입고 형식적인 엄숙성을 경험하도록 하는 것, 법정경위나 기록원 등 재판 과정에서 역할이 작은 배역들도 모두 배치하는 것, 실제 재판 절차와 비슷하게 진행하고 법률 용어나 관행적 표현들도 흉내내어 보아야 합니다. 법학교육과의 차이점은 이러한 절차나 용어들이 그 자체로 학습의 요소가 되는 것이 아니라 이를 통해 만들어지는 '모의 체험'이 학생들에게 중요하다는 것입니다. 따라서 상황에 따라 재판 절차나 법정 배치의 일부 요소들은 얼마든지 생략될 수 있으며, 반대로 실제 재판에서는 사용하지 않는 법망치나 가발 등의 소품도 학생들의 상상력을 자극하는 차원에서 사용될 수 있을 것입니다. 일종의 놀이이자 체험의 차원이 강조되는 접근 방식이라 하겠습니다.

Moot Court의 관점에서 모의재판을 시행하고자 한다면 재판은 일종의 토론수업의 연장으로서 역할놀이를 위한 형식이 됩니다. 즉, 검사와 변호사는 특정한 주제에 대한 찬성과 반대의 입장을 부여받기 위한 장치가 되고 판사는 토론을 진행하고 조정하는 진행자의 입장, 그리고 배심원은 토론 과정을 평가하고 최종적인 판단을 내리는 역할을 하게 됩니다. 이 경우 토론 과정에 직접적으로 역할하지 않는 세세한 재판의 절차나 부수적인 배역들은 생략할 수 있으며 반대로 토론의 팀으로 역할하게 되는 검사나 변호사는 여러 명의 팀으로의 구성이 가능할 것입니다.

즉, 법교육 교수학습방법으로 모의재판을 도입할 때는 법학교육과 다른 초중등 교육에서의 교육목표를 고려해 모의재판의 형식과 절차를 재구성할 필요가 있습니다.

2. 모의재판의 종류

01 ◥ 사건의 유형에 따른 구분

　　모의재판의 종류는 다루어지는 사건의 종류에 따라, 수업의 형식에 따라 나누어 볼 수 있습니다. 법학 교육에서는 사건의 종류에 따른 구분이 매우 중요합니다. 민사 사건인지 형사 사건인지에 따라 재판의 절차와 사건을 다루는 방식이 크게 달라지기 때문입니다. 예를 들어 민사 사건의 경우는 당사자주의(adversary system)에 따라 원고와 피고가 각자 주장과 항변을 펼치고 판사는 중립적인 입장에서 어느 쪽의 주장이 더 타당한지를 판단하게 됩니다. 이 과정에서 협상이나 조정과 같은 타협이 시도되기도 합니다. 형사 사건이라면 피고인은 무죄로 추정되는 상황에서 입증책임을 지고 있는 검사가 유죄를 증명하는 것이 재판의 과정이 됩니다. 국가 형벌권의 행사 여부를 결정하는 과정이기 때문에 절차가 훨씬 엄격할 뿐 아니라 진행과정에서 인권보장을 위한 여러 장치들이 개입되기도 합니다. 따라서 법학교육에서는 논리적 주장과 논쟁이 중요한 민사 모의재판에서는 moot court를, 절차와 형식이 중요한 형사 모의재판에서는 mock trial을 하는 것이 좋다고 보기도 합니다.

하지만 이미 언급한 바와 같이 초중등 단계의 법교육에서 모의재판은 재판의 형식을 빌려서 교육을 하는 것일 뿐이지 재판의 형식과 절차 자체가 학습의 대상은 아니기 때문에 다루어지는 사건의 종류에 크게 연연할 필요는 없습니다. 앞서 살펴보았던 것처럼 교육의 목적이 학생들에게 토론의 장을 제공하기 위함인지, 아니면 재판 상황의 체험을 제공하려 하는지에 따라 재판의 형태를 결정하면 됩니다. 심지어 '사건'이 아닌 사형제도 찬반과 같은 사회적 이슈들도 얼마든지 모의재판의 형태로 재미있게 시도해 볼 수 있습니다.

다만 사건의 종류 가운데 국제사법재판이나 헌법재판은 학생들에게 폭넓은 시각을 제공해줄 수 있으므로 법교육에서도 적극적으로 활용해 볼 만 합니다. 독도 영유권 문제나 기후변화협약 문제, 황사나 오염물질의 확산을 둘러싼 국가간 갈등은 관련된 자료나 언론 보도가 많고 학생들이 서로 의견을 주고받을 내용들도 많아 활발한 수업을 기대할 수 있습니다. 헌법재판의 경우는 우리 사회의 큰 변화를 가져온 이정표과 같은 판결들이 많고 다수 의견, 소수 의견, 이에 관련된 사회 각계각층의 반응들이 많이 있어서 역시 수업의 자료를 구성하는 데 용이한 편입니다. 또한 동성동본금혼 결정, 호주제 폐지 결정 등 법적 판단이 우리 일상을 변화시키는 사례를 학생들이 자세히 들여다보는 좋은 기회가 될 수 있습니다.

수업 형식에 따른 구분-역할놀이식/대본식

　법교육의 차원에서 좀더 중요한 것은 수업의 형식에 따른 분류입니다. 모의재판의 수업 형식은 크게 역할놀이식 모의재판과 대본식 모의재판으로 나누어볼 수 있습니다.

　'역할놀이식 모의재판'은 사건 혹은 사례의 기본적인 내용들이 제시되고, 학생들에게는 이에 대한 역할만을 부여한 상태에서 어느 정도 즉흥성을 가지고 진행되는 모의재판의 형태를 말합니다. 여기에서 중요한 것은 '역할'과 '즉흥성'의 의미입니다. '역할'은 Mock Trial에서라면 '배역'과 같은 의미를 지닙니다. 즉, 실제 재판의 과정을 흉내내기 위해 학생들에게 부여되는 배역이기 때문에 판사, 검사, 변호사 등 주요한 등장인물들은 물론이고 배심원, 기록사무원, 법정경위 등 다양한 역할들이 가능합니다. 가능하다면 각 배역에 어울리는 복장이나 소도구, 말투와 행동을 흉내내는 것도 효과적일 것입니다. 이 경우에 '즉흥성'은 각자가 맡은 배역에 따른 임기응변적인 연기를 의미하게 됩니다. 학생들의 입장에서 즉흥연기는 흥미로울 수도 있지만 매우 부담이 될 수 있고 또한 수업이 본래의 초점을 잃게 될 가능성도 큽니다.

　따라서 Mock Trial 방식의 모의재판은 대본식 모의재판에 좀더 어울립니다. Moot Court의 차원에서 '역할'은 특정 사안이나 주제에 대한 찬성과 반대, 혹은 사건의 책임이나 유무죄에 관한 공격과 방어의 입장 차이를 설정하는 것이 됩니다. 예를 들어 사형제도에 관한 토론 수업에서 학생들에게 찬성과 반대의 입장을 설정해주고 서로 토론하도록 할 때 재판의 형식을 빌어 수업을 진행할 수 있을 것입니다. 이때 입장을 미리 설정해주는 것은 토론 과정에서 초점을 보다 분명하게 만들어줍니다. 학생들에게 토론수업을 하다 보면 자신의 입장을 잘 밝히지 않거나 수시로 입장을 바꾸어 토론에 맥이 빠지는 경우가 많습니다. 토론 주제에 관한 내용을 잘 모르는 경우도 있고 혹시 비판을 받을까봐 두려워서 소극적으로 응하는 경우도 있습니다. 역할을 미리 정해주는 것은 찬반의 입장차이를 선명하게 만드는 한편, 학생들이 자신이 택한 입장이 평소 가지고 있던 개인적인 신념을 드러내는 것이 아니라, 수업의 형식상 부여된 것이므로 심리적 부담을 덜고 활발하게 의견을 개진함으로써 수업을 활기차게 만드는 효과를 기대할 수 있습니다. 아울러 평소 자신이 가져왔던 생각과 다른 입장에서 발언해보면서 역지사지를 통해 사고를 확장하는 기회가 될 수도 있습니다.

__ 역할놀이식 모의재판의 장단점

역할놀이식 모의재판은 여러 가지 장점을 가지고 있습니다. 첫째, 수업의 박진감과 흥미도가 높아집니다. 대립하는 입장을 지닌 두 팀이 사건의 기본적인 사실관계와 역할지정만을 받은 채 토론하기 때문에 상대방이 어떤 주장을 어떤 근거를 바탕으로 펼칠지 전혀 모르는 상황입니다. 따라서 자신의 주장과 근거자료를 모으는 한편, 예상되는 상대방의 주장에 대한 반론도 준비하고 이를 순발력 있게 제시해야 하기 때문에 수업의 긴장감과 흥미가 높아지는 것입니다. 둘째, 따라서 학생들의 참여도도 높아집니다.

주어진 대본을 읽는 데에 그치는 대본식 모의재판에서의 수동적 역할과 달리 역할놀이식 모의재판에서는 자료를 모으고, 설득력 있는 주장을 만들어내고, 이를 정해진 시간 안에 논리적으로 펼쳐 내는 것 모두가 학생들의 역할입니다. 준비한 만큼 강력한 주장 을 펼칠 수 있고 반대로 준비가 부족하면 제대로 반론조차 못할 수 있기 때문에 그만큼 학생들은 진지하고 열띤 자세로 수업에 임하게 됩니다. 셋째, 이 과정에서 학생들의 창의성, 발표력, 설득 력 등의 향상도 기대할 수 있습니다. 토론을 위해 다양한 자료를 모으고, 이를 발표자료로 정리하고, 직접 구두로 제시하고 반론하 는 과정에서 학생들의 전반적인 의사소통 능력이 향상됩니다.

하지만 역할놀이식 모의재판에 좋은 점만 있는 것은 아닙니 다. 가장 큰 문제는 수업의 시간 조절이 매우 어렵다는 점입니다. 학교 현장에서는 주어진 시간 내에 수업을 마치는 것이 매우 중 요한 현실적 과제입니다. 시간이 남아서 수업이 느슨해지는 것도 문제겠지만, 시간이 넘쳐서 해야 할 내용들을 다 다루지 못하는 것은 더 큰 문제입니다. 역할놀이식 모의재판은 학생들이 주제에 흥미를 갖지 못하거나 소극적인 자세를 유지할 경우 수업이 맥없 이 일찍 끝나버릴 위험도 있고, 반대로 너무 열띤 토론이 이어질 경우 수업 시간을 넘길 가능성도 높습니다. 애초에 정확하게 계 산된 내용들을 다루는 것이 아니라 즉흥적으로 이루어지는 수업 이기 때문에 예정된 시간을 맞추기가 매우 어려운 것입니다. 두 번째 단점은 이 과정에서 수업의 초점이 흐트러지기 쉽다는 것입 니다. 흔히 '산으로 간다'는 표현을 많이 하지요? 학생들이 서로 반대 입장에서 상대방의 주장을 반박하려다보면 별로 중요하지 않은 사소한 표현이나 사실관계의 문제를 물고 늘어진다든지, 제시된 사건이나 주제의 핵심을 파악하지 못하고 엉뚱한 주장을 펼쳤을 경우 그 주장을 중심으로 논의가 완전히 이동되는 등의 문제가 흔히 발생합니다. 특히 저학년 학생들이나 토론에 익숙하지 않은 학생들일수록 이러한 문제가 발생할 가능성이 더 높아집니다. 여기에서 세 번째 단점이 생겨납니다. 교사의 수업부담이 상당히 커지는 것입니다. 일단 교사는 제시된 주제 자체에 대해 깊이 이해하고 있어야 하고, 찬성과 반대 측에서 제시될 것으로 예상되는 주장이나 근거에 관해 미리 파악하고 있어야 합니다. 또한 토론이 매끄럽게 진행되지 않을 경우 북돋우는 '촉진자'의 역할과 함께, 토론이 과열되거나 엉뚱한 방향으로 흘러가면 이를 적절한 방향으로 이끄는 '조정자'의 역할도 해야 합니다. 그런데 이렇게 교사가 개입을 하다 보면 토론의 자율성이 없어지고 양측 모두 교사가 원하는 답이 무엇인지에만 신경쓰게 될 수도 있습니다. 전체적인 토론의 맥락을 읽으면서 최소한의 개입을 통해 토론을 조절해나가는 작업은 매우 섬세하고 힘든 일이며 상황이 다른 여러 교실에서 모두 일정한 수준에 도달하기 어렵기 때문에 교사에게 매우 긴장감을 줄 수 있습니다.

__ 대본식 모의재판의 장단점

그래서 현실적으로 많은 학교현장에서 '모의재판'이라고 하면 우선적으로 '대본식 모의재판'을 떠올리게 됩니다. 대본식 모의재판은 사전에 만들어진 대본을 가지고 하는 활동이라는 점에서 역할놀이보다 좀 더 구조화된 형태라고 할 수 있습니다. 대본이 있으므로 일종의 연극에 가까운 모습을 띠게 됩니다. 따라서 mock trial 형태의 모의재판에 많이 사용됩니다. 즉, 실제 재판의 외형, 절차를 흉내내는 것이기 때문에 복장이나 소품 등의 활용, 말투 흉내내기 등이 역할놀이식 모의재판보다 더 중요해집니다. 학생들이 단순히 대본 내용을 읽는데 그쳐서는 안되고 이것을 교실 상황에서 재현하면서 법적 분쟁과 재판이라는 '가상의 현실'을 경험하게 만드는 것이 목적이기 때문에 학생들이 상황에 몰입할 수 있도록 다양한 장치와 노력이 필요합니다. 하지만 대본식 모의재판이 mock trial에만 국한되는 것은 아니고 moot court와 같은 수업의 효과도 기대할 수 있습니다. 예를 들어 대본을 만들어내는 과정을 '숙의'(moot)적으로 구성하는 것도 가능합니다. 흔히 대본식 모의재판에서는 이미 누군가에 의해 미리 만들어진 대본을 선정해서 실연하는 데만 집중하기 쉬운데 학생들과 머리를 맞대고 대본을 만들어가는 과정도 대본식 모의재판 수업의 핵심적인 절차입니다. 이를 통해 서로의 의견을 나누고 실제 재판의 과정과 논리, 근거 등을 체계적으로 학습할 수 있을 것입니다.

대본식 모의재판의 장점과 단점은 역할놀이식의 반대 지점입니다. 가장 큰 장점은 구조화 수준이 높아서 수업의 진행상황이나 시간에 대한 예측이 어느 정도 가능하고 돌발변수가 적다는 점입니다. 수업의 내용, 분량, 시간 등을 조절하기에 용이하다는 것이지요. 대본에 학생들이 수업할 내용을 빠짐없이 담을 수 있으니 수업내용이 누락될 우려도 적고 사전에 대본을 검토해 비교적 정확한 내용을 전달할 수 있다는 점도 장점입니다. 대본이 미리 준비되어 있는 경우라면 교사가 수업을 준비하는 시간도 역할놀이에 비해 짧아질 것이고 수업진행의 부담도 훨씬 덜합니다. 또한 수업이 잘 이루어진다면 가상의 경험을 통해 법조인처럼 생각하고 말한다는 것이 어떤지 실제로 겪어보고 흥미를 갖게 될 수도 있습니다.

하지만 실제로 대본식 모의재판 수업을 재미있게 진행하는 것은 쉬운 일이 아닙니다. 처음부터 내용의 전개와 결론이 뻔히 보이는 상황이기 때문에 학생들이 몰입하기 쉽지 않고 사고수준이 높은 학생들은 지루하다고 느끼기도 쉽습니다. 가장 큰 문제는 학생들이 대본과 다른 의견이 있다 해도 제시할 수 없기 때문에 대본을 읽는 행위 자체에만 몰입해 정작 대본이 다루고 있는 사건이나 주제를 스스로 깊이 생각해보지 않게 될 가능성이 크다는 점입니다. 즉, 학생들의 창의력과 사고력, 의사소통능력의 발휘가 제한되는 형태의 수업이므로 대본식 모의재판은 역할놀이식의 즉흥성을 기대하기 어려운 저학년 혹은 학업성취 수준이 높지 않은 학생들에게 효과적인 경우가 많습니다.

따라서 대본식 모의재판을 할 때 가능하면 학생들이 직접 대본을 만들도록 하는 과정을 통해 사고의 기회를 제공할 필요가 있습니다. 만약 기존의 대본을 활용하게 된다 할지라도 학생들의 수준과 상황에 따라 내용을 일부 수정하는 각색의 과정을 통해 대본이 자신들의 사고와 작업의 결과라고 인식하게 된다면 대본을 읽는 과정은 자신들의 작업을 마무리하는 최종적인 과정으로서 학생들에게 큰 의미를 줄 수 있을 것입니다.

3. 수업의 단계

01 ▼ 배심제의 결합

이제 실제 수업의 단계에 대해 생각해봅시다. 그런데 그에 앞서 모의재판 수업을 시행하려 할 때 모든 교사가 부딪치게 되는 중요한 문제 하나를 짚고 넘어가도록 하겠습니다. 모의재판이 흥미로운 수업의 형태이긴 하지만 실제 수업을 계획하다보면 수업에 참여하는 학생들의 수가 제한된다는 문제가 있습니다. 모의재판의 구성원을 크게 나누어보면 판사, 검사, 변호사가 있는데 여기에 기록원, 법정 경위 등의 부수적인 역할과 원고, 피고, 증인 등을 합쳐도 10명을 넘기기 어렵습니다. 평균 25명 내외인 우리나라의 학급당 학생 수를 고려하면 모의재판이 이루어지는 동안 절반 이상의 학생들이 수동적인 관객의 위치에 놓이게 된다는 것이지요. 실제로 이렇게 수업을 하다 보면 직접 실연을 하지 않는 학생들의 집중도와 흥미가 떨어져서 수업이 산만해지는 문제가 발생하고는 합니다.

따라서 학생들을 모의재판에 참여시키는 방법으로 '배심제' 형식의 결합을 고려해볼 만 합니다. 즉, 나머지 학생들 모두에게 배심원의 역할을 맡기는 것입니다. 배심원 학생들은 대본의 수준을 평가하고 토론의 승패를 결정하는 역할을 하게 됩니다. 이런 역할을 보다 체계적으로 수행하기 위해 미리 배심원용 워크시트를 배포해 모의재판의 진행과정에 따라 자신의 생각을 정리하도록 하는 것이 좋습니다.3) 또한 몇 명씩 모둠을 나누어 배심원팀을 구성하면 모의재판 후에 서로 의견을 나누는 과정도 시도해볼 수 있습니다.

　　학생들이 배심원을 맡게 됨으로써 기대되는 효과는 세 가지입니다. 첫째, 학생들이 수업의 주체로서 더욱 큰 역할을 할 수 있게 됩니다. 일단 수동적인 관객에 머물렀던 학생들이 재판 결과의 판단자 역할을 맡으면서 좀 더 수업에 주의를 집중하고 경우에 따라 양측에 질문을 던지는 적극적 역할까지 담당할 수 있습니다. 모의재판을 진행하는 학생들 입장에서도 교사의 반응만을 살피는 것이 아니라 실제로 판단을 내리게 될 학생들의 반응을 고려하고 이들을 향해 주장을 펼치는 과정에서 자연스러운 소통이 발생하게 됩니다. 학생들이 주도하는 수업에서 교사가 촉진자의 역할을 하는 이상적인 학생 주도적 수업이 가능해지는 것입니다. 둘째, 평가의 교육적 효과를 제고할 수 있습니다. 배심원 학생들은 단순히 기분에 따라 평결을 내리는 것이 아니라 어떠한 이유와 근거에서 이런 판단이 이루어졌는지 밝혀야 합니다. 이를

---

3) 워크시트로 사용하기 좋은 FIRC형 서식에 관해서는 뒤에 서술할 '글쓰기 수업'에서 좀 더 자세하게 다루겠습니다.

위해 모의재판의 내용을 깊이 생각하게 되고, 최종 평결 전 배심원단 회의를 통해 서로의 생각을 나누고 설득하는 과정을 거치기도 합니다. 평가 자체가 수업의 일부로 역할하는 것입니다. 셋째, 평가의 공정성과 신뢰성도 높일 수 있습니다. 정량화되기 어려운 이러한 활동에 평가를 내리는 것은 우리나라처럼 입시에 관한 사회적 관심이 높은 상황에서 교사들에게 매우 부담스러운 일입니다. 배심원단을 통한 집단, 동료 평가는 숙의적이고 다수의 판단자에 의해 공개적인 절차로 평가가 이루어지기 때문에 학생들이 평가의 결과에 쉽게 납득할 수 있습니다.

02 　　역할놀이식 모의재판 수업의 단계

이제 역할놀이식 모의재판 수업의 단계를 살펴보도록 합시다. 역할놀이식 모의재판은 본 수업 단계의 구성이 핵심이고, 수업 전과 후의 단계는 본 수업을 준비하며 정리하는 보조적 역할을 하게 됩니다.

① 수업 준비 단계

• 우선 교사는 학생들을 몇 명씩 몇 개의 모둠으로 나눌지, 모의재판을 몇 회에 걸쳐 시행할지 정해야 합니다. 이 계획에 따라 준비할 사건의 개수도 정해집니다.
• 실제 수업을 어떤 방식으로 진행할지 정해야 합니다. 예를

들어 50분 수업 한 시간 동안 모의재판을 끝내야 하는 상황이라면 도입에 5분, 찬성과 반대 각 5분간 세 번씩의 발언기회를 주고 배심원 토론 5분, 수업마무리 10분으로 구조화할 수도 있고, 경우에 따라 시간과 횟수의 제한이 없는 토론이나 배심원이 직접 질문하는 형태를 취할 수도 있을 것입니다.

- 사전에 모둠 구성 및 수업의 방식을 학생들에게 전달해 준비하도록 합니다. 이때 모둠별로 자료를 준비할 수 있도록 각 모둠의 역할(찬성/반대, 검사/변호사)도 정해주고 사건의 개요도 전달하는 것이 좋습니다.

② 수업 단계

- 앞서 언급한 바와 같이 역할놀이식 수업의 가장 큰 단점은 시간 조절이 어렵고 수업의 초점이 엇나가기 쉽다는 점입니다.
- 시간조절의 문제는 단계별 시간제한, 워크시트의 활용 등으로 어느 정도 해결이 가능합니다.
- 가장 큰 문제는 수업의 초점을 유지하기 위한 교사의 역할입니다. 모의재판 중에 교사가 개입을 하지 않는 경우 엉뚱한 방향으로 흐르기 쉽고 반대로 과도하게 개입할 경우 학생들이 위축됩니다.
- 교사가 판사의 역할을 맡아 토론의 진행자와 같이 양측의 주장을 정리해 전달하는 수준의 개입이 적절합니다. 이 때 칠판을 활용해 양측이 주장을 펼칠 때마다 그 내용을 간략

히 정리해서 써두면 토론이 좀 더 체계적으로 진행될 수 있습니다.

• 보다 구체적인 수업 진행의 단계는 다음 절에서 사례를 통해 제시하도록 하겠습니다.

③ 수업 후 단계

• 수업 후에는 학생들이 서로 이야기를 나누어보는 시간을 갖는 것이 교육적으로 큰 효과를 갖습니다. 먼저 찬성/반대 혹은 검사/변호사로 입장이 갈려있던 학생들은 서로 입장을 바꾸어 생각해보고 최종적으로 자신의 개인적인 판단은 어느 쪽인지 밝히는 과정에서 가치를 명료화할 수 있습니다. 또한 배심원 학생들은 배심원단 토의 중 나왔던 의견이 어떤 것이었으며 양측의 토론에서 어떤 점이 좋았고 어느 부분이 아쉬웠는지 피드백을 제공할 수도 있습니다.

• 모의재판 수업은 그 자체로 완결된 수업방식이기도 하지만 계기학습으로서의 기능도 가지고 있습니다. 즉, 모의재판 후에 사건의 내용, 토론 중 나왔던 의견 등을 바탕으로 교사가 수업을 진행한다면 훨씬 효과적인 수업이 가능할 것입니다.

• 후속 수업을 진행할 시간이 충분하지 않다면 심화학습 과제나 워크시트를 제시해 학생들이 모의재판 과정에서 배운 내용과 생각을 정리할 기회를 만드는 것도 좋을 것입니다.

__ 대본식 모의재판 수업의 단계

역할놀이식 모의재판과 달리 대본식 모의재판은 수업 준비 단계에 상대적으로 많은 비중이 주어져 있습니다. 물론 이미 완성되어 있는 대본을 활용한다면 수업 전 단계는 훨씬 간단해질 것입니다. 하지만 수업의 효과를 위해서 기존의 대본도 최소한의 각색 과정을 거치는 편이 좋습니다.

① 수업 준비 단계

• 수업의 목적을 설정하고 이에 걸맞는 대본을 찾으면서 수업 준비는 시작됩니다. 하지만 수업의 목적이나 학생들의 수준, 상황에 잘 맞는 대본을 찾는 것은 쉽지 않은 일입니다. 참고할만한 대본 몇 개를 바탕으로 학생들이 대본을 수정하거나 직접 만드는 과정이 수업의 일부가 될 수 있습니다.

• 학생들이 대본을 직접 만들거나 수정하기 위해서는 교사가 사건을 제시하고 표준이 되는 대본을 중심으로 재판의 과정, 구성원의 역할을 설명하는 수업이 사전에 필요합니다.

• 교실 상황에 따라 대본 작업은 여러 가지 형태가 될 수 있습니다. 의사소통을 원활하게 하기 위해 5, 6명으로 구성된 모둠별로 대본을 만들어 10분 내외의 시간 동안 모든 모둠이 돌아가며 시연하도록 할 수도 있고, 시간이 부족하다면 그중 가장 잘 짜여진 대본을 확장해 시연할 수도 있습니다. 이때 가능한 많은 학생들을 참여시키기 위해 다양한 등장

인물들을 포함시킬 필요가 있습니다.
- 수정과 검토를 통해 대본이 완성되면 역할을 배정하고 사전에 대본의 내용을 익히도록 하는 것이 본 수업의 원활한 진행에 도움이 됩니다.

② 수업 단계

- 역할놀이식 모의재판과 달리 대본식 모의재판에서 본 수업은 대본 작성 과정의 학습을 통해 만들어진 최종 성과물을 발표하는 장으로 기능하게 됩니다.
- 최대한 실제 재판에 비슷한 상황을 만들어 몰입하도록 하는 것이 중요하기 때문에 의상, 법봉, 교실의 배치 등 다양한 소도구와 장치들을 활용하는 것이 좋습니다.
- 대본식 수업의 본 수업 단계에서 교사는 거의 개입하지 않습니다. 하지만 저학년이거나 학생들이 모의재판에 대한 이해가 부족한 상황이라면 교사가 판사의 역할을 맡아 극을 진행해나가는 역할을 맡는 것도 가능합니다.
- 대본식 수업에서도 앞서 언급한 배심제와의 결합이 가능합니다. 이 경우 대본을 작성한 모둠이 시연을 하는 동안 다른 모둠의 학생들이 이에 대해 평가하는 방식입니다.

③ 수업 후 단계

- 역할놀이식과 마찬가지로 모의재판을 계기로 후속 수업이 이어질 수 있습니다.

• 또한 수업 과정과 후속 수업에서의 피드백을 바탕으로 대본을 최종적으로 수정하는 것도 수업의 마무리로 학생들에게 좋은 경험이 될 것입니다.

4. 수업의 실제

__ **대본식 모의재판의 사례[4]**

　대본식 모의재판은 크게 대본을 개발하고 사전 지식을 습득하는 전 단계, 모의재판 시연을 하는 단계, 피드백 및 관련 내용 수업을 하는 재판 후 단계로 나눌 수 있습니다. 제시된 사례에서는 재판에 대한 이해수준이 낮은 중학생들을 대상으로 했기 때문에 재판 후 단계의 수업을 앞으로 끌어와서 1, 2차시에 관련 내용에 관한 수업을 먼저 진행했습니다. 그리고 이를 바탕으로 3차시에서 선택된 시나리오를 읽고 이해하며 역할을 배정하는 사전 준비단계를 거치고, 4차시에서 최종적으로 모의재판을 시연함으로써 마무리하는 구조를 택했습니다.

---

4) 이 사례는 부산 엄궁중학교 김강산 선생님이 개발한 자료입니다.

◥ 차시 계획

	주제	수업 내용 및 방법
1차시	재판의 의미와 절차	• 재판의 의미와 기능(개념학습) • 재판의 절차(사례학습)
2차시	공정한 재판을 위한 제도	사법권 독립, 공개재판, 심급제도(NIE)
3차시	시나리오 읽기	• 학습자의 눈높이에 맞는 시나리오 선택 • 역할을 선택해 학급 전체가 함께 읽기 • 용어, 절차에 대한 질의응답
4차시	모의재판 실시	• 재판에 필요한 소품을 준비 • 역할을 맡은 학생은 충분한 연습 • 배심원 및 방청객 학생들에게는 질문지 및 토론자료 제공

1차시는 재판 자체가 어떠한 의미와 사회적 기능을 가지고 있는지 살펴보고 실제 재판의 절차를 확인하는 과정입니다. 교육 과정 및 교과서에서 주로 다루고 있는 내용은 2차시입니다. 교육 과정상에서 다루어지는 내용인 사법권의 독립이 갖는 의미, 공개 재판의 원칙, 심급제도를 통한 공정한 재판과 인권보호의 노력 등을 확인하는 과정입니다.

모의재판의 시행 자체만 놓고 본다면 1차시와 2차시는 생략 이 가능합니다. 본격적인 준비가 시작되는 것은 3차시부터입니다. 이는 모의재판에 사용될 시나리오를 선택하고 내용을 확인하는 단계입니다. 만약 모의재판 수업으로 한 시간만 배정한 상황이라 면 이 부분을 포함해서 4차시에 일부 언급된 소품 준비, 역할 연 습 등은 미리 자료를 배부하고 사전학습 과제로 제시하는 편도 가능합니다. 따라서 대본을 읽는 방식의 모의재판 수업은 최소한으로 하자면 한 시간, 그러니까 4차시만으로도 가능합니다.

　　하지만 만약 학생들이 직접 대본을 만드는 방식을 택하는 수업이라면 재판을 이해하고 사건을 선택해 대본을 작성하는 시간이 반드시 사전에 있어야 하므로 최소 두 시간 이상의 시수 배분이 필요할 것입니다.

　　본격적인 모의재판은 4차시에 이루어집니다. 4차시의 수업지도안과 평가기준을 좀 더 자세히 제시하도록 하겠습니다.

본 QR코드를 스캔하시면
수업 지도안으로 연결됩니다.

▶ 수업 지도안

수업일시	2019. 09. 17. (화) 4교시	수업대상	1학년 2반 25명 (남 11명, 여 14명)	수업장소	1 - 2
수업단원	XI. 일상생활과 법 3. 재판의 의미와 공정한 재판을 위한 제도			해당차시	4/4
수업브랜드	사회를 보는 안경 갖기	수업모형	역할극(모의재판)		
성취기준	9사(일사) 11 -				
핵심역량	지식정보처리역량, 의사소통역량, 공동체역량				
학습목표	모의재판을 통해 재판을 공정하게 진행할 수 있고, 재판 관련 법지식과 의사소통역량을 함양할 수 있다.				
학습자료	교 사	학습활동지, 모의재판 시나리오, 모둠평가지			
	학 생	학습활동지, 모의재판 시나리오(대본)			

학습 단계	학습 형태	학습 과정	교 수 · 학 습 활 동		학습자료 창의, 인성
			교 사 (T)	학 생 (S)	
전개	모둠 학습	사전 점검 → 모의 재판 (25분)	**[모의재판]** T 역할별로 좌석 배치를 확인하고 시나리오를 점검한다. - 재판부석, 검사석, 변호인석, 피고인석, 증인석, 배심원석, 방청석 - 시나리오 점검 〈주제〉 빼앗긴 스마트폰(형사) **[시작]** T 교사가 주심 판사가 되어 모의재판을 시작한다.	S 역할에 맞는 좌석에 앉았는지 확인하고, 시나리오를 전체적으로 확인한다. - 토론지를 받고 내용을 확인한다. 〈토론지〉 - 재판의 단계별 쟁점을 기록하기 - 의문이 있는 내용 기록하기 - 나만의 판결 내려보기 S 역할에 따라 시나리오를 읽으며 모의재판에 참여한다.	유의사항 안내 참여하기 협력하기

학습단계	학습형태	학습과정	교수 · 학습 활동		학습자료
			교 사 (T)	학 생 (S)	참의, 인성
		→	1) 모두절차: 입정, 개정 선언, 기일 지정, 관계인 출석 확인, 배심원 선서, 재판장 최초설명, 진술거부권 고지, 검사 및 피고인 모두 진술, 증인신문, 쟁점정리 및 증거 신청 2) 증거조사: 증인의 동일성 확인, 위증의 벌 경고, 증인선서, 증인 신문(검사 및 변호인), 증거조사 종결 3) 피고인 신문 및 최종변론: 피고인 신문, 검사 및 변호인의 최종의견 진술, 피고인의 최종의견 진술, 재판장 최종 설명 4) 판결 선고: 재판부 재입장, 판결선고		경청하기
		토론 (10분)	[토론] T 판결 후 평가지 작성 시간을 갖고, 평가지를 토대로 토론을 진행한다.	S 의문사항에 대해 질문하거나, 자신만의 견해를 발표하면서 토론에 임한다.	참여하기 토론하기
마무리 (5분)	전체 학습	수업 내용 정리	수업 내용 정리 T 모의재판을 통해 구체적 사건으로 재판의 절차 및 관련 제도를 이해할 수 있음을 설명함 - 충분한 토론과 질문, 변론으로 의사소통역량을 함양할 수 있음	S 모의재판에 참여한 소감을 나눔	종합하기

학습단계	학습형태	학습과정	교수 · 학습 활동		학습자료
			교 사 (T)	학 생 (S)	📖청취의, 🎤인성
		→	1) 모두절차: 임정, 개정 선언, 기일 시작, 관계인 출석 확인, 배심원 선서, 재판장 최초설명, 진술거부권 고지, 검사 및 피고인 모두 진술, 변호인 의견진술, 쟁점정리 및 증거 신청	배심원 선서, 검사 및 피고인 모두 진술, 변호인 의견 이	📖🎤 경청하기
			2) 증거조사: 증인의 동일성 확인, 위증의 벌 경고, 증인신서, 증인 신문(검 사 및 변호인), 증거조사 종결	증인신서, 증인 신문(검	
			3) 피고인 신문 및 최종변론: 피고인 신문, 검사 및 변호인 최종의견 진술, 피고인의 최종의견 진술, 재판장 최종 설명		
			4) 판결 선고: 재판부 제임정, 재판장 판결선고		
		토론 (10분)	**[토론]** 📑 T 판결 후 평가지 작성 시간을 갖고, 평가지를 토대로 토론을 진행한다.	S 의문사항에 대해 질문하거나, 자신의 견해를 발표하면서 토론에 임한다.	📖 참여하기 📖 토론하기
마무리 (5분)	전체 학습	수업 내용 정리	📑 **수업 내용 정리** T 모의재판을 통해 구체적 사건으로 재판의 절차 및 관련 제도를 이해할 수 있음을 설명함. — 충분한 토론과 질문, 변론으로 의 사소통역량을 함양할 수 있음	S 모의재판에 참여한 소감을 나눔	📖 종합하기

▼ 평가기준

평가문항	평가요소		평가기준
모의재판	지식정보처리 (교사평가)	상	공정한 재판과 관련된 지식을 이해하고 이를 활용해 모의재판을 진행할 수 있다.
		중	공정한 재판과 관련된 지식을 이해하고 모의재판에 참여할 수 있다.
		하	재판과 관련된 지식을 일부 이해하고 모의재판에 부분적으로 참여할 수 있다.
	의사소통 및 협업 (동료평가)	상	모의재판 진행과정에서 필요한 의사소통 및 협업 능력을 충분히 드러낼 수 있다.
		중	모의재판 진행과정에서 필요한 의사소통 및 협업 능력을 찾을 수 있다.
		하	모의재판 진행과정에서 의사소통 및 협업 능력을 일부 찾을 수 있다.

이 모의재판은 '빼앗긴 스마트폰'이라는 형사재판 시나리오를 사용하고 있습니다.[5] 역할에 따라 시나리오를 읽어가는 전통적인 방식을 택하고 있지만 특이한 점은 그냥 수동적으로 대본만 읽는 것이 아니라 토론지를 동시에 배부받고 재판의 단계별 쟁점을 정리하며 의문이 생기는 사항을 적어보고, 대본과 관계없이 자신만의 판결을 내려보도록 하고 있다는 점입니다.

교사가 판사의 역할을 맡은 것은 수업 도중에 발생할 수 있는 여러 상황들을 통제하기 위함으로 보이는데 통상 대본식 모의재판에서는 대본의 내용을 벗어나는 일이 거의 없으므로 학생들이 판사까지 맡아도 별다른 문제는 없습니다.

앞서 설명했던 것처럼 대본식 모의재판이며 이 대본 자체가 대법원에서 개발된 것이기 때문에 절차가 매우 세세하게 다루어지고 있습니다. 재판 절차 자체를 공부하거나 재판의 분위기를 느껴보기 위해서라면 좋은 장치일 수 있지만, 조금 번거로운 부분도 있고 시간상으로도 제약이 있다면(원래 대법원의 개발자들이 예상한 이 대본의 소요시간은 1시간 30분으로 설정되어 있습니다) 상황에 맞추어 일부 내용을 수정하거나 생략하는 방법도 좋겠습니다.

아쉬운 것은 시간이 짧다 보니 마지막에 학생들이 서로 소감과 의견을 나누는 시간이 충분치 못하다는 점입니다. 실제로 수업을 해보면 이 단계의 교육적 효과가 매우 크기 때문에 별도의

---

5) 이 시나리오는 대법원 사법정책연구원에서 개발한 '모의재판 시나리오 및 지도안'에 수록된 것입니다. 원래는 각급 법원에서 중고등학생들이 법원체험 프로그램을 위해 방문할 시 활용할 수 있도록 개발되었지만 중학생용, 고등학생용 그리고 민사, 형사로 나뉘어서 잘 정리된 7개의 시나리오를 담고 있어 수업시간에도 활용하기 좋습니다. 자료는 사법정책연구원 홈페이지(jpri.scourt.go.kr)에서 무료로 다운로드받을 수 있습니다.

심화과제를 부여한다든가 다음 차시에 따로 시간을 두어 이야기를 나누어보는 것도 좋겠습니다.

평가의 기준은 예시의 차원에서만 제시한 것입니다. 대본식의 수동적 방식을 극복하는 장치로 설정된 토론지의 내용도 평가 단계에 반영된다면 훨씬 적극적인 활동을 기대해볼 수 있을 것입니다. 또한 학생 상호 간의 평가도 체계적으로 하려면 상호평가지를 활용해볼 수 있습니다.

PART

02

교육연극

1. 교육연극의 개념과 종류

01　교육연극의 역사

　　앞서 소개한 모의재판 교수학습법을 찬찬히 들여다보고 있노라면 결국 교실에서 하는 '연극'인데 그 무대가 법정인 것뿐이 아닌가 하는 생각이 듭니다. 대본식 모의재판은 완전히 연극과 구별이 안되는 수준이고, 역할놀이식 모의재판도 참여자들에게 즉흥연기의 여지를 주었을 뿐 역할 자체와 진행과정은 정해져있는 반구조화된 연극에 가깝습니다. 법학교육에서라면 모의재판이 법정에서 이루어지는 재판을 중심으로 하는 송무 지향적인 시뮬레이션의 성격을 지니기 때문에 연극과 차별성을 지니고 있습니다. 하지만 초중등 교육에서는 법조인처럼 말하고 행동하는 자체가 목표라기보다 재판이라는 상황과 판사, 검사, 변호사, 피고인 등의 역할 설정을 통한 학습과정 조직과 간접적인 체험 제공을 목표로 하기 때문에 연극의 성격에 더욱 가까워지는 것입니다. 따라서 교육연극을 활용한 교수학습법을 깊이 있게 들여다보는 것은 법교육에 새로운 관점을 제공해줄 수 있습니다.

　연극을 통한 교육은 유구한 역사적 배경을 지니고 있습니다. '교육'이 사회 구성원들에게 일정한 지식이나 규범, 감정적 상태를 전달하고자 하는 모든 활동을 포괄하는 것으로 본다면 그 연원은 고대 그리스 아테네의 비극으로까지 거슬러 올라갈 수 있습니다. 당시의 연극이란 시민들의 오락이기도 했지만 동시에 폴리스의 구성원으로서 공동체 의식을 앙양하고, 자연적 질서를 거스른 삶의 비참한 결과를 보여주어 시민들에게 경각심을 불러일으키려는 목적을 동시에 가지고 있었기 때문입니다. 이렇게 보자면 연극을 통한 체험이 어떠한 종류더라도 '심리적 효과'를 지닌다면 크든 적든 모두 교육적 성격을 지니고 있다고 주장할 수 있습니다. 하지만 이렇게 교육연극을 '넓게' 정의할 경우 연극 그 자체와 같은 개념이 되어버릴 수도 있습니다. 따라서 일반적인 연극과 구분해 처음부터 교육적 의도를 지니고 만들어진 연극들을 좁은 의미에서 교육연극으로 구정하는 것이 보편적입니다. 예를 들어 '일반 연극과 비교해 연극 행위자와 감상자가 뚜렷이 구분되지 않으며, 준비과정 및 결과 분석과 이해를 통한 교육적 효과를 연극 감상 자체를 통한 경험보다 더 중요하게 여기는 것'(김창화, 1997: 12)이 좁은 의미에서 교육연극의 정의라고 볼 수 있습니다. 즉, '보여지는 연극'이 단지 교육적인 목적을 지니고 있다는 것만으로 교육연극이라 보기는 어려우며, 연극 자체의 형태가 피교육자들의 참여, 토론, 개입 등을 적극적으로 보장하는 차별화된 형태를 지니고 있어야 한다는 것입니다.

　좁은 의미의 교육연극도 그 역사가 짧지 않습니다. 통상 교육연극은 1900년대 초반 영국에서 시작된 것으로 봅니다. 당시 영국은 세계대전을 겪으면서 부모를 잃은 고아, 빈곤층 아동 등 교육제도로부터 소외된 아이들이 늘어나게 되었는데 이 아이들에게 별다른 시설이나 교과서 없이 교육을 하는 수단으로 교육연극의 효과에 주목한 것입니다. 미국의 경우도 1900년대 초 허트(Alice Minnie Herts)가 뉴욕의 가난한 이민자 자녀들에게 영어와 책읽기를 가르치기 위해 셰익스피어의 '폭풍우'(The Tempest)를 어린이들과 함께 공연한 것이 교육연극의 시작으로 받아들여지고 있습니다(조병진, 1998:227). 하지만 이러한 교육연극들은 연극의 관객이 어린이들뿐이라거나 혹은 아동들이 만드는 아동극의 수준에 머무르고 있어 아직 체계적인 교육연극의 특성을 드러내지는 못하고 있었습니다.

여기에 체험을 중시하는 진보적 교육사상을 주장했던 존 듀이(John Dewey)의 영향으로 교육연극은 체험교육 수단으로서의 가치도 인정되면서 보편적인 교육수단 중 하나로 자리잡게 되었습니다. 또한 1960년대 인지발달 심리학이 크게 부각되면서 연령에 따른 인지의 차이에 맞춘 교육연극론이 등장해 점차 학문적 체계를 갖추어 나가게 되었습니다. 우리나라에서도 교육연극론의 수용 가능성과 실제 적용에 관한 논의가 1970년대 후반에 시작되면서 90년대 중반 이후 연극학계와 교육학계에서 관련된 논의가 활성화되고 교육연극을 전문적으로 다루는 학회도 결성되어 활동하고 있는 상황입니다.

02 교육연극의 종류

  교육연극의 유형은 다양하지만 크게 크리에이티브 드라마
(Creative Drama, CD), 드라마 인 에듀케이션(Drama-in Education,
DIE), 시어터 인 에듀케이션(Theatre-in Education)의 세 가지 형태
로 나누어 볼 수 있습니다. '크리에이티브 드라마'는 '미국 아동극
협의회'(The Children's Theatre Association of America)에서 '즉흥적
이고 비공개적이며 과정에 중점을 두는 드라마'라고 정의하고 있
습니다. 즉, 기본적인 대사나 대략의 동작선 만을 정해두고 나머
지 모든 구성을 학생들이 즉흥적으로 상상하며 반응하고 행동하
도록 함으로써 참여자의 창의성을 발달시키는 데 목적을 두고 있
습니다. 따라서 이 형태에서는 애초에 다른 사람이 극을 관람하
는 것을 전혀 상정하지 않으며 목표로 하는 교육의 효과 역시 지
식이나 내용보다는 정서적 차원에 중점을 두고 있습니다.
  이에 비해 '드라마 인 에듀케이션'은 좀 더 체계화된 형태로,
극장이 아닌 학교 현장에서 학생들이 스스로 과제나 주제를 선택
하고 이에 대한 토론과 교사의 조력을 통해 연극을 만들어가는
과정에서 주제에 대해 더 깊은 이해와 통찰을 할 수 있습니다. 이
과정에서 학생들 간에 이루어지는 토론의 과정이 매우 중시되며
교사는 기본적으로 학생들의 연극활동을 돕는 조력자의 역할을
하게 됩니다. 이와 같은 형태의 교육연극은 특히 영국에서 많이
활용되고 있습니다.
  '시어터 인 에듀케이션'은 세 가지 중 가장 조직화된 형태입
니다. 1965년 영국의 밸린스(Gordon Vallins)가 처음 제시한 개념

으로, 전문극단이 공연하고 관객들은 이 극을 관람하면서 동시에 참여하는 방식으로 교육이 이루어집니다. 이를 위해 출연자는 배우인 동시에 교사로서의 역할을 해야 하므로 배우-교사(actor-teacher) 혹은 교사-배우(teacher-actor)로 불리웁니다(조병진, 1998: 232). 주로 사회적인 문제나 교과목상의 내용을 다루는데 일반적인 연극에 비하자면 관람자가 적극적으로 참여하도록 유도해 교육적 목적을 달성하도록 한다는 점에서 차이가 있습니다. 이를 위해 출연자들은 관람자들의 배경이나 특성에 유의해 교육 효과를 극대화할 전략을 취하는데 극이 진행되기 전에 관객들과 함께 사전 협의 작업(preliminary workshop)을 하거나, 극이 끝난 후 출연자와 관객이 모두 참여해 극에 나온 내용들이나 그 의미를 되새기고 의견을 나누는 사후 토론(follow-up work) 과정이 추가되기도 합니다.

연극 체계성의 수준으로 보자면 '크리에이티브 드라마 < DIE < TIE'의 수준으로 배열해볼 수 있을 것입니다. 이는 TIE쪽으로 갈수록 더 복잡한 주제를 더 전문적인 배우와 교육과정에 의해 효과적으로 전달할 수 있다는 의미이므로 고학년 학생들 혹은 성인을 대상으로 하는 교육연극이라면 TIE의 형태가 더 효과적일 수 있습니다. 반면 크리에이티브 드라마 쪽에 가까워질수록 내용 자체를 전달하는데는 효과가 떨어지더라도 기본적으로 타인에게 보여준다는 전제 없이 즉흥적, 자발적으로 참여하는 것이므로 진입장벽이 낮고 흥미를 불러일으킬 수 있으며 정서적인 차원에서 더 큰 영향을 줄 수 있을 것입니다. 따라서 학령 단계에 따라 보자면 유치원이나 초등 저학년 단계에서는 크리에이티브 드라마,

초등 고학년이나 중학교 저학년 단계에서는 DIE, 고등학생 이상의 단계에서는 TIE가 효과적으로 활용될 수 있을 것입니다. 아울러 교육 목표에 따라 분류해보면 자아발달, 인성교육 등 정서적 목표를 달성하려 할 경우 크리에이티브 드라마, 상대적으로 복잡하고 어려운 교과내용이나 사회적 문제 등 지적 목표를 달성하려 할 경우 TIE가 우선적으로 고려될 수 있습니다. 그러나 이 둘은 모두 학교 현장에서 교사가 직접 시도하기엔 어려운 점이 있습니다. 크리에이티브 드라마의 경우 즉흥적인 연극을 지도할 능력이 있는 사람이라야 가능할 것이고 TIE는 아예 직업적인 연극배우에 의한 활동을 전제로 하고 있기 때문입니다. 따라서 학교의 교실에서 교사가 학생들과 함께 제한된 조건하에 교육활동을 하려 한다면 중간적 형태인 DIE가 적합한 방법이라고 볼 수 있습니다. 학령 단계에 따라 생활 속의 규칙에 관한 학습을 하는 초기 단계에서 추상적인 법규범을 다루는 수준까지 나누고 보자면 위의 세 가지 방법이 모두 단계별, 교육목적별 법교육으로 활용될 수 있을 것입니다. 그러나 일반적으로 법교육을 '법을 소재로 한 교육'으로 이해하는 시각이 지배적이고 현재 직접적으로 법을 다루는 교육과정도 초등학교 6학년 이후부터 등장한다는 점을 고려하면, 학교 교육과정에서 1차적으로 초등 고학년 이상이 대상으로 설정될 가능성이 크므로 TIE를 통한 법교육이 높은 가능성을 지니었다고 볼 수 있습니다.

이상의 교육연극 유형들을 앞 장에서 다룬 모의재판의 유형과 연계해 비교하자면 구조화 수준을 기준으로 보았을 때 역할놀이식은 크리에이티브 드라마에 가까운 반면, 대본식 모의재판은 TIE에 가깝습니다.

	즉흥적 ⟷ 구조적				
교육연극의 유형	크리에이티브 드라마		드라마 인 에듀케이션		시어터 인 에듀케이션
모의재판의 유형		역할놀이식		대본식	

2. 교육연극의 효과와 단계

---

01 ＼ 교육연극의 효과

　교육연극의 교육적 효과는 크게 연극 '자체'가 갖는 교육적 효과와 연극을 '통해' 내용을 효과적으로 전달하는 효과로 나누어 볼 수 있습니다. '연극 자체의 효과'란 연극을 하는 과정에서 학생들이 자신을 들여다보고 타인과의 소통과 상호작용을 확장하는 사회화를 경험하는 것이고, '연극을 통한 효과'란 개별 과목의 학습목표, 학습내용을 연극이라는 수단을 통해 전달함을 의미합니다. 법교육과 같이 개별 교과를 전제하는 교수학습법으로 교육연극을 택할 경우 후자의 효과를 기대하는 경우가 많습니다. 그러나 이 두 가지 효과는 완전히 분리된 것이 아니며 오히려 상호작용을 통해 효과의 상승을 기대할 수 있는 교육연극의 중요한 특징입니다.

　교육연극을 법교육에 접목시키기 위해 먼저 확인해야 할 것은 교육연극의 효과가 어디에서 비롯하는가 하는 점입니다. 교육연극이 왜, 어떤 방식으로 효과를 발휘하는지 확인해야만 이러한 방법이 법교육에 적합한지, 또 어떤 방식으로 둘을 결합시켜서 활용할 것인지 판단할 수 있기 때문입니다.

첫 번째로 들 수 있는 것은 연극이라는 매체의 가장 큰 특징 중 하나인 '현장성'으로 인한 효과입니다. 연극이 다루는 스토리 그 자체는 글로 쓰여진 꽁트나 소설 등과 근본적으로 다르지 않습니다. 하지만 이를 전달하는 매체로서 연극은 사람과 사람이 직접 만나는, 그리고 그 스토리가 지금 막 눈앞에서 펼쳐지는 방식을 택하고 있기 때문에 보는 이로 하여금 압도적인 현장감과 몰입을 경험하게 만들 수 있습니다. 교육매체로서 연극은 단순한 '전달'에 머무르지 않고 피교육자에게 특정한 상황과 맥락을 '경험'하도록 할 수 있다는 점에서 다른 매체가 갖지 못하는 큰 장점을 지니고 있습니다.

이러한 현장성은 두 번째 특징인 '상호성'으로 이어집니다. 바로 눈 앞에서 벌어지는 상황은 보는 것만으로도 몰입이 이루어지게 만들지만 더 나아가서 피교육자를 상황에 직접 개입시켜 상황의 일부로서 체험토록 하는 상호작용을 만들어낼 수 있습니다. 이러한 연극의 특성은 대중매체나 인터넷 등을 통한 간접 경험이 지배적인 현대 사회에서 직접적인 소통과 상호이해 및 유대감을 제공할 수 있다는 점으로 큰 효과를 발휘할 수 있습니다. 긴밀한 소통을 원하는 사람들의 욕구는 시대가 변해도 사라지지 않는 인간 고유의 특성이기 때문입니다(이용희, 2008, p.305). 특히 교육연극은 연극의 이러한 장점을 극대화해 연극의 과정에 피교육자를 적극적으로 참여시킵니다. 타인에게 보여주는 것이 아니라 피교육자가 유형에 따라 참여해서 연극을 만드는 자체를 목표로 하고, 연극 진행과정의 일부에 피교육자가 개입되도록 하거나 연극 후 관련 내용의 토론을 진행하는 등 다양한 방식을 통해 교육대상과 목적에 적합한 상호성 방식 개발이 교육연극에서 가장 중요하게 연구되는 방법론이라고 할 수 있습니다.

하지만 연극의 가장 두드러진 특징이자 효과는 그것이 기본적으로 허구의 세계, 만들어진 맥락을 다루고 있다는 점입니다. 얼핏 보면 이 세 번째 특징은 앞서 언급한 현장성과 상호성과 배치되는 특성처럼 보입니다. 하지만 실은 연극이 '진짜 현실은 아니라는' 전제를 지니고 있기 때문에 피교육자가 더 가까이 내용에 접근하고 더욱 쉽게 상호작용할 수 있게 됩니다. 즉, 연극은 현실이 아니지만 결국 현실의 이야기를 하고 있는 이중적 효과를 지니는 것입니다. 이와 같은 연극의 세 번째 효과를 '현실의 재구성을 통한 인식'이라고 말할 수 있습니다.

교육연극의 법교육에 대한 적용이라는 측면에서 가장 중요한 특성인 세 번째 특징을 좀 더 자세히 살펴보도록 하겠습니다. 매일같이 TV를 통해 볼 수 있는 뉴스 프로그램은 사실 그대로를 최대한 간결하게 전달하고 있지만 의외로 아동이나 청소년들의 입장에서는 어렵다고 느끼는 경우가 많습니다. 왜냐하면 있는 그대로 전달되는 현실에는 수많은 맥락과 다양한 부가정보들이 뒤엉켜있어 쉽게 내용을 파악할 수 없으며 또한 그것이 '현실'이라는 사실 때문에 함부로 판단하는 데 더 부담을 느끼기 쉽기 때문입니다. 이에 비해 연극은 그것이 현실에서의 사건을 소재로 하고 있다

할지라도 허구와 모방을 통해 현실을 재구성합니다. 황정현(1999)은 이러한 연극에서의 인지과정을 '실제(actuality)에서 가정(假定)으로의 전환'과 '기존 지식에서 새로운 지식으로의 전환'이라는 두 가지 전환과정을 통해 설명하고 있습니다. 현실의 문제를 '만약에'라는 가정의 상황으로 바꿈으로써 현실에 대한 부담을 허물고 더 나아가 기존의 지식을 전환하고 재구성하도록 한다는 것입니다. 또한 이 과정에서 불확실하고 유동적인 현상적 세계의 본질을 알기 위해 허구와 모방이라는 매개체를 사용해 현실을 보다 이해하기 쉽고 간결한 형태로 보여주게 됩니다(김영미, 2004, p.22).

이러한 연극적 효과의 과정을 문화인류학적 차원에서 설명한 학자로 밴게넙(Arnold van Gennep)을 들 수 있습니다. 그는 원시사회에서 나타나는 모든 제사 의식이 '분리(separation) → 변이(transition) → 합병(incorporation)'의 과정을 거친다고 설명합니다. 그런데 '변이'의 단계에서 사회는 구조적으로 애매한(liminal) 상황에 처합니다. 이는 일상적 규범이나 조직, 형태, 계층 개념이 붕괴되는 반구조적(antistructural) 상황으로서 이 상황에서 사람들은 해방감을 느끼고 인간의 잠재인 식력이나 정서, 의지, 창의력을 총동원하는 총체국면을 맞이하게 됩니다(Gennep, 1960; 조병진, 1998, p.221에서 재인용). 즉, 축제나 제사는 신과의 접촉이라는 초현실적 가정하에서 현실의 맥락에서 벗어난, 현실로부터 '분리'된 느낌을 갖게 만들고 이렇게 사회적 속박과 억압에서 벗어난 자유로운 상황에서 사람들은 최대한의 창의성을 발휘해 스스로의 의식과 행동을 바꾸는 '변이'의 과정을 거치며 이것이 다시 현실로 돌아왔을 때 원래의 자신의 모습과 결합되어 새로운 나를 만드는 '합병'

의 단계를 겪게 된다는 것입니다. 교육연극이 지니고 있는 가장 큰 효과도 바로 이런 과정을 통해 발휘된다고 볼 수 있습니다. 앞서 언급한 바와 같이 실제가 아닌 가상의 상황, 가정된 상황에서 일단 분리를 통한 해방감을 얻게 되고 이를 통해 현실의 문제를 보다 분명하고 능동적으로 파악해 이에 대한 대안을 모색할 수 있으며, 이러한 경험은 현실로 돌아온 후에도 스스로에게 영향을 미쳐 변화와 성숙을 가능하게 합니다.

실제로 교육연극의 효과는 여러 연구들을 통해 확인되고 있습니다. 김면성(2008)은 동화를 활용한 교육연극 수업이 초등학생의 환경에 대한 태도를 긍정적으로 향상시키는 효과가 있음을 양적 연구를 통해 검증한 바 있습니다. 심상교(2001)는 교육연극을 통해 인성 발달, 상상력 계발, 친숙도 제고, 적극적 성격으로의 변화와 같은 효과가 나타난다고 밝혔습니다. 김지순(2004)의 연구에서는 초등학교 4학년 학생들을 대상으로 10차시의 수업을 한 결과 사회적 능력 가운데 협동성, 공감력, 자기표현력에서 유의미한 변화가 있었고 이러한 변화는 지속적으로 유지되었음을 확인했으며, 초등학교 2학년을 대상으로 한 조경애(2006)의 연구에서는 창의성 향상에 효과가 있음이 밝혀졌습니다. 아울러 진혜경(2006)의 연구에서는 연극치료 프로그램을 받은 초등학교 3학년 학생들이 신뢰성, 지도성, 근면성 등 사회성 요인들에 긍정적인 영향을 받았음을 밝혔습니다. 이와 같은 국내에서의 효과성 연구가 주로 인성과 창의력, 사회적 능력에 초점을 맞추고 있는 반면 해외에서는 주로 언어교육 차원의 효과성 검증이 이루어지고 있는 것으로 보입니다. 외국의 약 200여

편의 실험연구들을 통해 연극교육과 학업능력 간의 효과성을 검증한 메타적 연구에서 대상 연구 중 약 40% 이상이 연극교육과 언어능력(독해, 구술, 작문 등) 향상에 긍정적 상관관계가 있음을 보고했습니다(Podlozny, 2000; 신동인·조연호, 2011, p.42에서 재인용).

이러한 교육연극의 효과는 법교육에 접목되었을 때 큰 힘을 발휘할 수 있습니다. 먼저 교육연극이 지니고 있는 형식적 유연성은 사회적 이슈들을 법교육에 끌어들이는 데 도움을 줄 수 있습니다. 교육에서 일반적으로 많이 쓰이는 자료는 도서 등 인쇄매체이거나 동영상, 애니메이션 등으로 구성된 멀티미디어 매체들입니다. 그러나 이러한 자료들은 제대로 제작하려면 큰 비용이 들 뿐 아니라 한번 제작되면 내용을 쉽사리 바꾸기 어렵고 또 제작되는 시점에서 배포되어 현장에서 활용되기까지 일정한 시간이 필요하다는 문제가 있습니다. 즉, 시시각각으로 일어나는 사회적 이슈를 즉각적으로 교육에 반영하는 데 한계가 있는 것입니다. 그러나 연극은 대본만 고쳐서 연습하거나 심지어 피교육자들이 스스로 대본을 작성하는 과정을 통해 얼마든지 시의성 있는 주제들을 교육에 끌어들일 수 있다는 점에서 큰 장점을 지니고 있습니다. 이러한 즉시성은 특히 사회적 이슈에 민감한 법교육에 큰 효과를 가져다 줄 것으로 기대됩니다.

선행연구들에서 일관되게 확인되는 교육연극의 사회성 발달에 미치는 영향도 법교육의 목적과 부합하는 특성이라고 할 수 있습니다. 법교육은 기본적으로 규범의 학습과 내재화를 통해 사회화를 지향하는 교육이라고 할 수 있는데 교육연극은 드라마를 통해 형식과 의미가 부여된 행동, 계열화의 체계 속에 편입된 행동을 경험하도록 한다는 점에서(김효, 1999, p.157) 법교육과 상통하는 바가 있습니다. 이와 관련해서 놀이로서의 문화에 주목한 후이징가(Huizinga)의 논의를 참고할만 합니다.

"어떤 점에서 법률과 음악에서의 대위법 그리고 회화에서의 시점에 관한 규칙과 연출과 예식에 관한 규칙, 군사 전략과 철학 논쟁에 관한 규칙들 모두가 바로 놀이의 규칙과 다르지 않다. 이 규칙들이 바로 모두 엄수해야 할 관습을 구성하는 것이다. 이 문명이란 여러 가지 규칙들의 미세한 망에 다름아니다(Huizinga, 1938; 김효, 1999, p.163에서 재인용)."

즉, 연극은 현실의 맥락에서 벗어난 자유로운 경험이긴 하지만 그것이 놀이의 성격을 갖는 한 여전히 내적인 규칙과 관행을 지니고 있는 놀이이며, 학생들은 이러한 규칙의 존재와 필요성을 연극의 자유로움 속에서 역설적으로 더 강하게 경험할 수 있다는 것입니다. 연극을 통해 일어나는 상호작용의 과정에서 학생들의 사회성 발달은 이러한 과정을 통해 일어나는 변화라고 할 수 있습니다.

02 교육연극의 법교육에 대한 적용 단계

앞서 교육연극의 종류를 크게 크리에이티브 드라마, 드라마 인 에듀케이션, 시어터 인 에듀케이션으로 구분해 제시한 바 있습니다. 교육연극을 법교육에 적용하는 방식과 단계 역시 이 순서에 따라 살펴보도록 하겠습니다.

먼저 크리에이티브 드라마를 통한 즉흥적이고 상대적으로 쉬우면서도 창의적인 교육방식은 법교육의 커다란 한계 중 하나로 지적되는 학습에 대한 흥미와 접근성의 문제를 크게 보완해 줄 수 있습니다. 법교육을 시작할 때 대부분의 교사가 부딪치는 첫 번째 장벽은 학생들이 법이 어렵고 복잡해서 접근할 수 없다고 느끼고, 실제로 이들이 흥미를 가질수 있도록 유도할만한 교육방법이 마땅히 없다는 점입니다. 그러나 크리에이티브 드라마는 현실을 해체하고 가상적 상황을 상정해 피교육자의 경계심을 누그러뜨리는 일종의 '아이스 브레이킹'(ice-breaking)과 같은 역할을 할 수 있습니다. 예를 들어 크리에이티브 드라마의 일종으로 볼 수 있는 피터 슬레이드(Peter Slade)의 아동 드라마(child drama)는 교사가 내레이션을 하거나 음악을 들려주는 상태에서 학생들이 즉흥적으로 몸을 움직여 이야기를 표현하도록 하는 방식입니다(김주연, 2010, p.84). 이와 같은 방식을 법교육에 활용하자면 법교육 수업에 들어가기 전에 '법'이라는 말에서 느껴지는 이미지를 표현하도록 한다거나 글로 써보는 방식을 통해 학생들의 상상력을 자극할 수 있습니다. 실제로 법무부 산하 법교육 전문기관인 솔로몬 로파크에서는 초등생들을 대상으로 하는 법교육 프로그램의 초반부에 이러한 연상을 고무찰흙으로 만들어보도록 하는 도입 계기 수업방식을 택해 많은 호응을 얻은 바 있습니다. 또한 도입에 그치지 않고 교육연극 방식 자체가 가지고 있는 매력은 학생들이 지속적으로 법교육 수업에 흥미를 갖고 참여할 수 있도록 도움을 줄 것입니다.

초등이나 중등 저학년 단계에 적합하다고 여겨지는 DIE 기법은 보다 다양한 가능성을 지니고 있습니다. 임성규(2008)는 학생들이 직접 참여하는 교육연극의 특성을 이용한 토론 연극의 방식을 활용해 '관객 - 참가자' 각자가 극중에 개입하고, 이 과정에서 재능 있는 학생들만을 위주로 이루어지는 연극의 불공정성을 극복하고 모두가 어울려 참여하는 교육연극의 실천을 통해 교육의 민주화가 가능하다고 제시합니다. 임성규의 논의는 토론 연극의 가치와 가능성을 보여주긴 하지만 토론 연극 자체의 구현 방식이 어떠해야 하는지 정밀하게 제시하지 못했다는 한계가 있습니다.

이보다 좀 더 구체적인 DIE 기법의 사례로 법교육에 적용을 고려할만한 것으로 도로시 히쓰코트(Dorothy Heathcote)의 '전문가의 외투'(mantle of the expert)를 들 수 있습니다. 이 방식은 학생들에게 어떤 전문가의 역할을 가상으로 맡겨 그 상황 안에서 필요에 의해 지식과 기술을 익히게 만드는 접근 방식입니다(Heathcote, 1995, pp.15 - 42). 즉, 교육의 경우라면 학생들에게 검사, 변호사 혹은 해당 법 영역의 전문가라는 역할을 부여하고 특정 문제에 대해 견해를 밝히거나 주장을 펴도록 연극을 구성할 경우, 학생들은 자율적이고 창의적인 방식으로 역할에 맞추어 학습하고 대본을 만들어 참여할 것으로 기대됩니다. 얼핏 보면 모의재판과 비슷한 측면도 있지만 기존의 모의재판이 대개 대본이 주어진 상황에서 이루어지는 반면, 이 방식은 특정 영역 전문가로서의 역할 부여를 제외하면 모든 것을 학생들이 스스로 만들어가야 한다는 점에서 훨씬 자유도가 높은 방식이라고 할 수 있습니다.

　이와 같은 DIE 수업방식의 단계 설정에 관해서는 여러 가지 의견들이 있습니다. 심상교(2001)의 경우는 '토의 – 발표 – 판단'의 세 단계를 제시하는 반면 권재원과 구민정(2005)은 '웜업 – 준비 – 발표 – 팔로우업 – 피드백' 등 다섯 단계를 제시하고 있습니다. 공통적으로 나타나는 부분은, DIE 수업에서 연극 실연 자체만 중요한 것이 아니라 사전과 사후에 이루어지는 논의와 피드백이 실연 못지않은 교육적 가치를 지니고 있으며 세밀하게 계획되어야 함을 지적하고 있는 점입니다. DIE를 법교육에 적용할 때에도 이러한 사전 논의와 사후 토론 및 소통의 과정에 유념해 수업계획을 구성할 필요가 있습니다.

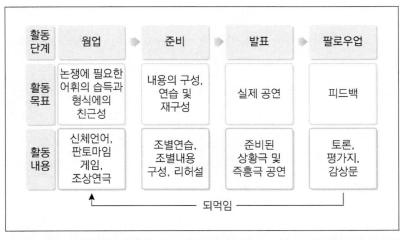

교육연극의 일반화된 모형(권재원 · 구민정, 2005, p.49)

TIE 기법은 전문 배우 혹은 교사－배우를 전제로 하고 있기 때문에 더욱 다양한 형태가 시도될 수 있습니다. 예를 들어 '토의식 연극'(forum theatre) 같은 경우는 매우 느슨한 형태의 TIE 기법이라고 할 수 있습니다. 특정한 주제에 대해 다양한 견해를 상정하고 그것을 토론의 형식으로 풀어나가는 공연 방식(김영미, 2004, p.37)이므로, 법교육의 차원에서라면 사형제도라는 쟁점에 대해 강화론, 유지론, 폐지론, 절충론 등 다양한 견해를 가진 사람들로 유형화된 배우들이 대표토론을 하고 학생－관객들이 이들의 대화를 듣거나 이들 각자에게 질문을 던져 토론을 하는 방식으로 활용할 수 있습니다. 토의식 연극이 도중에 관객이 개입되는 방식이라면 '즉석 토론'(hot seating)은 일단 연기가 끝난 후에 연기자와 관객들이 다각도로 토론을 하는 방식입니다. 앞서의 토의식 연극이 '입장'만을 정해두고 전체 과정을 토의로 이끌어가는 방식인 반면 '즉석 토론'은 연기자가 특정한 상황이나 역할을 연기한 후 자신이 미처 연기로 표현하지 못한 부분을 즉석 대화를 통해 설명하거나 풀어나가는 방식입니다. 앞서 예를 든 사형제도의 경우 연기자들이 중죄를 저지른 죄수와 그 피해자의 역할을 맡아 상황을 재연한 후 관객과의 대화를 통해 자신이 범죄를 저지를 수 밖에 없었던 상황, 피해자가 느낀 공포, 사형 자체에 대한 두려움 등을 직접적으로 설명하고 토론하도록 하는 것입니다. 교육 주제를 더욱 생생하고 풍부하게 이해할 수 있는 교육방식이라고 할 수 있습니다.

이에 비해 이용희(2008)는 조별로 사회적 이슈를 선정해 대본을 만들어가는 과정 자체를 교육의 방식으로 제시했습니다. 학생들이 직접 대본을 만든다는 점에서는 DIE의 특성을 지니고 있지만 이것이 전문 배우들에 의해 구현되는 방식을 결합한다면 자신들이 만든 대본이 현실화되는 경험을 통해 주제에 대해 학습하고 성취감을 느끼는 TIE 기법으로 활용될 수도 있습니다. 현실적으로 보자면 아무리 DIE 기법을 활용한다 해도 수가 10~15명을 넘어서면 전체의 참여를 보장하기 어렵다는 점에서 전체 학생 중 일부가 공연을 하고 나머지 학생들은 관객 겸 토론자가 되어 활발한 팔로우 업을 하는 TIE 모형이 학교현장에서 유효한 대안이 될 수 있을 것으로 보입니다.

　학교급별로 보자면 교육연극의 목표는 학생들의 수준과 특성에 따라 각기 다르게 설정될 수밖에 없습니다. 김창화(1997, pp.35 – 36)는 초등학교 과정에서 정서 훈련과 사회적응 훈련, 중학교 과정에서는 창의성 훈련과 사회성 계발, 고등학교에서는 사회에 대한 비판적 인식과 참여의식을 키우는 방향으로 교육연극을 설정해야 한다고 주장했습니다. 법교육의 차원에서 보자면 초등 단계는 규칙에 대한 긍정적 인식과 수용, 중학교에서는 법적 사고와 소통, 고등학교에서는 사회적 쟁점에 대한 이해와 관점 확립 및 시민으로서의 행동의지를 지니도록 하는 것이 구체적인 목표로 설정될 수 있습니다. 이렇게 보면 '크리에이티브 드라마 – DIE – TIE'로 이어지는 단계는 학교급별로 순차 적용될 수도 있고 또 개별적인 수업의 단계에서 '도입 – 전개 – 확장 및 토의'의 수순으로 활용할 수 있을 것입니다.

3. 교육연극의 사례
– 캐나다의 저스티스 시어터

01 　　　 TIE 기법을 활용한 법교육 연극

　　교육연극은 그 효과가 분명함에도 불구하고 교실 현장에서 적용하기에 주저할 수밖에 없는 방법이기도 합니다. 생소한 법률적 내용을 가지고 대본을 구성하고 연극을 만드는 데 교사에게 큰 부담을 줄 수 있기 때문입니다. 또한 대본을 기반으로 교실에서 연극을 할 경우 학생들의 연기가 너무 어색하면 몰입이 안 되어 흥미를 잃기 쉽고, 반대로 학생들이 연기를 하는 데만 너무 몰두하면 교육적 목적으로 토론과 사고를 주고받는 수업이 아니라 그냥 연극놀이처럼 되어버린다는 딜레마를 지니고 있습니다. 그래서 이러한 현장의 부담을 덜어주기 위해 영국, 미국, 캐나다 등에서는 전문 교육연극 단체를 통한 TIE 교육연극이 활용되는 경우가 많습니다. 이 장에서는 그 가운데 캐나다의 저스티스 시어터(Justice Theatre) 사례를 소개할까 합니다.

　　저스티스 시어터 프로그램은 캐나다의 브리티시 컬럼비아(British

Columbia, BC) 지역에서 1972년부터 다양한 시민법교육 서비스를 제공해온 비영리 단체인 People's Law School에서 운영하고 있습니다. 7인의 전문 연극 배우로 구성되어 있으며 주로 초등학교와 중고등학교를 찾아다니며 자신들이 직접 작성한 대본을 가지고 공연을 펼치는 형태를 취하고 있어 교육연극의 형태로 보면 전형적인 TIE의 방식을 취하고 있다고 할 수 있습니다. 이 프로그램의 기본적인 목표는 캐나다 사법제도를 알고, 관련된 법적 이슈들의 이해와 캐나다 재판제도에 대한 이해 증진으로 제시되고 있습니다. 제시되는 목표들이 주로 인지적 차원이기 때문에 자연스럽게 TIE의 방식을 택하게 된 것으로 보입니다. 또한 주로 형사 재판에 관련된 주제들을 택하고 있는 점 역시 학생들에게 법 자체에 대한 인식보다는 규범의 준수를 강조하려는 교훈적 차원을 우선적으로 고려했기 때문으로 보입니다. 비영리단체이긴 하지만 전문 배우들을 유지하는 데 드는 비용을 충당하기 위해 이 단체의 주요 활동지역인 메인랜드 지역에서는 회당 475불, 이외 지역에서는 회당 590불의 비용을 학교로부터 받고 있습니다. 학교 측에서는 공연을 원하는 주제를 미리 요청할 수 있는데 선택 가능한 프로그램으로는 다음과 같은 내용들이 제시됩니다.

- Shoplifting – 학생들이 흔히 저지르는 경범죄 중 하나인 좀도둑질 문제
- Bullying and Violence – 학교 폭력으로까지 발전하는 따돌림의 문제
- Gang Violence – 캐나다에서 심각한 문제 중 하나인 갱 폭력활동에 연루되어 인생을 망치는 학생의 이야기
- Stanley Cup Riot – 폭동에 휘말려서 잘못된 선택을 한 학생이 어떤 사법적 책임을 지게 되는지를 보여주는 극

• Bullying and the Internet - 사이버 따돌림, 폭력 문제를 다룬 연극. 교사, 상담교사들의 피드백에 의해 만들어졌다는 점에서 의미 있는 프로그램

　　이상에 제시된 주제들을 통해 알 수 있는 것은 기본적으로 학생들의 생활과 밀접하게 연관된 주제를 다루고 있으며 또한 가상 상황을 통해 사소해보이는 규칙의 위반이 얼마나 큰 결과를 가져올 수 있는지를 보여주는 내용들이 대부분이라는 점입니다. 주목할 만한 점은 시간순서로 보았을 때 가장 초기에 개발된 'Shoplifting'에서부터 점차 최근으로 올수록 내용과 주제가 구체적인 양상을 보인다는 점입니다. 특히 가장 최근에 개발된 'Bullying and the Internet'의 경우 이미 예전에 개발되었던 'Bullying and Violence' 프로그램을 접한 교사들의 의견에 대한 피드백으로 개발되었다고 합니다. 최근 학교에서 심각하게 문제가 되고 있는 사이버 학교폭력의 문제를 다루는 것이 좋겠다는 의견이었습니다. 이는 교육연극이 시의적 이슈에 유연하고 즉각적으로 반응할 수 있는 장점이 있다는 점을 잘 보여준 사례라고 할 수 있습니다. 전반적으로 주제만 보면 일방적이고 교훈적인 내용이 아닐까 생각되지만 역시 교육연극이기 때문에 일방적인 공연보다는 상호작용을 중요시하는 방식으로 운영되고 있습니다. 대략 1시간 정도로 진행되는 공연은 '도입-증거제시-배심원 협의-학생토론'(introduction-presentation of evidence-jury deliberation-student discussion)의 네 단계로 구성됩니다. 실제로 전문 배우들이 연기를 하는 단계는 1~2단계 즉, '도입, 증거제시' 단계까지일 뿐이며 이후 학생들이 참여해 구성된 배심원단에 대한 협의, 그리고 나머지 모든 학생들이 참여하는 학

생 토론과 투표 등을 통해 내용들이 구성되고 있습니다. 사실상 연극은 학생들에게 생각할 거리를 주는 사례 제시 혹은 토론 촉진 자의 역할을 하고 절반 이상의 과정은 학생들의 능동적인 참여에 의해 만들어집니다. 이러한 과정에서 '교사─배우'로서 전문성을 지닌 배우들이 학생들의 협의와 토론 과정을 보조해 효과적인 학 습이 이루어지도록 돕습니다.

저스티스 시어터 프로그램을 접한 교사들도 주로 이러한 긴 밀한 상호작용의 효과를 높이 평가해 매우 긍정적인 반응을 보이 고 있고 아울러 전문 배우들에 의해 제시되는 사례들이 매우 실 제적이라서 좋았다는 의견도 있었다고 합니다.

02 ◤ 저스티스 시어터 참관기

캐나다에서 1년간 방문교수 생활을 하면서 저스티스 시어터 의 시연에 실제로 참여하는 기회를 얻을 수 있었는데 그때의 풍 경을 조금 소개할까 합니다. 저스티스 시어터의 시연 참관은 2015 년 10월 29일 밴쿠버 시내에 자리 잡고 있는 피플즈 로 스쿨(People's Law School) 건물 내의 세미나실에서 이루어졌습니다. 원래 저스 티스 시어터는 개별 학교의 요청에 따라 연극인들이 학교를 방문 해 교실이나 강당에서 학생들을 대상으로 이루어지는데 이번 공 연은 일반인들에게 법교육을 알리기 위한 오픈 하우스 행사의 일 환이어서 일반인들도 인터넷 예약을 통해 티켓을 받아 참여할 수 있었습니다. 평일 낮 행사였는데도 약 20명가량의 일반인들이 참석했으며 교사의 인솔로 체험학습을 온 인근 고등학생 20명도 참여해서 실제 교실에서의 시연과 비슷한 환경이 만들어졌습니다. 저스티스 시어터 극단은 남녀 7명으로 구성되어 있는데 이중 판사 역할은 실제 판사생활을 하다가 퇴직한 사람으로 주요한 법적 내용에 대한 설명이나 질의응답은 이 사람이 맡았습니다. 총 90분 정도에 걸쳐 진행되는 이 프로그램의 초반 10분 정도는 판사가 저스티스 시어터의 목표와 의의를 설명하고 사건에 대한 전반적인 내용을 알려주는 것으로 시작되었습니다. 이날의 사건은 최근 캐나다 청소년들 사이에서도 심각해지고 있다는 '온라인 왕따 사건'에 대한 형사재판이었습니다.

　이후 약 35분간 연극이 이어졌습니다. 헤어진 여자친구를 모함하기 위해 남학생이 거짓 메일을 보내고 유언비어가 담긴 SNS 포스팅을 올려 학교에서 여학생이 왕따를 당하도록 한 사건이었는데 복장과 소품을 제대로 갖춘 배우들이 감정이 고조되는 훌륭한 연기를 보여주어 관객이 사건에 몰입하는 데 큰 효과가 있었습니다. 또한 사건 당사자들과 친구, 형사 등 증인들이 출석해 논쟁이 벌어지고 증거를 제시하는 과정들도 구체적으로 표현되었습니다.

　검사와 변호사의 공방이 마무리되자 다른 배우들은 모두 퇴장하고 판사가 무대 앞으로 나와 관객 가운데 자원자를 중심으로 12명의 배심원을 선발했습니다. 실제로 캐나다 형사 사건에서 배심원의 수가 12명이기 때문이었는데 이 배심원들은 평의를 위해 따로 마련된 방으로 이동해 약 20분간 토론을 벌였습니다. 그 사이에 세미나실에 남아있는 사람들은 판사와 해당 사건이나 재판에 관한 전반적인 내용들에 대해 질의응답을 나누었습니다. 사건의 쟁점에 대한 질문이나 의견 제시도 있었지만 재판과정에서 사용된 용어나 재판절차 등에 대한 일반적인 질문들도 있었습니다.

　배심원들이 평의를 마치고 세미나실로 돌아오자 다시 배우들이 모두 무대에 등장했고 판사는 재판의 속개를 선언했습니다. 배심원 대표 학생이 검사에 의해 제시된 기소요지들에 관한 평의의 결과를 발표하자 판사는 그 내용을 바탕으로 최종 판결을 내렸습니다. 이후 판사가 다시 한번 무대 앞으로 나와 사건의 주요한 내용과 의의를 정리하고 관객들이 궁금해하는 내용들에 대해 추가적으로 몇 가지 답변한 후 프로그램을 마무리했습니다. 프로그램은 도입－연극－배심원 평의－판결 등 크게 네 단계로 나누어 약 90분간에 걸쳐 진행되었고 중간에 별도의 휴식시간은 없었습니다.

　논문이나 자료를 통해서만 접하던 저스티스 시어터를 실제로 참관하는 경험은 무척 흥미로웠습니다. 확실히 여러 번의 공연을 통해 다듬어진 대본과 절차를 통해 전문 배우들로 이루어지는 TIE는 몰입도도 높았고 교육적인 효과도 크다고 느껴졌습니다. 다만 학생 상호 간의 토론이나 시연자와 관객 사이의 상호작용이 원활하지 않은 점은 확실히 TIE의 한계로 느껴졌습니다. 특히 이러한 일방향성 때문에 교육연극이 쟁점에 대한 토론과 숙의를 위한 수단으로 활용되는 것이 아니라 사실관계를 찾아내고 실정법을 확인해 적용하는 법정게임처럼 변질될 가능성이 높다고 느껴졌습니다. 이 시연에서도 관객들은 연극 중에 제시되는 어떠한 사실관계가 법적 판단에 결정적인지, 그래서 최종 판결은 어떻게 나올지에만 과도하게 집중하는 경향이 느껴졌습니다. 그럼에도 불구하고 전문 교육연극 극단을 활용한 법교육이 우리나라에서도 좀 더 적극적으로 시도된다면 현장 교사들의 부담을 덜고 법교육을 활성화시키는 데 적지 않은 도움이 될 것 같다는 기대를 갖게 되었습니다.

4. 수업의 실제

　　교육연극을 실제 수업에 접목한 사례도 살펴보도록 합시다.[6] 이 교수학습 지도안은 앞서 제시한 교육연극의 단계와 마찬가지로 웜업, 드라마, 팔로우업의 세 가지 단계를 따르고 있습니다. 교사가 먼저 기본적인 사건의 개요를 제시한 뒤 이를 바탕으로 학생들이 스스로 대본을 만들어 시연까지 한다는 점에서 드라마 인에듀케이션의 형태에 가까운 수업방식을 택하고 있습니다.

〈활동지 1〉 - 초기 정보
한 중학생이 자신이 다니던 중학교에서 집단적으로 학교폭력을 당한 사건이 발생했다. 이 중학생은 △△나라 출신으로, 새로운 사업을 통해 가정의 어려운 경제 상황을 극복해보려는 부모님을 따라 자신의 나라를 떠나 새로운 곳에서 중학교 생활을 시작하게 되었다. 그러나 이번 학교폭력 사건으로 인해 상당한 신체적 피해는 물론 정신적 피해를 입어 학교에 오는 것을 두려워하며 방안에 틀어박혀 등교를 거부하고 있다. 하지만 학교폭력 사안의 중요한 당사자인 이 학생이 해당 사안에 대한 경위를 전혀 진술하지 않아 경찰, 상담사, 학교 측은 사안을 파악하고 조치를 취하는 데 어려움을 겪고 있다. 이 중학생은 누구이고 대체 그동안 이 학생의 중학교 생활에서 어떠한 일이 있었길래 이렇듯 엄청난 피해로 입을 꾹 다문채 자신의 방 안에만 들어가 학교에 등교하기를 거부하고 있는 것일까?

---

6) 이 교수학습 지도안은 양산 양주중학교의 장연경 선생님이 개발한 것입니다.

Q. 위의 초기 정보만으로 주어진 학교폭력 사안과 관련해 우리 모둠만의 이야기로 간단한 상황극을 만들고 발표해보세요.

지금 제시되는 추가 정보는 사안이 발생한 해당 중학교의 학생들을 조사하던 중 나온 정보다. 학교폭력의 피해를 입은 학생이 친하게 지내던 친구는 딱 한 명이었다고 한다. 그런데 누구도 그 친구와 직접 만나거나 직접 이야기하는 것을 본 사람은 없고 그저 가끔 해당 학생이 그 친구에게 편지를 쓰는 것을 목격했음이 전부라고 한다. 피해자의 교실을 살펴보니 피해자의 사물함 안쪽에 작은 상자가 있었고 거기에는 '너의 진짜 친구'라고 적힌 사람이 보낸 듯한 '다 잘 될 거야.', '너는 좋은 아이야.' 등의 피해자를 응원하는 듯한 문구가 쓰여진 작은 종이들이 다수 들어있었다. 또한 그 상자 안에는 '나는 자신이 없다.', '나는 왜 여기에 왔을까.' 등 피해자가 자기 스스로 괴로워하며 쓴 듯한 작은 종이들이 일부가 구겨지고 찢어진 채로 한편에 들어있었다. 피해자가 이토록 괴로워한 이유는 무엇일까? 그리고 이렇듯 힘든 상황에 놓인 피해자를 응원하던 단 한사람의 진짜 친구는 누구일까? 그 누구도 보지도 듣지도 못한 이 진짜 친구는 과연 어디에 있으며 그 사람은 이 사안의 배경을 알고 있을까?

Q. 위의 추가 정보를 더해 주어진 학교폭력 사안과 관련된 이야기를 재구성해서 간단한 상황극을 만들고 발표해보세요.

학교폭력의 피해를 입은 학생의 이름을 파악하기까지 학교 측은 많은 어려움을 겪었다. 이 중학생은 주로 다른 학생들에게 별명으로 불려졌기 때문에 그의 실명을 정확히 아는 사람이 거의 없었고 그의 실명을 안다고 해도 다른 학생들이 그 이름의 발음이 어렵다는 이유로 이름을 잘 부르지 않은지 오래되었기 때문이다. 어렵게 알게 된 이 중학생의 이름은 '류의윤'이었다. 다른 학생들에게 류의윤 학생의 별명은 무엇이었는지 물어보니 '옐로우', '몽키', '코리아' 등으로 불렸다고 한다.

Q. 위의 추가 정보를 통해서 이전 단계까지 우리 모둠이 만든 기존의 이야기에서 변화가 필요한 부분을 정리해보세요.

- 그대로 유지해도 되는 부분들은 어떤 것인가요?

- 일부 수정이 필요한 부분들은 어떤 것인가요?

- 완전히 바꾸어 새롭게 구성해야 하는 부분은 어떤 것인가요?

Q. 위 질문에서 정리한 내용을 바탕으로 주어진 학교폭력 사안에 대한 우리 모둠의 이야기를 재구성해 상황극을 만들고 발표해보세요.

특이한 것은 제시되는 사건의 개요가 세 가지 단계로 구체화되면서 매번 대본을 수정하도록 했다는 점입니다. 이는 구체적인 사실관계에 따라 사건에 대한 학생들의 판단이 어떻게 달라질 수 있는지 체험하고 이를 즉흥적으로 수정하는 경험을 제공하기 위한 장치입니다. 이러한 즉흥성, 변형의 경험은 크리에이티브 드라마의 특성도 동시에 담고 있는 것으로 보입니다. 또한 이 수업에서는 마무리 활동에도 활동지를 제공해 교육연극 수업을 최대한 체계화된 형태로 제시하려 했습니다.

〈마무리 활동지〉

잠시 우리가 배운 내용과 우리가 느낀 감정 그리고 우리가 직접 해 본 연극을 성찰해봅시다. 아래 네 가지 질문에 대한 답을 바탕으로 이번 수업에서 실시한 연극 활동을 마무리하는 한 편의 글을 작성해봅시다.

Q. 주어진 학교폭력 사안을 바탕으로 한 연극을 직접 해보면서 어떤 감정을 느꼈나요?

Q. 지난 시간에 배운 '사회 집단', '사회 집단에서 일어나는 차별과 갈등'과 관련해 이번 연극 수업으로 어떤 점을 알게 되었나요?

Q. 우리 사회에는 다양한 차이를 근거로 한 차별들이 존재하고 이러한 차별은 우리 사회에 많은 갈등 및 문제를 일으킵니다. 연극을 통해 경험한 것처럼 이러한 차별로 인한 갈등 및 문제를 해결하기 위한 방안에는 어떤 것들이 있을까요? (개인적, 사회적 차원)

이 수업의 본시 수업 지도안은 다음과 같습니다(117~120쪽 참고).

본 QR코드를 스캔하시면
수업 지도안으로 연결됩니다.

일시	2019. 06. 17. (월)	대상	중학교 1학년	장소	1학년 1반 교실
단원명	VIII. 개인과 사회생활 3. 사회 집단과 차별 문제 (3)사회 집단에서 나타나는 차별과 갈등을 어떻게 해결할까?			차시	3/3
학습목표	• 사회 집단에서 나타나는 차별과 갈등의 사례와 이에 대한 해결 방안을 탐구할 수 있다. • 사회 집단에서 나타나는 차별과 갈등을 합리적으로 해결하려는 자세를 가진다.				

학습단계	학습내용	교수-학습활동	시간
도입	인사 및 출결 확인	• 인사하고, 출결을 확인한다. • 수업 준비물 확인 등을 통해 수업을 준비한다. • 수업 분위기가 조성되면 수업 시작을 안내한다.	
	전시학습 확인	• 질의응답을 통해 전시학습에 대해 상기하며 내용을 확인한다. －사회 집단에서 나타나는 차별과 갈등 －차별과 갈등의 해결 방안	5
	학습목표 제시	• 학습목표를 제시하고 큰 소리로 다 함께 읽어본다. －사회 집단에서 나타나는 차별과 갈등의 사례와 이에 대한 해결 방안을 탐구할 수 있다. －사회 집단에서 나타나는 차별과 갈등을 합리적으로 해결하려는 자세를 가진다.	

학습단계	학습내용	교수-학습활동	시간
	수업 안내	• 본시 수업의 활동에 대해 안내한다. - 연극을 통해 차별로 인한 갈등 상황을 직접 경험해보고 이에 대한 해결방안 탐구하기 - 연극 수업의 단계(웜업-드라마-팔로우업) - 웜업: 놀이를 통해 연극을 위한 감정 풀어주기 - 드라마: 모둠별 학교폭력위원회를 통해 주어진 학교폭력 사안 해결하고 단계별 상황극 구성하기 - 팔로우업: 소감 공유 및 차별 문제의 해결방안 탐구하기	
	협업 활동 (놀이)	• 한 모둠당 5명씩 총 5모둠을 구성해 착석한다. • 모둠 세우기 및 드라마 활동 준비를 위한 웜업 활동으로 학생들의 감정을 이끌어내고 모둠 내의 협동력을 기른다. - '위아래' 노래에 맞춰 '주먹 올리고 내리기' 활동하기	
드라마 활동	드라마 활동 안내 (사안 개요)	• 각 학교폭력위원회별로 접수된 학교폭력 사안의 내용을 조사하고 이에 대해 적합한 조치를 탐구하며 앞으로 학교 현장에서 이러한 문제가 발생하지 않기 위해 요구되는 방안을 탐구할 것임을 안내한다. • 접수된 학교폭력 사안을 모둠별로 읽어보고 사안의 내용을 파악한다. - <활동지 1>을 통해 접수된 학교폭력 사안의 내용을 제공한다. • 각 모둠별로 <활동지 1>에 학교폭력 사안에 대해 주어진 초기 정보만으로 이야기를 자유롭게 구성해본다. • 초기 정보만으로 구성한 모둠별 이야기를 간단한 상황극을 통해 발표한다.	30

학습단계	학습내용	교수-학습활동	시간
		• 모둠별로 <활동지 2>를 배부받고 이를 바탕으로 주어진 학교폭력 사안에 대해 알 수 있는 추가 정보를 파악한다. －<활동지 2>를 통해 피해자의 주변 관계, 물적 증거 등과 같은 추가 정보를 제공한다. • 각 모둠은 추가 정보를 바탕으로 학교폭력 사안에 대한 이야기를 재구성한다. • 초기 정보와 추가 정보를 재구성한 학교폭력 사안을 간단한 상황극을 통해 모둠별로 발표한다.	
	드라마 활동 진행	• 모둠별로 <활동지 3>을 배부받고 이를 바탕으로 주어진 학교폭력 사안에 대해 알 수 있는 추가 정보를 파악한다. －<활동지 3>을 통해 피해자의 이름, 외모 등과 같은 추가 정보를 제공한다. • 모둠별로 <활동지 3>의 추가 정보를 바탕으로 이전 단계까지 진행되어온 기존의 이야기에서 변화가 필요한 부분을 정리한다. －그대로 유지해도 되는 부분 －수정이 필요한 부분 －완전히 새롭게 구성해야 하는 부분 등 • <활동지 3>을 바탕으로 모둠별로 이야기를 새롭게 구성하고 간단한 상황극을 통해 발표한다.	

학습단계	학습내용	교수-학습활동	시간
	소감 나누기	• 모둠 내에서 한 명씩 돌아가며 이번 연구을 통해 알게 된 점(지식)과 느낀 점(감정)을 발표한다. • 모둠 내의 소감을 공유한 내용을 정리한다. • 모둠별로 이번 연구에 대한 소감을 공유한 내용을 발표하며 전체적으로 공유한다. • 전체 학생들과 함께 이번 연구과 전시 및 본시 학습 내용의 연계성을 발견하고 이에 관해 설명한다. ㅡ사회 집단에서의 차별과 갈등	15
발론수업	글문 정리하기	• <마무리 활동지>를 배부하고 학생들은 이번 연구 수업에 대한 소감을 바탕으로 차별에 비롯한 갈등, 차별 문제의 해결 방안에 대해 자신 및 모둠의 생각을 한 편의 글로 정리한다.	
	차시 예고	• 본시 수업에 관한 질문을 받는다. • 차시 수업에 관해 예고한다. • 인사한다.	

청소년법정

1. 청소년법정의 개념과 형태

01 ▼ 청소년법정의 개념

　　우리나라에서는 법교육이 주로 교과교육의 차원에서 논의되고 있습니다. 이는 해방 후 교수요목기의 단계에서부터 '법제'라는 이름으로 법 관련 내용이 사회 교과의 내용으로 포함되었고 지금도 초중고등학교 사회교과의 주요한 내용 영역 중 하나로 자리잡고 있기 때문입니다. 하지만 교육과정 내에 법교육이 포함되어 있지 않거나 교육과정 자체가 교육청이나 교사의 재량 사항인 나라의 경우 법교육은 개별적인 프로그램의 차원에서 시행되는 경우가 많습니다. 미국이 대표적인 사례라고 할 수 있는데 이 경우 법교육 프로그램에 가장 많이 요구되는 역할은 범죄와 비행의 예방과 교정에 관한 것입니다. 미국에서 시도되었던 다양한 법교육 프로그램 가운데 가장 성공을 거두었다고 손꼽히는 프로그램이 바로 '청소년법정'입니다.

　　미국의 청소년법정은 1980년대 초 오데사(Odesa)에서 처음으로 시작되었습니다. 이보다 훨씬 이른 시기인 1945년에도 청소년들 스스로 자전거 절도 등의 범죄 판결을 내리도록 하는 자치법정 초기 형태가 시도된 적이 있었으나 별다른 반향을 일으키지 못하고 단일한 프로젝트로 마무리되었습니다. 오데사의 청소년법정에 좀 더 직접적으로 영향을 준 것은 70년대 말 덴버(Denver) 지역에서 시도된 우회 프로그램이었습니다. 당시 미국에 불황의 그림자가 드리워지던 1970년대 말부터 1980년 초에 사회안전망의 약화와 실업 등의 문제로 미국 내 비행청소년이 급증하는 문제가 발생했습니다. 당장 이렇게 증가한 비행청소년을 처리할만한 소년법원의 숫자가 부족했다는 현실적인 문제도 있었지만 그보다 중요한 것은 소년범의 경우 형사재판을 통해 전과자가 되면 재범의 가능성이 크게 높아진다는 점이었습니다. 사실 사회적으로 범죄가 증가하는 것은 새로이 범죄를 저지르는 사람들의 숫자가 급증한다기보다 기존의 전과자들에 의한 재범의 횟수가 늘어나는 경우가 더 일반적이므로, 재범률을 낮추기 위한 비행청소년의 선도는 핵심적인 형사 정책 중 하나였습니다. 초기에는 재판에 참여하는 대신 우리나라에서도 시행되고 있는 수강명령, 봉사활동 등 우회교육(diversion)을 통한 교화를 시도했으나 오히려 처벌이 약화되었다고 생각한 청소년들이 더 쉽게 범죄를 저지르는 문제를 가져왔습니다. 이 문제를 해결하기 위한 여러 시도 가운데 덴버의 프로그램은 청소년들이 스스로 법의 주인이 되도록 유도해야만 진정한 법의식의 개선을 통해 변화가 가능하다는 데 주목한 것이었습니다. 즉, 늘 법을 적용받고 처벌받는 경험만 해 본 사람들은 법에 대해 부정적 의식을 가지고 자신은 억울하고 불공평한 대우를 받았다는 생각만 갖기 쉽습니다. 그런데 반대로 청소년들이 스스로 법을 적용해보는 경험을 갖는다면 왜 법이 그렇게 만들어져 있고 왜 규칙을 지켜야 하는지 알게 되는 동시에, 자신이 이러한 판단을 내리고 사회에 참여할 수 있는 당당한 시민이라는 점을 깨닫게 될 것이라는 아이디어였습니다. 덴버의 프로그램은 지방검찰이 자금을 지원해, 경범죄로 체포된 초범의 청소년들에게 재판에 참여한 학생 배심원들이 사건에 대한 판결을 내리는 우회 프로그램을 선택할 기회를 주는 것이었습니다.

이러한 덴버 프로그램의 방법을 이어받아 확대 실시한 것이 바로 오데사의 청소년법정이었습니다. 오데사 프로그램 역시 경범죄를 저지른 초범의 청소년들에 한해 정규 소년사법절차와 청소년법정 중 한 가지를 선택할 기회를 주는 것이었습니다. 정규 소년사법절차를 택한다면 유죄를 선고받을 경우 전과자가 될 가능성이 있지만, 청소년법정을 선택할 경우 일단 유죄를 인정해야 하며 이에 대해 전과기록이 남지 않는다는 장점이 있었습니다. 그리고 청소년법정의 판결 결과에 불복할 경우 다시 정규 소년사법절차로 돌아가 다시 재판을 받을 수도 있습니다. 오데사의 모델에서는 덴버와 달리 외부 인사인 판사가 전체 과정을 감독하면서 청소년들은 변호사, 집행관, 사무관, 배심원으로 역할했습니다. 이미 피고들이 유죄를 인정한 상태이므로 청소년들의 역할은 사실관계를 확인하고 피고에게 알맞는 처벌의 수위를 조절하는 것이었습니다. 약 766개의 사건을 처리한 후 이루어진 평가에서 청소년법정의 효과성이 입증되면서 시 의회는 프로그램을 확장하기로 했고 이후 텍사스, 애리조나, 콜로라도, 플로리다 등이 이 제도를 도입하면서 청소년법정은 급속하게 보급되었습니다. 현재는 미국의 거의 모든 주에서 청소년법정이 시행되고 있습니다(D.Williamson et al., 1987, p.225). 청소년들이 직접 운영하기 때문에 틴코트(Teen Court), 유스코트(Youth Court)라고 불리거나 동료들에 의한 재판이라는 의미에서 피어코트(Peer Court)로 불리우기도 합니다.

02 청소년법정의 운영형태

청소년법정은 정규 소년사법 절차와 달리 청소년 배심원들이 유죄나 무죄를 결정하지 않습니다. 청소년법정에 회부되는 대상은 이미 유죄를 인정하고 청소년법정 참가에 동의한 청소년 피고인들이기 때문입니다. 따라서 청소년법정의 배심원들은 형벌부과에 대한 권한을 가집니다. 하지만 청소년들이 과도한 판단을 하지 않도록 형벌부과에도 제한된 범위가 지정되어 있으며 배심원들이 판결한 내용에 대해 판사의 동의가 있어야 합니다. 기본적으로 청소년법정은 정규 소년사법 절차의 우회적 절차이므로 최종적인 결정은 소년법원의 판사에게 맡겨져 있는 것입니다.

중요한 사항은 청소년 피고인들이 다음 청소년 법정에서 배심원, 변호사, 검사 등으로 참여하는 의무가 일종의 처벌로 주어진다는 것입니다. 따라서 비행 청소년들은 일방적으로 법의 적용을 받는 입장에서, 직접 법을 적용해보는 입장으로 바뀌는 경험을 하게 됩니다. 이 과정에서 비행 청소년들은 법의 체계와 논리를 이해하게 되고 건전한 청소년들과 상호작용하는 경험을 갖게 됩니다.

미국의 청소년법정은 구체적으로 다음과 같은 과정을 통해 운영되고 있습니다.

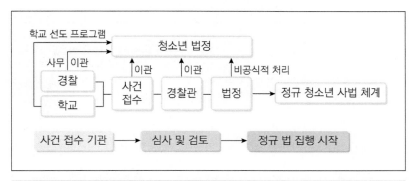

미국 청소년 범죄사건의 청소년법정 이관 과정(Wilson, 2000, p.2)

위의 그림에서 볼 수 있듯이 미국의 경우 학교나 지역사회 내에서 발생하는 폭력 사건, 기물 파손과 같은 경미한 범죄 사건은 소년법원이나 지역사회가 중심이 되어 운영하는 청소년법정에서 처리하는 경우가 일반적입니다. 하지만 청소년법정 제도는 사법제도의 대안적 프로그램으로서 청소년이 법을 위반했다고 해서 반드시 거쳐야 하거나 무조건적으로 선택할 수 있는 것은 아닙니다. 대부분의 경우 청소년이 위반한 사건이 경미해야 하며 초범일 때에만 적용이 가능하도록 그 대상을 한정하고 있습니다. 또한 다음 그림에서 볼 수 있듯이 학생과 학부모가 청소년법정에서 이루어지는 심리에 동의를 하는 경우 절차가 진행될 수 있습니다. 정규법정에 대한 대안으로 청소년법정 프로그램을 운영하는 것은 가벼운 사안이나 초범에 대한 선도적 의미로서 직접 태도를 개선

할 수 있는 기회를 제공하는 것입니다. 그리고 청소년법정에서 심리를 통해 형량을 받았다 하더라도 형량을 제대로 수행하지 못했을 경우에는 정규 법정에 회부되어 다시 심리를 받아야 합니다.

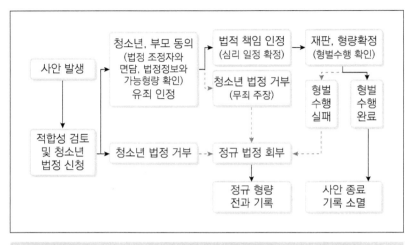

미국 청소년법정 운영 절차(박성혁, 이봉민, 2003, p.37)

이러한 미국의 청소년법정은 지역마다 다양한 형태를 가지고 있습니다. 이는 미국의 오랜 지방자치 전통과 지역사회에서 발생하는 청소년범죄 유형의 특수성을 반영한 것입니다. 또한 청소년법정이 지역법원의 요구와 필요를 반영해 유연하게 구성되도록 발전해왔기 때문이기도 합니다. 대표적으로 청소년법정은 다음과 같은 네 가지 형태 중 하나를 취합니다.

① 성인 판사제 : 성인 판사제에서 청소년 자원봉사자는 변호사, 배심원, 검사, 서기, 법정관리관의 역할을 담당합니다. 하지만 판사의 역할은 변호사나 검사, 판사 출신의 성인 자원봉사자가 수행합

니다. 판사는 재판과정에 참여하는 유일한 성인이며 그의 역할은 법정절차에 규칙을 정하고 법적 용어를 명확히 하는 것입니다. 미국보호관찰위원회(American Probation and Parole Association, APPA)의 청소년법정 설문지 조사결과에 따르면 이러한 형태가 청소년법정 모델에서 가장 많이 사용된 것으로 드러났습니다(Cadwallader, 1994:27).

② 청소년 판사제 : 청소년 자원봉사자들은 성인 자원봉사자의 감독하에 판사를 포함한 모든 역할을 수행합니다. 이것은 청소년들이 판사의 역할을 한다는 점에서 성인 판사제와 차이가 납니다. 하지만 대다수의 청소년법정에서 청소년 판사의 자격으로 이전의 청소년법정에서 변호사나 검사를 했던 경험이 있어야 하고, 일정한 나이 이상이 되어야 한다는 조건을 요구하고 있습니다.

③ 청소년 집단 판사제 : 배심원이 없이 세 명의 청소년 판사로 패널을 구성해 법정을 운영합니다. 다른 재판 모델과의 주요한 차이는 동료배심원이 없다는 것입니다. 하지만 재판과정은 다른 판사제 모델과 동일합니다. 검사나 변호사는 판사에게 사건을 설명하고, 판사는 이를 바탕으로 피의자에게 적절한 형량을 결정합니다.

④ 동료배심원제 : 판사의 역할은 성인이나 청소년 자원봉사자 모두 담당할 수 있습니다. 하지만 판사제 모델들과의 주요한 차이는 변호사나 검사가 없다는 것입니다. 대신에 그들은 직접적으로 피의자에게 심문하는 동료배심원 패널을 사용합니다. 그리고 판사의 역할은 대부분 성인 자원봉사자가 맡습니다. 대부분의

프로그램들은 피의자의 나이가 어린 경우나 사건 수가 많아서 시간과 비용의 절약이 필요한 특정 유형의 사건에 대해서만 이 모델을 선택해 사용합니다. 하지만 몇몇 프로그램은 모든 사건에 대해 동료배심원제를 사용하기도 합니다.

실제 미국 청소년법정의 재판과정은 대략 다음과 같은 절차를 거치게 됩니다.

단계	내용
① 오리엔테이션	청소년 피고가 경미한 사건의 초범일 경우, 대개 청소년법정에 회부되게 됩니다. 피고가 청소년법정에 동의하면, 청소년 피고와 피고의 부모가 함께 참석하는 오리엔테이션을 가집니다. 이때 가족들은 청소년법정이 실시되는 과정과 재판 날짜에 대한 설명을 듣게 됩니다.
② 재판	재판이 열리는 날의 청소년법정은 성인들의 재판과정과 거의 비슷합니다. 배심원들이 비밀서약을 맹세하고, 배심원석에 앉으면 판사가 피고인을 증인석에 앉히고 기소내용을 알립니다. 검사가 피고인에게 질문한 후 변호사가 질문하는 것이 몇 차례 이어지고, 검사와 변호사가 각각 최종변론을 합니다.
③ 판결	배심원들은 회의실로 자리를 옮겨 대표를 뽑고, 판결이 만장일치에 이를 때까지 논의를 계속합니다. 만장일치로 결정이 내려지면, 배심원들은 다시 법정으로 나와 판사에게 그 결과를 알립니다. 배심원들이 내린 결정을 판사가 받아들이면 배심원 대표가 피고인에게 판결문을 읽어줍니다.

④ 판결 수용 여부 결정	피고 청소년이 판결을 수락하겠다는 의사를 보이면, 피고는 판결문에 나온 처벌을 성실하게 이행해야 합니다. 만약 판결을 받아들이지 않는다면 피고 청소년은 청소년법정에서 다시 본래의 기관으로 돌려보내지고, 정규 사법절차에 따라 사건이 처리됩니다.

청소년법정 프로그램은 미국 전역에서 1994년 78개에 불과했으나 2005년 3월에는 1,035개로 빠르게 성장했습니다. APPA에 의해 운영되고 있는 미국 청소년정책포럼은 2004년 11월에서 2005년 1월까지 청소년법정 프로그램에 대한 국가보고서를 작성했습니다. 연구결과를 보면 매년 11만 명에서 12만 5천 명에 이르는 소년범죄자들이 청소년법정 프로그램을 받는 것으로 나타났습니다. 그리고 평균적으로 체포된 소년범들의 9%가 정규소년사법제도에서 청소년법정 프로그램으로 우회되고 있습니다. 매년 10만 명 이상의 새로운 청소년들이 지원자로서 프로그램에 참여하고 있습니다(Pearson and Jurich, 2005).

2. 청소년법정의 효과와 주의사항

청소년법정은 높은 적용성과 효과를 인정받아 기존에 시도된 다양한 법교육 프로그램들 중 가장 폭넓게 확대 시행되고 있습니다. 특히 높은 비행감소 효과가 확인되는데 이는 청소년법정의 특성에서 비롯한 것으로 보고되고 있습니다. 청소년법정은 기존의 소년사법제도에 비해 두 가지의 커다란 특징을 가지고 있습니다. 첫 번째는 재판의 거의 전과정을 청소년들이 직접 운영한다는 점이며, 두 번째는 피고인 청소년들이 검사, 변호사, 배심원 등의 역할을 맡아 다시 청소년법정의 구성원으로 활동하게 된다는 점입니다. 이러한 두 가지 특징으로 인해 청소년법정은 다음과 같은 효과를 갖게 됩니다.

첫째, 비행 청소년들은 동료 청소년으로부터 판결을 받게 되므로 '동료효과'(peer effect)가 발생합니다. 청소년법정 프로그램은 청소년들의 삶에 이러한 동료효과를 이용하려고 합니다. 청소년법정 피고인들은 법정에 출두해야만 하고, 그들의 행동을 설명하고 그들에게 부여된 판결을 완수해야만 하며, 배심원의 의무를 다해야만 합니다. 청소년법정의 피고인들은 정규소년법정과는 달리 어른들로부터 "훈계"를 듣지 않으며, 대신 동료들이 참여하는 사법절차를 경험합니다. 배심원과 변호사는 동료로서 같은 학교에 다니고 있으며 이웃에 살고 있습니다. 하지만 그들은 청소년법정에서 권위를 가집니다. 같은 동료에 의해 재판받고, 처벌받는 경험은 범죄에 대한 경각심을 가지게 해 상습 범죄를 막아줍니다. 자신도 다른 동료들과 같이 범죄를 저지르지 않아야 한다는 압력을 느끼기 때문입니다.

둘째, 청소년법정 과정을 통해 비행 청소년들의 책임감이 높아집니다. 처벌의 한 방법으로 자신 역시 다음 재판에서 청소년법정의 구성원이 되어 다른 동료 청소년들의 운명을 결정해야만 할 때, 그에 대한 높은 책임감을 갖게 되는 것입니다.

셋째, 이와 같은 과정에서 법체계와 그 운용에 관해 체계적으로 익히고 생각해볼 기회를 갖게 됩니다. 특히 언제나 법의 적용을 받던 위치에 있다가 스스로 법을 적용하는 입장에 서보는 것은 법의 체계와 관점, 준법의 필요성을 익히는 데 좋은 계기를 제공할 수 있습니다.

넷째, 긍정적인 상호작용을 통한 태도 변화를 기대할 수 있습니다. 교육과정에서 청소년들은 삶의 모범이 되는 성인 자원봉사자, 삶에 대해 적극적인 태도를 가진 청소년들과 긍정적인 상호작용을 합니다. 이것은 비행 청소년에게 의미 있는 효과를 가져다 줍니다. 성인 자원봉사자의 모범적인 모습을 보며 자신의 미래에 대한 비전을 세울 수 있고, 동료 청소년들의 적극적 자세는 비행청소년의 태도 또한 긍정적으로 바꾸어 줄 수 있습니다.

다섯째, 청소년법정은 비행 청소년뿐 아니라 지역사회의 청소년들이 청소년범죄 문제를 해결하는 데 주도적인 역할을 하고 적극적으로 참여할 수 있도록 기회를 제공해 줍니다. 청소년법정 프로그램에서 자원봉사를 지원한 청소년들은 막중한 책임감을 요구하는 역할을 떠맡습니다. 이러한 청소년들은 배심원으로서 그들의 동료에 대해 적절한 판결을 내리도록 요구받기도 하고 프로그램 운영자로서 각 단계에서 프로그램을 관리 운영하는 데에도 참여합니다. 청소년들에게 그들이 프로그램의 운영에 필요한 중요사항을 결정할 수 있고, 동료를 공정하게 판결할 수 있다고 신뢰와 믿음을 보내주는 것은 청소년들의 자존감과 자신감을 키우는 데 도움을 줄 것입니다.

이와 같은 효과는 경험적인 연구를 통해서도 증명되고 있습니다. 미국 법무성 산하의 청소년비행 예방국(Office for Juvenile Justice and Delinquency Prevention, OJJDP)은 미국 전역에서 광범위하게 실시되고 있는 청소년법정 프로그램이 비행 청소년들에게 주는 영향을 확인해보기로 했습니다. OJJDP의 의뢰를 받은 사법정책센터(Justice Policy Center)에서는 알래스카, 애리조나, 메릴랜드, 미주리 등 4개 주에서 청소년법정에 참여한 비행 청소년들과 정규 소년사법절차를 거친 청소년들의 재범률을 조사했습니다. 약 1,000명 이상의 샘플들이 수집된 이 조사에서 정규 소년사법절차를 통해 처벌된 청소년들의 재범률이 평균 18%인 데 비해 청소년법정을 거친 청소년들의 재범률은 8%로 나타나 청소년법정이 재범률 감소, 청소년 비행 예방에 큰 효과가 있는 것으로 확인되었습니다(Butts et al, 2002).

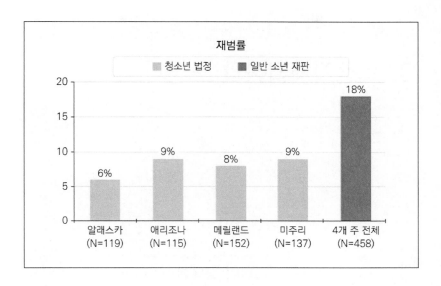

이러한 연구결과에 고무된 미 연방정부는 청소년법정 프로그램에 대한 지원을 크게 확대하고 여기에 전미변호사협회, 전국 로스쿨협의회 등이 측면지원에 나서면서 현재 청소년법정은 미국 50개 주 전체에서 1천 개 이상이 운영되고 있습니다.

3. 학생자치법정의 모형과 단계

---

01 ▼ 학생자치법정의 필요성

법무부가 법교육 보급에 박차를 가하던 2006년 무렵, 필자도
연구진에 합류해 법교육 프로그램으로 청소년법정을 우리나라에
도입하기 위한 검토 작업을 했습니다. 그러나 미국과 우리나라의
상황에 차이가 있기 때문에 이 프로그램을 그대로 우리나라의 상
황에 적용하기는 어렵다는 결론을 내렸습니다. 가장 큰 차이점은
미국에서의 청소년법정이 정규 형사절차의 일부를 구성하고 있다
는 점입니다. 주 단위, 지역 단위로 자율성이 높은 미국의 상황에
서라면 이러한 대안적 프로그램이 형사절차에 우회프로그램으로
활용될 여지가 있습니다. 그러나 법체계의 변화가 곧 전국적 단
위에서 영향력을 미치는 우리나라의 상황에서는 대대적인 법개정
과 그에 앞선 국민의식의 획기적 전환이 이루어지지 않는 한, 청
소년들이 내린 판결이 형사적 구속력을 갖는다고 받아들이기는
어려울 것입니다. 또한 세세하고 복잡한 법적 규정들과 그에 따

른 판결을 중시하는 대륙법 체계의 특징을 강하게 가진 우리나라의 법규범 상황에서 청소년들이 적정한 법적 지식과 소양을 갖추도록 하는 것은 대단히 어려운 과제입니다.

그래서 정규 형사절차가 아닌 학교 내의 선도 및 징계절차의 일부로 청소년법정 프로그램을 활용한 '학생자치법정' 모델을 개발하게 되었습니다. 학생자치법정의 개발 목적은 크게 다섯 가지 정도였습니다. 첫째, 학교폭력문제에 대한 대안적 지도방식의 필요성입니다. 단순한 징계의 강화나 홍보의 수준을 넘어 학생들 스스로 교칙을 적용하고 규율하는 과정에서 법의식을 향상시키는 프로그램이 필요했습니다. 둘째, 학생 상호 간, 학생－교사 간 소통의 강화입니다. 학생자치법정은 징계의 과정이라기보다는 서로의 입장과 사정을 들어보고 공감하는 소통의 과정입니다. 셋째, 교사와 학생의 갈등을 감소시킬 체계적인 학생지도 시스템의 요구입니다. 학생의 생활지도가 점점 어려워지고 갈등의 소지가 커지는 상황에서 징계와 처벌 위주의 기존 학생지도 시스템을 대체할 제도가 필요했습니다. 넷째, 학생자치프로그램의 확대 필요성입니다. 학생들을 민주 시민으로 성장시키기 위한 교육적 수단으로서 학생들에게 자치의 기회를 확대할 필요가 있는데 학생자치법정은 그 좋은 계기가 될 것으로 기대되었습니다. 다섯째, 학교법교육 확대를 위한 기반의 마련입니다. 여전히 법교육을 어렵고 복잡하다고 느끼는 학생들에게 생활 속에서 법을 접하고 직접 적용해보는 경험을 제공하는 것은 그 자체로 훌륭한 법교육의 방법이라고 할 수 있습니다.

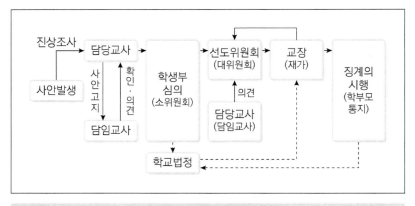

학생자치법정은 학생징계를 담당하는 선도위원회나 학교폭력자치위원회와 다릅니다. '학교폭력법'에 의하면 학교폭력은 학교폭력자치위원회를 운영해서 다루도록 하고 있습니다. 따라서 학교폭력문제는 학생자치법정에서 다루지 않는 것이 원칙입니다. 선도위원회는 교사들에 의해 구성되는 징계절차입니다. 따라서 선도위원회는 학생자치법정과 다른 성격을 지니고 있으며 두 개의 서로 구분되는 절차로 보아야 합니다. 즉, 선도위원회에서 일일이 다루기 어려운 지각, 용의복장 위반, 수업태도 불량 등 사소하지만 여러 번 반복되는 교칙의 위반문제를 다루는 것이 학생자치법정이며, 음주, 흡연, 부정행위 등 보다 심각한 교칙위반은 선도위원회에서 직접 다루도록 두 개의 트랙으로 구분해 학생지도절차를 구성하게 됩니다. 다만 학생자치법정에서 결정된 사항을 해당 학생이 제대로 이행하지 않을 경우 최종적으로 선도위원회에 참여토록 하는 2심제도로의 구성은 가능합니다.

02 ▼ 학생자치법정의 기본모형

　학생자치법정은 크게 보자면 '규칙제정 – 법정참여 – 재판 –
이행'의 네 단계를 거치게 됩니다. 각 단계를 구체적으로 살펴보
도록 합시다.

　1단계 '규칙제정'은 말 그대로 교칙을 만드는 과정입니다. 대
부분의 학교에서 교칙은 이미 있기 때문에 학생자치법정을 처음
시작할 때는 이 부분이 생략될 수 있습니다. 하지만 자치법정이
거듭해서 열리다보면 반복해서 문제가 되는 규정이나 개선이 필
요한 부분들이 발견될 것입니다. 따라서 학생자치법정이 마무리
되는 한 학기 혹은 학기 말에 '학생자치의회'를 열어 학생들의 자
율적 협의를 통해 교칙을 부분적으로 수정할 기회를 제공하면,
자치법정을 원활하게 운영하는 데도 도움이 되고 학생들이 더욱
높은 주인의식을 가질 수 있습니다. 일종의 '학생자치의회'로 확
장되는 것입니다. 이렇게 사후적으로의 확장도 좋겠습니다만, 가
능하다면 본격 자치법정을 운영하기 전에 미리 학생대표들을 중
심으로 '학생자치의회'를 열어 교칙을 다듬은 후 자치법정 과정으
로 이행할 수 있다면 더욱 좋겠습니다.

　2단계 '법정참여'는 사안이 발생했을 때 해당 학생을 학생자
치법정에 참여시키는 '회부'(referral) 과정입니다. 이 부분은 정규
형사절차의 일부로서 경찰에 의해 자동으로 회부과정이 이루어지
는 미국 청소년법정과, 우리나라의 학생자치법정이 가장 차이를
보이는 부분입니다. 학생자치법정은 학교폭력자치위원회나 중대
사안에 대한 선도위원회와는 달리 상대적으로 경미한 사안들을

대상으로 하기 때문에 개별 사안을 가지고 학생들을 회부하기는 어려운 문제도 있습니다. 그래서 법무부와 함께 개발했던 모델에서는 많은 학교에서 이미 도입하고 있던 생활평점 제도를 회부절차로 활용했습니다. 즉, 상벌점을 부여하고 이중 벌점이 일정수준을 넘은 '과벌점 학생'을 학생자치법정에 참여시키는 방식입니다. 각 카드는 주로 교사들에 의해 부과되는데 기존의 상벌점제를 조금 더 보완한 '신호등 생활평점제'도 활용할만 합니다. '신호등 생활평점제'는 그린카드(상점), 옐로우카드(회복점수), 레드카드(벌점)의 세 종류로 나누어 학생들이 자율적으로 벌점을 감소하기 위해 노력할 수 있도록 돕는 제도입니다. 학생자치법정을 얼마나 자주 열지, 한번 열때 몇 명의 벌점초과자를 회부할지에 따라 재판에 회부되는 벌점의 한계 점수를 적절히 조절할 필요가 있습니다.

3단계 '재판'은 실제로 학생자치법정이 시행되는 단계입니다. 지도교사의 도움을 바탕으로 학생들이 자율적 재판을 시행해나갑니다. 재판과정에서는 사실관계를 다투지 않습니다. 즉, 그 학생이 실제로 규정을 위반했는지 안했는지를 따지는 과정이 아니라 주어진 벌점에 대해 감경할 여지가 있는지를 살피는 자리입니다. 즉, 과벌점 학생이 변호인의 도움을 받아 자신의 사정을 알리고 앞으로의 개선 의지를 밝히면 이를 고려해 벌점을 감경할 것인지 말 것인지를 결정하는 과정입니다. 아울러 최종적으로 감경된 벌점에 대해 교육처분기준표상에서 어떤 교육처분을 부과할 것인지 결정하게 됩니다. 특히 중요한 점은 학생자치법정이 제대로 교육적 효과를 발휘하기 위해서는 이전 재판에서 과벌점 학생으로 참여했던 학생들이 다음번 재판에 배심원으로 꼭 참여해야 한다는 것입니다. 학생이 다른 학생을 단죄하는 과정이 아니라, 서로 대화를 나누고 입장을 이해하는 소통의 장이자 스스로 규칙의 중요성을 깨닫게 하는 교육프로그램으로서 재판이 진행되도록 주의할 필요가 있습니다.

4단계 '이행'은 재판에서 결정된 처분을 실제로 이행하고 이를 확인하는 절차입니다. 결정된 처분이 제대로 이행되지 않는다면 학생자치법정 자체의 실효성도 떨어질 뿐 아니라 학생들의 교육적 효과도 발휘될 수 없으므로, 일단 결정된 사항을 반드시 이행토록 하고 이를 확인하는 과정은 재판만큼이나 중요하다고 할 수 있습니다. 또한 혹시 처분을 이행하지 않는 학생이 발생하면 어떻게 대처할 것인지도 미리 결정되어 있어야 합니다.

학생자치법정의 법정 실행과정은 총 4단계로 나누어 볼 수 있습니다.

단계	진행 과정	비고
① 재판 시작	재판부 입정(개정)	
	개정 선언	
	출석 확인	
	판사의 교육	판사가 학생자치법정 구성원의 역할과 진행요령에 대해 안내
	배심원 및 과벌점 학생 선서	선서문 참조

단계	진행 과정	비고
② 주장	검사의 개정이유 진술	
	변호인의 주장	회부된 학생의 사정, 현재 변화된 모습, 반성하는 자세 등을 효과적으로 전달해 처분이 감경될 수 있도록 한다
	검사의 주장	회부된 학생의 위반 사실 구체적 확인, 변론에 대한 반박 등 여러 질문이 가능하다
	검사변호인 최후 진술	
	과벌점 학생 최종 의견 진술	회부된 학생은 자신의 의견을 충분히 진술하면서 반성하는 계기가 된다
③ 처분수준 결정	휴정 및 배심원단 회의	배심원단은 법정과 독립된 장소에서 회의를 통해 회부된 학생에 대한 처분 수준을 결정한다
	재개정	
	배심원단 평결문 낭독	
	재판부에 평결문 제출	판사에게 배심원단 평결문을 제출한다
④ 판결	판결 선고	판사가 특별한 경우를 제외하고 배심원단 결정을 존중해 판결을 선고한다
	재판부 퇴정(폐정)	재판과정 종료 후 담당 교사의 주도로 학생들의 소감 및 자체 평가를 통해 모든 과정을 정리한다

학생자치법정 실행상의 유의사항

학생자치법정은 2007년 처음 프로그램 보급을 시작한 이래로 10년이 조금 넘는 사이에 전국 약 1천 5백 군데 이상의 학교에 보급되면서 활성화되었으나 그 가운데는 프로그램이 안착된 곳도 있고 얼마 지나지 않아 폐지한 곳도 있습니다. 학생자치법정의 특징을 제대로 이해하지 못하고 외형만을 받아들였을 경우 크고 작은 문제에 부딪치는 경우가 많은 것 같습니다.

일단 학생자치법정은 모의재판이 아니라는 점을 분명히 인식할 필요가 있습니다. 학생자치법정이 재판의 외형을 지니고 있기 때문에 모의재판처럼 진행하거나 심지어 대본을 가지고 진행하는 경우도 있는데 학생자치법정은 어디까지나 학생들의 자치활동을 위한 제도이지 연극이 아닙니다. 또한 징계를 위한 제도가 아닌 교육프로그램이라는 점도 염두에 두어야 합니다. 대개는 선도위원회를 대체하는 징계프로그램으로 학생자치법정을 인식하다보니 프로그램을 운영하는 학생들이 권위의식을 갖고, 적용받는 학생들은 반발심을 키우는 가운데 학부모들이 문제를 제기하거나 갈등이 생기면 프로그램을 쉽게 포기하는 경우가 많았습니다.

특히 학생들 간의 갈등 가능성에 유의할 필요가 있습니다. 앞서 언급한 바와 같이 학생자치법정이 효과를 갖는 가장 큰 이유는 교칙을 적용받는 학생들이 그 교육처분의 하나로 다음번 재판에 자신이 교칙을 적용해보는 '입장바꾸기'를 하면서 책임감과 자율성을 갖는 데에 있습니다. 그런데 많은 학교에서 재판을 운영하는 재판부 혹은 검사부 학생들을 별도로 구성하고 그 결과 교칙을 적용하는 학생과 적용받는 학생의 분리가 일어나면서 갈등의 소지가 발생하는 경우가 있었습니다. 따라서 누구든 참여를 원하는 학생들은 언제나 학생자치법정의 운영에 참여할 수 있도록 열어두고 가능한 많은 학생들이 참여할 수 있도록 독려하는 열린 구조의 운영이 중요합니다.

또한 최종적으로 부과되는 '교육처분'에 창의성을 발휘하는 것도 필요합니다. 다음 학생자치법정에 배심원 등의 역할로 참여하는 것은 필수적으로 부과되어야 하지만 그 외에도 위반 사항과 관련된 교육용 포스터나 표어 제작하기, 교사와 교환일기 쓰기, 명심보감 옮겨쓰기, 지정된 교사에게 사과순례하고 싸인 받아오기 등 얼굴을 찌푸리지 않으면서 자신의 잘못을 되돌아볼 수 있는 다양한 교육적 처분들이 상황에 맞게 적용될 수 있습니다.

아울러 학교 차원에서의 지원, 동료 교사들의 협력, 학부모들의 이해와 협조가 선행되어야 프로그램 시행 초기의 여러 문제점들을 효과적으로 해결해나갈 수 있을 것입니다.

최근 학생자치법정의 학교 단위 보급은 확산세가 주춤하는 분위기이지만 담임 교사의 재량으로 각 학급 단위의 '학급자치법정' 운영도 충분히 고려해볼만 합니다. 학급 구성원들이 학급 운영에 자율적으로 참여할 계기가 거의 없는 상황에서 학급자치법정을 통한 자치의 경험은 시민교육의 차원에서 의미 있는 경험을 제공할 것으로 기대됩니다. 학급자치법정의 표준적인 절차도 함께 소개합니다.

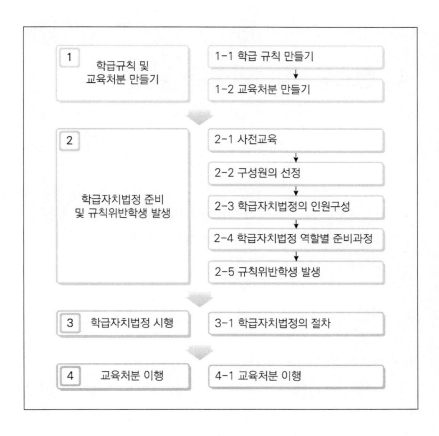

| 1 | 학급규칙 및 교육처분 만들기 | 1-1 학급 규칙 만들기 |
| | | 1-2 교육처분 만들기 |

2	학급자치법정 준비 및 규칙위반학생 발생	2-1 사전교육
		2-2 구성원의 선정
		2-3 학급자치법정의 인원구성
		2-4 학급자치법정 역할별 준비과정
		2-5 규칙위반학생 발생

| 3 | 학급자치법정 시행 | 3-1 학급자치법정의 절차 |

| 4 | 교육처분 이행 | 4-1 교육처분 이행 |

4. 청소년 참여법정

앞서 설명했듯이 학생자치법정이 개발된 가장 큰 이유는 미국의 청소년법정 모델과 같이 정규 형사절차에 청소년들의 직접적인 참여를 보장하는 것은 우리나라에서 어렵겠다는 판단 때문이었습니다. 하지만 2007년부터 보급된 학생자치법정이 성공적으로 자리를 잡으면서 사법부에서도 이와 같은 참여모델을 적극적으로 검토하기 시작했고 그 결과 2010년 5월부터 서울가정법원 소년부에서 '청소년 참여법정'이 시행되었습니다.

청소년 참여법정의 기본적인 취지는 그동안 소년보호재판이 형사처벌을 위주로 운영되어 오던 것에서 탈피해 재비행의 위험성 여부를 확인할 수 있는 조사절차를 마련해 시행하고, 그 결과가 양호할 경우에는 심리불개시 결정으로 처리하고자 했습니다. 이 '조사절차'에 청소년들이 참여할 수 있도록 한 것입니다.

청소년 참여법정은 교육적 관점에서 청소년이 스스로 소년사건의 재판에 관여하는 일종의 참여재판 제도입니다. 그 과정은 다음과 같습니다. 초범이거나 경미한 비행을 저지른 소년에 대해 청소년들로 구성된 참여인단이 또래의 눈높이에서 사건을 심리한 후 적합한 부과과제를 선정해 판사에게 건의합니다. 이후 판사가 소년에게 선정된 부과과제의 이행을 명하며, 소년이 성실히 이행했을 경우 재비행의 위험성이 없다고 판단함으로써 소년법상 보호처분 등의 조치 없이 심리불개시 결정을 내려 사건을 그대로 종결처리하는 제도입니다.

청소년 참여법정은 해당 비행소년과 소년의 보호자 동의가 있어야만 진행되는데 동의하지 않을 경우에는 통상의 소년보호재판 절차에 따라 진행된다는 점에서 미국의 청소년법정과 유사합니다. 또한 일기 쓰기, 청소년 참여법정 참여인단으로서의 활동과 같은 필수과제 외에 안전운전 교육, 금연클리닉의 참가, 인터넷 중독 예방교육, 형사법정 방청 후 소감쓰기 등의 부수과제 등이 부과된다는 부분에서도 정기적 보고서, 반성문 제출, 사과의 편지, 청소년법정에서 배심원으로 참여, 법교육, 치료 또는 기타 교육프로그램 참여 등이 과제인 미국의 청소년법정과 매우 유사합니다. 그러나 미국의 청소년법정은 법원, 검찰, 보호관찰관, 변호사 등의 공조하에 운영되거나 일부 주의 경우 청소년법정위원회 등의 형식으로 관리되지만, 청소년 참여법정은 가정법원에 의해 운영된다는 차이가 있습니다.

청소년 참여법정은 소년보호사건에 대한 재판부의 본격 심리에 앞서 조사절차(소년법 제9조, 제11조)에 전문 조사관 외에도 또래 청소년을 참여시켜, 청소년의 눈높이에서 소년보호사건에 접근합니다. 따라서 청소년 스스로가 부과과제 수행을 통해 비행성을 개선하고 준법의식고양 등 교육기회를 갖게 하는 데 그 목적이 있습니다. 또한 절차에 참여하는 대상 소년이 이행할 과제 처분을 결정하는 데 상당한 융통성과 창의성을 가지는 것이 중요합니다. 청소년참여인단은 양형기준에 따라 과제를 부과하지만, 과제 결정 시 범죄를 저지른 소년 각자에게 적당한 과제를 논의 후 결정해 부과할 수 있습니다.

청소년 참여법정은 보호사건 중 해당 청소년이 초범인 경우나 사건이 경미해 보호자 등의 위탁, 수강, 사회봉사 명령 등의 보호처분에 해당하는 사건과 소년법상의 우범소년이 대상이므로, 교칙위반 등을 대상으로 하는 현재의 학생자치법정과는 구별되는 제도입니다. 법원의 청소년 참여법정은 기존의 청소년법정과는 달리 형사사법의 주체인 법원에서 시행할 뿐만 아니라, 청소년 참여법정을 통해 청소년참여인단이 부과과제를 판사에게 건의하고, 판사는 건의된 부과과제를 해당 소년에게 고지한 후 이행을 명하고, 해당 청소년이 이를 잘 수행하면 더 이상의 절차 진행 없이 심리불개시 결정으로 사건을 종결합니다. 이러한 점에서 청소년 참여법정이 조건인 전형적 개입형 우회교육(diversion)이라고 볼 수 있습니다. 뿐만 아니라 청소년참여인단의 구성에 있어서 참여구성원을 관련 청소년이나 같은 학교의 학생으로 제한하지 않으므로 시민참여재판 형식의 일종으로 볼 수도 있습니다.

청소년법정에 회부된 사건은 일반적으로 다음과 같은 과정을 통해 처리됩니다.

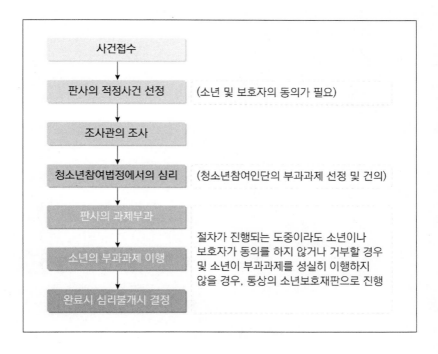

통상 재판 1건당 1시간 정도 시간이 소요됩니다. 그 외에 청소년 참여인단 교육 30분, 판사와의 간담회 30분을 포함하면 대략 재판 1건당 총 2시간 정도의 시간이 소요된다고 할 수 있습니다. 현재 서울가정법원에서는 1주일에 2~3회씩 청소년 참여법정을 개최하고 있으며 개최 횟수나 사건 수는 상황에 따라 달라집니다. 청소년의 사법제도 참여를 직접적으로 보장하는 매우 드문 사례로서 청소년 참여법정은 법교육에 새로운 지평을 연 중요한 제도적 변화라고 볼 수 있습니다.

PART

04

또래 조정

1. 갈등의 개념과 갈등해결교육

01 ◢ 갈등해결교육과 법교육

사회과 교육의 목표를 한 마디로 정리한다면 '민주시민교육'이라고 할 수 있을 것입니다. 표현은 거창하지만 결국 현재 우리가 살아가고 있는 공동체인 민주 사회에서 구성원으로 함께 살아가기 위한 기본적 자질과 소양을 기르는 교육이지요. '함께 살아가기 위한 조건'을 만들기 위해 사회과 교육에 포함되는 것이 법교육입니다. 법에서는 이 '조건'을 다시 종과 횡의 두 가지 방향으로 정리합니다. 종적으로는 국가와 개인의 관계를 다루는 공법, 즉 헌법, 형법, 행정법과 같은 내용들이 다루어집니다. 국가의 기관, 사회질서, 체계와 제도 같은 영역들을 다루는 법이지요. 횡적으로는 개인과 개인의 관계를 다루는 법인 사법의 영역입니다. 결국 이 법들은 사람들의 삶과 사회에 질서를 부여함으로써 서로 부딪치지 않고 상호작용할 수 있도록 하는 것입니다. 마치 광장에 엉망으로 얽혀있는 자동차들을 풀어내기 위해 차선을 긋고 통행의 규칙을 만들어, 불과 몇십 센티미터의 좁은 간격을 두고 거대한 차들이 쌩쌩 달려도 아무런 문제가 없도록 만드는 마술과 비슷한 일입니다.

문제는 아무리 애를 써도 '완벽한 질서'란 만들어질 수 없다는 점입니다. 아무리 차선을 잘 긋고 교통법규를 정비해놓아도 교통사고는 늘 발생하기 마련이지요. 인간이 만드는 질서인 차선과 교통법규가 완벽하지 못한 탓도 있고, 마찬가지로 완벽하지 못한 인간이 그러한 규칙들을 제대로 따르지 않기 때문에 발생하는 일일 수도 있습니다.

중요한 점은 이러한 충돌과 갈등을 예외적이고 병적인 상황으로 치부하고 외면할 것이 아니라 인간 사회에서 당연히 발생할 수 밖에 없는 삶의 일부로 받아들여야 한다는 것입니다. 갈등이 존재한다는 사실 자체가 문제가 아니라 갈등을 어떻게 해결할 것인가가 우리가 관심을 두어야 할 부분입니다. 하지만 통합과 중앙집권, 효율의 신화에 쫓겨 왔던 우리 사회에서는 갈등 자체를 부정적인 것, 빨리 제거되어야 하는 것으로 보고 갈등상황을 힘으로 서둘러 봉합하거나 덮어두는 편이 좋다고 생각하는 경향이 있었습니다. 이의 제기, 토론과 비판, 파업 등을 그 내용과 원인을 따져보기에 앞서 잘못된 것으로 인식하는 분들이 아직도 많습니다. 갈등을 외면하거나 억누르는 것은 더 큰 사회문제로 이어지게 될 가능성이 높습니다. 갈등이 더 큰 통합의 디딤돌로 기능하기 위해서는 다소 시간이 걸릴지라도 갈등 당사자들의 대화에 의한 민주적 해결 방식을 적극적으로 시도할 필요가 있습니다. 사회과 교육, 그중에서도 법교육은 이러한 갈등해결교육을 담당해야 할 핵심적인 교과입니다.

02 갈등의 개념과 사회과의 역할

갈등은 일반적으로 희소한 자원의 획득을 둘러싸고, 개인 내적으로 혹은 개인 간, 개인과 집단 간, 집단과 집단 간 의사소통이나 감정, 가치관의 차이 및 갈등 당사자들이 속한 사회의 문화, 사회구조, 역사 등의 문제로 인해 발생하는 충돌현상입니다. 갈등은 분열과 대립을 의미하기 때문에 사회적 차원에서는 부정적인 것, 회피하거나 배제해야 하는 것으로 여겨지는 경우가 많습니다.

하지만 갈등이 사회체제 유지에 순기능을 할 수 있다고 본 학자들도 있습니다. 예를 들어 사회학자 코저(Coser)는 집단 간 갈등이 집단 내의 단합을 촉진하며, 집단 간의 상호작용을 증진할 수 있으며, 사회운동의 형태로 사회변동을 일으키도록 사회집단을 고무하는 역할을 한다고 강조했습니다(Coser, 1980). 코저가 언급한 이와 같은 순기능은 사회적 차원의 갈등에 대한 것이지만, 개인적 차원의 갈등도 신중하게 해결방안을 찾는다면 개인 간의 관계를 개선하거나 상호작용을 증진시키는 방향으로 긍정적 효과를 가져올 수 있습니다. 그렇다면 갈등에 대한 사람들의 대응 방식은 어떤 것들이 있을까요?

일반적으로 갈등에 대처하는 방식은 회피 – 보류형(회피형), 경쟁 – 대립형(경쟁형), 순응 – 양보형(순응형), 절충 – 타협형(절충형), 협동적 문제 해결형(협동형) 등으로 분류됩니다(이명준 외, 2004, pp. 18 – 19; 최창욱 외, 2005, pp.21 – 25). '회피형'은 갈등 자체를 회피함으로써 당면한 갈등을 최소화하고자 하는 전략이지만, 회피 상태의 갈등은 잠재적으로 더 큰 갈등을 불러일으킬 위험이 있습니다.

이에 비해 '경쟁형'은 갈등에 정면으로 대응해 해결하려는 자세이지만, 대립하는 상대방의 가치에 대한 고려가 없이 자신이 추구하는 목표를 달성하기 위해 강한 경쟁적 자세를 취함으로써 건설적이기보다 파괴적으로 갈등을 몰아갈 위험이 있습니다. '순응형'은 자신의 이해관계보다는 상대의 요구에 맞추어 갈등을 해소하려는 태도인데, 이러한 방식으로 갈등이 해결될 경우 순응한 당사자의 이해관계는 제대로 관철되지 못할 확률이 높으므로 잠재적 갈등의 소지는 그대로 남아 있는 문제가 발생할 수 있습니다. '절충형'은 경쟁형과 순응형의 중간적 태도에 해당한다고 볼 수 있습니다. 상대방과 자신이 추구하는 목표를 정확히 파악해 합의에 이르면 갈등해결에 있어 매우 효과적인 방안이라고 할 수 있으나, 더욱 생산적인 갈등해결을 위해서는 윈-윈(win-win) 방식의 문제해결을 추구하는 '협동형'이 효과적이라 할 수 있습니다.

갈등해결교육은 건설적으로 갈등을 해결하기 위해 절충형, 혹은 협동형의 갈등해결방식을 내면화하는 교육이라 할 수 있습니다. 존스(Jones, 2004, pp.236-237)는 갈등해결교육과 유사한 교육 분야들을 소개하면서 이들과 비교함으로써 갈등해결교육의 특성을 보다 분명히 드러내고 있습니다. 그에 의하면, 평화교육, 폭력예방교육, 사회·감정 학습(Social and Emotional Learning; SEL), 반편견 교육 등이 갈등해결교육과 유사한 교육의 범주에 포함됩니다. 갈등해결교육은 다양한 갈등 상황에 비폭력적인 방식으로 문제를 해결하도록 유도하며, 편견의 감소를 목적으로 하고, 감정·인지·행동적 차원의 접근을 취하는 교육이라고 할 수 있습니다.

최창욱 등(2005, p.29)에 의하면, 이러한 갈등해결교육은 1988년 미국 컬럼비아 대학의 도이치(Deutsch) 교수가 고등학교에서 시작한 갈등해결교육을 계기로 널리 알려졌다고 합니다. 갈등해결교육의 효과를 연구한 선행 연구들에 의하면 교육을 받은 학생들의 경우 청소년들의 공격적이거나 회피적인 갈등해결방식이 절충적·협력적 갈등해결방식으로 변화했으며, 자아존중감이 증대되었다고 합니다(Petrone, 1999; Alexander, 2000; Thomson, 1999; 이희경, 1989; 강상무, 1999 등; 최창욱 외, 2005, pp.29-30에서 재인용). 즉, 갈등해결교육을 통해 갈등의 순기능을 극대화할 기반이 마련될 수 있는 것입니다.

다양한 사회현상을 탐구하는 것은 사회과의 핵심이라 할 수 있으므로 주요 사회현상 중 하나인 갈등을 소개하고, 그 원인을 탐구하며, 해결방안을 제시하는 등의 내용이 교육과정에 반영되는 것은 매우 당연하다고 할 수 있습니다. 그런데 전희옥(2002), 이명준 등(2004)이 사회과 교육과정 및 교과서에 반영된 갈등관련 내용을 분석한 바에 따르면, 사회과 교육과정에서 다루어지고 있는 갈등관련 내용은 다음과 같은 문제점을 안고 있습니다. 첫째, 갈등이 현대 사회에서 차지하는 비중에 비해 교과서나 교육과정에서의 비중은 크지 않습니다. 둘째, 구체적인 해결방안에 대한 탐구나 실천보다 단순히 갈등을 소개하는 데 그치고 있습니다. 특히 앞서 이상적인 갈등해결방식으로 제시했던 절충적이고 협력적방식에 대한 언급, 혹은 실천방안이 부족한 것으로 나타났습니다. 셋째, 다양한 갈등 사례가 아닌 특정 내용이 반복적으로 제시되고 있습니다. 예를 들어 초등학교에서는 환경문제가, 중등학교에서는 지역 이기주의 관련 내용이 주요 갈등 사례로 언급되고 있어, 일상생활에서 직면하는 다양한 갈등 사례를 포괄하지 못하고 있습니다.

이와 같은 문제를 해결하기 위해서는 일상생활에서 접하는 문제를 중심으로, 학생들이 실제로 실천(실습)을 통해 갈등을 해결해보도록 경험하는 방식으로 갈등관련 내용을 다룰 필요가 있을 것입니다. 이명준 등(2004)이 조사한 바에 의하면, 우리나라 초중등학생이 가장 자주 갈등을 경험하는 상대는 친구이며, 심각한 갈등문제 역시 '친구 사이에서의 따돌림' 문제였습니다. 그리고 이들이 갈등을 경험할 때 의논대상으로 가장 높은 비율을 차지한 대상 또한 친구였습니다. 즉, 사회과에서 다룰 갈등관련 내용은 학생들이 일상생활에서 접하는 친구관계에서의 갈등을 주 소재로, 이들이 스스로 그러한 문제를 해결할 수 있도록 구성한다면 매우 효과적일 것입니다. 또래 조정(Peer Mediation) 모형은 또래가 갈등의 조정자로 역할한다는 점에서 이러한 요구에 잘 부합합니다.

2. 또래 조정의 개념과 효과

01 대안적 분쟁해결 방법
(Alternative Dispute Resolution, ADR)

갈등해결교육이 효과적으로 이루어지기 위해서는 갈등문제에 대한 내부와 외부에서의 접근이 동시에 요구됩니다. 내부적(internal)으로 청소년은 갈등과 분쟁이라는 것이 무엇이며 어떻게 해결해야 하는지 스스로 지식과 관점을 갖출 필요가 있습니다. 이러한 지식은 자기 내부에서 일어나는 갈등을 성찰하고 타인과의 관계를 고려하는 데 도움을 줄 수 있습니다. 외부적(external)으로는 이러한 지식을 다양한 방법으로 적용할 수 있는 행동적 기술과 경험 제공이 필요합니다. 즉, 갈등의 본질과 바른 해결방법을 알고 이를 스스로 적용하며 체험하는 과정에서 갈등을 원만하게 해결하는 능력이 길러지는 것입니다.

이러한 교육적 목표에 가장 적합한 갈등해결교육 모형이 바로 '또래 조정 모형'입니다. 조정(mediation)은 원래 1970년대 후반 미국 사법제도에서 ADR(Alternative Dispute Resolution)이라는 재판 외 분쟁해결수단의 하나로 제도화되었습니다. 따라서 또래 조정을 이해하려면 먼저 ADR이 무엇인지 이해할 필요가 있습니다.

가장 선호되어왔던 공동체의 갈등과 분쟁 해결 방법은 사전에 규범을 만들고 그 규범에 따라 옳고 그름을 가리는 것이었습니다. 하지만 이 방식은 몇 가지 문제점이 있습니다. 우선 규범의 공정성 문제입니다. 판단의 전제가 되는 규범이 모든 사회구성원이 동의할 수 있는 공정한 것이라야 할텐데 사회가 커질수록, 이해관계가 복잡하게 얽힐수록 이렇게 합의 가능한 규범의 가능성은 낮아질 수밖에 없습니다. 또한 규범의 불완전성 문제도 빼놓을 수 없습니다. 규범이 모든 문제 상황에 정확한 판단이 가능할 만큼 구체적이고 명확하며 동시에 정확한 내용을 담고 있어야 하는데, 인간사의 복잡다단한 관계와 양상을 생각해보면 이런 규범은 신이 아닌 한 만들 수 없을 것입니다. 가장 큰 문제는 오히려 갈등을 해결하고 난 후의 상황입니다. 갈등의 당사자들 입장에서는 옳고 그름의 판별이 우선적인 문제겠지만, 사회적인 차원에서 갈등해결이 중요한 이유는 결국 이를 통해 갈등을 원만하게 풀어 사회 통합을 유지하기 위해서입니다. 그런데 규범을 통한 판단, 대표적으로 '재판'의 경우 판결이 나오면 양 당사자들이 이에 승복하고 관계를 회복하는 것이 아니라 오히려 더 앙심을 품는 경우가 많습니다. 우리 말에 '척을 진다'라는 표현이 있지요? 어떤 사람과 원수가 되는 경우를 가리키는 말인데 여기서 '척'(尺)은 조선시대에 소송의 상대방을 이르는 용어였습니다. 즉, 재판을 벌이면 서로 원수가 된다는 뜻입니다. 그래서 법과 제도, 재판을 통한 갈등해결이 아닌 새로운 해결방법이 필요하다는 문제제기로 이어졌고 등장하게 된 것이 '대안적 분쟁 해결방법'(Alternative Dispute Resolution), 즉 'ADR'입니다.

분쟁이 발생했을 때 이를 해결하는 방법에는 어떤 것들이 있을까요? 가장 단순한 방법으로는 '회피'(avoidance)가 있습니다. 갈등 자체를 외면하거나 상대방을 피해버리면 더 이상 다툴 일도 없겠지요. 하지만 문제는 농경 사회와 달리 산업 사회에서 사회 관계가 밀접해지면서 문제를 회피하거나 관계를 끊는 것 자체가 어려워지는 경우가 많고, 특히 감정적 대립이 아니라 이해관계를 둘러싼 분쟁이라면 회피는 자신의 일방적인 손해를 의미하게 됩니다. 그래서 다음으로 등장하는 방식이 '협상'(negotiation)입니다. 대개의 분쟁은 상호 간에 커뮤니케이션이 부족해서 문제의 본질이나 상대방의 입장을 충분히 이해하지 못하기 때문에 커지는 경우가 많습니다. 그래서 분쟁 당사자인 A와 B가 마음을 터놓고 대화를 하는 것만으로도 의외로 쉽게 문제가 풀릴 수 있습니다.

그러나 상황이 이미 '분쟁'이라고 이름 붙일 만큼이 되었다면 서로 간 감정의 골도 깊게 패이고 마주 앉아 이야기를 나누는 자체가 힘든 경우가 많습니다. 그래서 당사자 A, B가 원활하게 의사소통할 수 있도록 제삼자인 C가 개입하는 형태의 분쟁해결법이 바로 '조정'(mediation)입니다. 이때 C, 즉 조정자의 역할은 두 사람의 상호작용을 촉진하는 것이지 직접 결론을 내리거나 집행을 하는 것이 아니라는 점에 주의할 필요가 있습니다.

하지만 이미 당사자들이 대화나 타협이 불가능할 만큼 관계가 뒤틀렸거나 이해관계의 대립이 첨예해서 서로 양보와 조정이 힘든 경우도 있습니다. 그러한 상황에서도 어찌되었든 분쟁을 해결해야 한다면 당사자 A와 B가 아예 문제의 판단과 해결을 C에게 맡겨버리는 방식을 택할 수도 있습니다. 이것이 바로 '중재'(arbitration)입니다. 우리 말에서는 조정과 중재의 구분이 모호하지만 분쟁해결방식으로서의 중재는 조정과 큰 차이를 보입니다. 중재를 담당한 C는 최종적인 판단을 위탁받은 상황이기 때문에 C가 내린 판단에 대해 A와 B는 반드시 따라야 하고 만약 따르지 않을 경우 강제력을 행사하는 경우도 발생합니다. 이때 떠오르는 장면이 있지 않나요? 바로 '재판'이 중재의 대표적인 한 유형입니다.

ADR은 재판을 대체할 다른 분쟁해결 방법들을 고민하는 것이므로 협상과 조정, 혹은 재판이 아닌 다른 형태의 중재가 포함될 수 있습니다. 협상은 외부인의 개입이나 제도화가 어려운 방식이고, 중재는 강제력을 전제로 해야 하기 때문에 결국 '조정'이 ADR의 가장 핵심적인 유형이 되었습니다. 조정은 제삼자가 둘, 혹은 그 이상의 당사자 사이를 매개해 원만한 합의에 이르도록 돕는 것으로 결정 내용이 강제성을 지니지 않으나 상대방의 입장을 충분히 이해한 상황에서 자율적으로 해결에 이르는 방식입니다. 따라서 재판이나 공식적 방법을 통한 해결보다 근본적인 차원에서 갈등을 해결할 수 있습니다. 데체코(DeCecco)와 리처즈(Richards)의 연구(1974)에 따르면 중등학교 학생들 사이에서 일어난 8천 건의 분쟁을 분석한 결과, 90% 이상의 학생들이 이미 종결된 분쟁에 대해 분쟁이 제대로 해결되지 않았거나 폭력적인 방법으로 해결되었다고 인식했다고 합니다. 독일의 10~12세 학생들에 대한 연구(Krappman & Oswald, 1987)에서도 학생들은 절반 이상의 분쟁이 제대로 해결되지 않았거나 여전히 해결이 안 된 채로 남아있다 느낀다고 답했습니다. 따라서 단순히 분쟁을 종결 짓는 것이 아닌, 더욱 근본적인 차원에서의 분쟁해결방식이 필요하며 조정 모형은 하나의 대안이 될 수 있습니다.

02 또래 조정(Peer Mediation)의 개념

이와 같은 조정 과정을 어른이나 교사의 개입 없이 학생들이 자율적으로 해나가는 것이 바로 '또래 조정 모형'입니다. 학생들은 조정의 개념과 방법을 학습하는 과정에서 갈등해결을 위한 내부적 요건들을 습득하며, 실제로 또래 친구들의 문제를 조정하는 과정에 참여해 경험을 쌓으면서 실제 생활에서 조정을 익힐 수 있게 됩니다. 샌프란시스코 교육 재단이 실시한 또래 조정 프로그램에는 391명의 분쟁 조정 학생들을 통해 1,089명의 학생들이 조정에 참여해 약 93%의 분쟁들이 성공적으로 해결되었습니다 (SFED, 2007). 미국 테네시주의 '피서블 스쿨즈 테네시'(Peaceable Schools Tennessee) 프로그램에 참여해 또래 조정 교육을 받은 중학교 학생들의 경우, 훈련 전에는 65%의 학생들이 다툼을 통해 분쟁을 해결하려 했으나 훈련 후 77%의 학생들이 커뮤니케이션, 특히 협상이나 조정을 분쟁해결수단으로 이용하게 되었습니다. 또한 다른 중학교에서는 또래 조정 프로그램 실시 이후 7학년과 8학년생의 정학이 전년도에 비해 60% 감소했다는 성과가 보고되기도 했습니다(Bodine et al, 1994).

존슨(Johnson) 등은 또래 조정 교육이 학교와 가정의 분쟁을 해결하는 데 미치는 영향을 좀 더 세밀하게 연구했습니다. 1학년에서 5학년까지 144명의 학생들에게 9시간의 훈련을 시킨 후 이들이 학교와 집에서 9주간에 걸쳐 부딪친 783건의 분쟁에 대한 태도를 연구했습니다. 그 결과 훈련을 받기 전에는 강제, 포기 등 한쪽 당사자의 관계를 무시하는 방식의 해결전략을 택했으나 훈련을 받은 후 상대방과의 관계를 중시하는 원만한 협상을 통해 문제를 해결하려는 태도를 보였습니다. 또한 이렇게 학교에서 배운 협상이나 조정의 전략을 가정에서 부모나 형제들과의 분쟁에도 적용하려는 태도를 보여 또래 조정 교육이 학생들의 생활태도에 근본적인 변화를 가져올 가능성이 있음을 보여주었습니다 (Johnson et al, 1995).

이와 같은 또래 조정의 효과는 어디에서 올까요? 먼저 생각할 수 있는 것은 조정 자체의 효과입니다. 갈등은 겉으로 드러나는 거친 양상에만 집중하면 도저히 해결방법을 찾기 어려운 꼬인 실타래처럼 보입니다. 하지만 의외로 많은 갈등들이 당사자 간의 대화를 통해 사실관계와 문제의 핵심 쟁점을 정리하고, 상대방의 입장을 이해하는 것만으로도 해결이 가능합니다. 문제는 갈등이 진행되고 있는 상황에서 당사자들이 이러한 계기를 마련하기에는 한계가 있기 때문에 이해관계에서 자유로운 제삼자가 일정한 형식을 갖추어 대화의 장을 만들어줄 필요가 있습니다. 조정을 통한 대화와 소통은 바로 이러한 차원에서 감정을 가라앉히고 문제에 집중하며 함께 해결책을 모색해볼 기회를 마련해 줄 수 있습니다.

또 한 가지 효과는 이러한 조정의 과정이 비슷한 입장에 있는 '또래'에 의해 이루어진다는 점입니다. 앞장의 '청소년법정'에서 언급한 '동료 효과'가 발생하게 된다는 것이죠. 흔히 청소년, 학생들 간의 다툼에는 교사나 다른 어른들이 개입하게 되는 경우가 많습니다. 하지만 교사는 학교에서의 지위와 역할 때문에 제약을 받는 경우도 있고 어른들의 입장에서는 눈높이가 다르기 때문에 무엇이 문제인지, 그것이 왜 문제인지, 양측이 수긍할 수 있는 해결책은 무엇인지 이해하지 못하는 경우가 많습니다. '또래 조정'은 비슷한 연령과 입장에 있는 동료들이 조정을 진행하기 때문에 소통과 이해가 훨씬 편안한 분위기에서 원활하게 이루어질 수 있습니다. 특히 교육적 차원에서 보자면 분쟁 당사자들뿐 아니라 조정자의 역할을 맡는 학생들에게 커다란 교육효과를 기대할 수 있다는 점이 매력적입니다. 조정을 진행해가는 과정에서 갈등의 양상을 이해하고 소통을 증진시키는 기술을 익히며 대안을 탐색하는 태도를 기를 수 있다는 점에서 또래 조정은 분쟁의 해결이라는 실용적 목적보다 더 큰 교육적 효과를 조정 참가자들에게 제공할 수 있습니다.

3. 또래 조정의 모형과 적용

01 또래 조정의 사례와 모형

미국에서는 이와 같은 또래 조정의 효과와 필요성에 공감한 많은 단체들이 또래 조정 프로그램의 확대를 위해 활동하고 있습니다. 이 단체들은 모두 나름의 또래 조정 모형을 제시하고 있으나 기본적인 틀은 대체로 비슷합니다.

앞서 언급했던 테네시 주정부 차원의 '피서블 스쿨즈 테네시'(Peaceable Schools Tennessee)라는 프로그램은 분쟁조정을 위한 교사연수를 통해 각 학교에 또래 조정 프로그램을 확산시키고 있습니다. 이 프로그램에서는 또래 조정 과정과 이를 위한 학습단계를 다음의 6단계로 정리해 제시하고 있습니다(江口勇治, 2003, p.173).

◥ 피서블 스쿨즈 테네시의 또래 조정 모형 단계

단계	목표	학습 내용
1단계	조정을 통한 분쟁해결에 합의	조정에서 분쟁 당사자와 조정자가 차지하는 위치를 배우고 조정과정의 기본 규칙 이해
2단계	각 당사자의 입장 파악	분쟁 당사자들의 관점을 파악하는 방법을 학습
3단계	이해관계 확인	모순 없이 서로에게 이익이 될 수 있는 방법 학습
4단계	분쟁 당사자 모두가 만족할 만한 선택지 개발	당사자들의 이익에 부합하는 선택지를 만들기 위해 분쟁 당사자들의 브레인스토밍을 지원하는 방법 학습
5단계	대안 평가	4단계에서 나온 선택지를 분쟁 당사자들이 공평하게 평가할 수 있도록 돕는 방법 학습
6단계	합의 도출	분쟁 당사자들이 자신들이 제안한 선택지를 통해 합의행동을 계획할 수 있도록 지원하는 방법 학습

피서블 스쿨즈(Peaceable Schools)의 모형에서는 먼저 조정을 통해 갈등 상황을 해결할 것인지에 대한 합의를 도출합니다. 분쟁 당사자들이 이에 합의하면 조정자는 각 당사자의 입장을 파악하고 각자의 이해관계를 정확하게 알아냅니다. 그리고 분쟁 당사자들이 갈등 상황을 해결하기 위한 해결책들을 내놓으면 조정자가 그것을 확인하며 정리합니다. 제시된 여러 가지 대안들의 장단점을 파악하고 분쟁 당사자들이 서로 인정하고 합의할 수 있는 결과를 도출하는 것으로 조정이 마무리됩니다.

시민법교육 프로그램(the Citizenship Law—Related Education Program, CLREP)에서 운영하는 '스쿨 컨플릭트 메디에이션 모델' (School Conflict Mediation Model)도 이와 비슷한 단계를 제시하고

있습니다(CLREP, 2007).

▼ CLREP의 또래 조정 모형

단계	내용
1단계	조정자가 기본적인 원칙을 설정한다.
2단계	조정자가 분쟁 당사자들에게 분쟁의 내용을 설명하고 공격적이지 않은 태도로 자신의 느낌을 표현하도록 요청한다.
3단계	각 분쟁 당사자들이 문제에 대해 진술한다.
4단계	조정자는 정보를 정리, 요약하고 쟁점을 분명하게 하기 위해 질문을 던진다.
5단계	조정자는 분쟁 당사자들이 해결책을 제안하도록 하고 이를 정리한다. 조정자는 해결책 제공을 삼간다.
6단계	합의가 되면 합의내용을 문서로 작성하고 당사자들이 사인한다.

CLREP의 모형은 전반적으로 피서블 스쿨즈의 모형과 유사하나 두 가지 점에서 차이를 보이고 있습니다. 첫 번째는 조정자가 합의를 위한 대안을 제시하면 안된다는 점을 분명히 한 것입니다. 개입되는 사람의 제안이 강제성을 갖는 '중재'와 달리 조정은 어디까지나 두 당사자가 과정을 이끌어가며, 조정자는 단지 중간에서 이를 매개하는 역할만을 해야 합니다. 또래 조정은 또래 상담이 아니며 가장 중요한 점은 조정자가 중립적이라는 사실에 당사자들이 확신을 가져야 한다는 것입니다. 특히 별다른 권위를 부여받지 못하는 또래 조정자의 경우 편향성의 의심을 받기 더 쉬우므로 자신의 입장을 표명하거나 직접 해결책을 제안하는 것을 자제해야 합니다. 두 번째는 합의 사항을 서면으로 약속하도록 한 것입니다. 또래 조정의 가장 큰 문제는 합의 결과의 이행을 강

제할 수 없으며 당사자 이외의 사람이 강제해서도 안된다는 점입니다. 따라서 당사자들의 약속을 문서로 분명하게 기록하고 이에 사인하도록 하는 방식은 스스로 합의를 이행하도록 하는 최소한의 안전장치가 될 수 있습니다.

다른 또래 조정 교육 프로그램의 모형들이 비슷한 단계 구성을 보이는데 반해, 플로리다 사범대학의 '워킹 투게더 투 리졸브 콘플릭트'(Working Together to Resolve Conflict) 프로그램에서 사용하는 'Take CHARGE!'모형은 갈등의 원인이 되는 분노를 다스리는 방법에 대한 교육을 시도한다는 점에서 독특한 접근을 보이고 있습니다(University of Florida, 2007).

◥ Take CHARGE! 모델

단계	내용
1. Check—See if you're angry	• 분노를 인식한다. • 좌절을 인식한다.
2. Hold on—Calm down & think	• 진정하고 생각한다.
3. Anlyze—Figure out the cause	• 문제를 정리한다. • 원인을 생각해본다.
4. Reflect—On Possible Solutions	• 가능한 해결책들을 모색해본다.
5. Go for it—Pick a Solution	• 해결책을 선택한다
6. Evaluate—See What Happened	• 나의 행동을 반성해본다.

이 프로그램은 6~8학년을 대상으로 개발된 또래 조정 모형으로 각 단계의 알파벳 이니셜을 따서 모형의 이름을 기억하기 좋게 만들었습니다. 프로그램 개발자들은 청소년들의 갈등 조정 과정이 결국 개인의 분노를 다루는 문제와 다르지 않다고 보고

또래 조정의 한 방법으로 이 모델을 개발했습니다. 앞서 언급된 6 단계의 모형들이 주로 조정자의 역할에 초점을 맞추어 개발된 교육프로그램이라면 이 모델은 갈등 당사자들에 대한 교육프로그램으로 결합되어 사용될 수 있을 것입니다.

이와 같은 또래 조정 모형들에서는 공통적으로 다음의 사항들을 유의할 점으로 들고 있습니다.

첫째, 사건 자체가 또래 조정에 적합한 사건인지 그렇지 않은지 판단되어야 합니다. 예를 들어 학교 폭력이나 범죄에 해당하는 심각한 문제들은 또래 조정에서 다룰 수 없습니다. 결국 또래 조정의 사전 교육단계에서 그러한 판단이 교육되어야 하며 제도적으로는 교사나 학교 당국이 부분적으로 개입할 수밖에 없을 것입니다.

둘째, 조정의 의의와 한계에 대해 명확하게 이해시켜야 합니다. 또래 조정은 참과 거짓을 가리는 과정이 아니라 당장의 분쟁에서 한걸음 떨어져 어떻게 하면 서로 잘 지낼 수 있을 것인지 생각해보는 과정입니다. 따라서 학생들이 편하게 자신의 이야기를 하고 자신의 관점이 이해받고 있다고 느끼도록 하는 것이 무엇보다 중요합니다.

셋째, 또래 조정자의 역할을 명확하게 알려주어야 합니다. 조정자의 중립 유지는 또래 조정의 필수 조건이므로 자신의 입장을 표명하거나 해결책을 제안해서는 안되며 단지 문제를 명확하게 하는 질문을 던지고 양 당사자의 입장을 정리하는 것이 또래 조정자의 핵심적인 역할입니다.

넷째, 이러한 또래 조정 모형에 대한 교육은 반드시 지식과 행동, 경험이 병행되어야 한다는 점입니다. 조정은 인지적이고 기계적인 과정이라기보다는 공감과 동의를 이끌어내는 과정이므로 반드시 스스로 조정과정을 이끌고 경험하는 기회를 교육을 통해 제공할 필요가 있습니다.

02 ▲ 또래 조정의 적용 방식

또래 조정 교육의 내용은 크게 또래 조정 참여자에 대한 교육과 또래 조정자에 대한 교육으로 나누어 볼 수 있습니다. 조정 참여자에 대한 교육은 사실상 잠재적으로 또래 조정 제도를 활용할 가능성이 있는 모든 학생들에 대한 교육으로, 주로 또래 조정의 개념과 필요성, 조정의 단계와 참여 시의 자세에 대한 내용들을 다루게 됩니다. 앞서 소개된 Take CHARGE! 프로그램이 이러한 참여자 교육의 일종이라고 할 수 있습니다. 이에 반해 또래 조정자 교육은 실제로 조정을 맡아 하게 될 학생들에 대한 교육으로, 또래 조정 절차 전반에 대해 좀 더 심화된 내용을 다루게 됩니다. 특히 조정의 각 단계에서 조정자가 맡아야 할 역할과 이를 위한 의사소통 기술, 합의를 이끌어내고 이를 준수하게 하는 방법 등이 소개됩니다. 그러나 모든 조정 참여 학생들은 이후 사회생활의 과정에서 스스로 조정자가 될 수 있으며 이를 위한 경험 제공이 또래 조정 교육의 중요한 목표 중 하나입니다. 따라서 이렇게 또래 조정자에 대한 심화 교육을 별도로 고려하는 것은 또래 조정을 제도로서 도입할 경우의 현실적 필요에서 비롯되며,

조정 참여자 교육에도 이러한 내용들이 충분히 반영될 수 있어야 합니다. 또한 제도적 차원에서는 또래 조정을 가르치는 교사들에 대한 교육이 별도의 프로그램으로 고려되기도 합니다.

결국 또래 조정 교육의 내용을 어떻게 구성할 것인가 하는 문제는 또래 조정 교육을 우리 교육 현장에 어떠한 형태로 도입할 것인지 충분히 고려해 결정되어야 합니다. 또래 조정 교육이 우리나라에 도입·적용되는 방식은 크게 세 가지 방향을 생각해 볼 수 있습니다.

첫 번째는 정규 교과 수업 내용의 일부로 또래 조정이 다루어지는 경우입니다. 조정의 과정에서 갈등 당사자 및 조정자가 자신과 타인의 이익을 고려하고 인습적 규칙의 중요성을 인지할 수 있어야 한다는 점을 고려해보았을 때, 인지발달 단계상 초등학교 고학년에서 중학교 정도의 교육과정에 다루어지는 것이 적절할 것으로 보이며 주로 사회, 도덕 등의 교과시간에 갈등해결교육의 일부로 활용될 수 있습니다. 이러한 방식은 가장 많은 학생들에게 표준화된 내용을 전달할 수 있다는 점에서 큰 효과를 기대할 수 있습니다. 반면 교육과정상에 갈등해결교육이 명시되지 않은 상태에서 교사들에게 추가적인 수업부담을 주게 되므로 자발적인 시행을 기대하기는 어렵습니다. 또한 본래의 교과 교육 내용과 연속성이 떨어지며, 많은 시간을 할애하기 어렵고, 직접 생활 속에서 실행해보는 기회를 갖지 못한다는 점에서 한계를 가지고 있습니다. 따라서 교과 수업 중에서 다루어지기 위해서는 교육과정과 연계되어 짧은 차시 안에서 수업이 가능하도록 또래 조정 수업안을 구성해 제공할 필요가 있습니다.

두 번째는 또래 조정 교육을 일종의 교육 프로그램화해 제시하는 방식입니다. 또래 조정 교육 내용과 관련된 텍스트북 및 교육프로그램을 설계해 각 수요자의 상황에 맞게 제공하는 것으로, 실제로 미국 등에서는 또래 조정 교육의 확산을 위해 가장 일반적으로 사용하는 방식이기도 합니다. 우리나라의 경우 초중등학교에서는 재량활동이나 적응활동 시간, 혹은 클럽활동이나 동아리활동 시간을 활용할 수 있습니다. 문제는 이 경우 우선 각각의 상황에 맞는 프로그램이 개발되어야 하며 이러한 프로그램을 지도할 전문 강사가 필요하다는 점입니다. 미국과 같이 민간재단 혹은 대학과 연계된 단체들이 이와 같은 역할을 지원하거나, 교육부나 법무부 등 국가 기관의 지원하에 교사 직무연수 등을 통해서 프로그램 전문가를 양성하는 방법 등을 고려해 볼 수 있습니다.

세 번째는 또래 조정을 제도로서 도입하는 것입니다. 예를 들어 학교, 학급, 기숙사 등의 단위에서 내부 규율 방식의 하나로 또래 조정을 도입하고 전 대상 학생들에게는 또래 조정의 필요성과 기본 자세를, 조정을 맡을 학생들에게는 조정 방법을 교육해 운영하는 것입니다. 이러한 방식은 학생들이 또래 조정의 이론과 실제를 병행해 체득할 수 있을 뿐 아니라 장기간 반복적으로 생활화될 수 있는 교육방식이라는 점에서 매우 바람직합니다. 다만 설계 및 초기 시행단계에서 기존의 학교 운영 체제와의 조화를 고려해야 하고, 성공적인 제도화를 위해서는 교사 및 학교 당국의 또래 조정 교육에 대한 깊은 이해와 의지가 전제되어야 합니다.

4. 수업의 실제

앞서 언급한 세 가지 또래 조정의 도입 방식 중 학교 수업에 또래 조정을 도입하는 모델을 좀 더 자세히 살펴보도록 합시다. 구체적인 교수학습지도안을 개발하려면 먼저 또래 조정의 단계를 정리할 필요가 있습니다. 앞서 소개한 여러 모형들을 바탕으로 또래 조정의 단계를 여섯 단계로 정리해보았습니다.

01 ◢ 또래 조정의 6단계

1단계 : 또래 조정에 합의하고 규칙 정하기

또래 조정에 처음 들어가는 단계입니다. 또래 조정을 처음 접하는 학생들을 대상으로 하기 때문에 먼저 또래 조정이 무엇이고 어떻게 진행되는지 소개할 필요가 있습니다. 그리고 또래 조정에 참여하고 과정에 협력하겠다는 당사자들의 동의가 필요합니다. 또래 조정 자체가 자율적 소통의 성격을 지니기 때문에 조정 참여의 임의성은 매우 중요한 조건입니다.

일단 또래 조정에 합의했다면 또래 조정 단계에서의 규칙 역시 미리 약속해두어야 합니다. 예를 들어 문제 상황이나 사실을 규명하고자 노력하기, 문제 해결을 위해 노력하기, 진실을 말하기, 상대방의 이야기에 끼어들지 않기, 서로 존중하기, 비방하지 말기와 같은 기본적인 룰은 대화를 원활하게 진행하는데 도움이 될 것입니다.

2단계 : 서로의 입장 이해하기

이 단계는 갈등의 당사자들이 자신의 입장을 충분히 이야기하는 과정입니다. 각자가 생각하는 갈등의 원인과 과정은 무엇인지, 자신이 화가 난 이유와 상대방에 기대하는 태도, 현재 자신의 입장 등을 허심탄회하게 털어놓는 과정입니다. 사실 여섯 단계 중 이 단계가 가장 중요한 부분이라고 할 수 있습니다. 당사자들이 얼마나 솔직하게 자신의 이야기를 털어놓을 수 있는가, 얼마나 진지하게 상대방의 이야기에 귀를 기울일 수 있는가에 따라 이후 조정 과정의 성패가 결정되기 때문입니다. 따라서 이 단계에 충분한 시간을 배정할 필요가 있습니다. 또한 조정자는 당사자들이 존중감을 느끼면서 이야기할 수 있도록 배려하고 다른 당사자가 도중에 끼어들지 않도록 1단계에서 합의한 조정의 기본 규칙을 상기시킬 필요가 있습니다. 자신이 하고 싶은 말을 충분히 했다고 느낄 때 비로소 조정을 위한 신뢰의 기초가 만들어지게 됩니다. 조정자가 두 당사자의 말 속에서 갈등의 핵심적인 사실관계와 쟁점이 무엇인지 파악하는 것이 다음 단계로 넘어가는 중요한 요소가 됩니다.

3단계 : 문제 상황을 정리하기

3단계는 갈등 상황의 사실 관계를 정리하고 핵심적인 쟁점, 지금 풀거나 합의해야 할 문제가 무엇인지 확인하고 합의하는 단계입니다. 두 당사자가 나눈 이야기 중 서로 의견이 일치하는 부분과 차이가 나는 부분을 정리하고, 그 가운데서도 핵심적인 부분과 부차적인 부분을 분리해내야 합니다. 이 과정들 역시 조정자가 일방적으로 판단한다는 느낌이 들지 않도록 하는 것이 중요합니다. 조정자의 역할은 정리와 제시일 뿐이고 사실관계와 쟁점에 대한 최종적인 결정은 당사자 간의 합의를 통한 것이라야 합니다. 이렇게 문제 상황이 정리되고 나면 해결책이 필요한 최종적인 문제들이 몇 가지로 압축될 수 있습니다.

4단계 : 대안을 탐색하기

이제 정리된 문제들에 대해 가능한 대안들을 탐색하는 단계입니다. 이 단계에서는 확실한 대안 하나를 만들어내기보다는 다양하고 창의적인 생각들을 함께 나누는 것이 중요합니다. 그러한 과정에서 기존에 가지고 있던 생각의 틀을 깨고 해결의 가능성을 확장할 수 있기 때문입니다. 그래서 조정자는 당사자들과 함께 대화를 나누면서 다양한 선택지들을 만들어내기 위해 노력해야 합니다.

5단계 : 대안을 선택하고 합의하기

4단계에서 만들어진 여러 선택지들을 평가하는 것으로 5단계
가 시작됩니다. 2단계에서 의견을 나눈 당사자들의 입장과 비교해
각 선택지가 가지고 있는 장점과 단점을 평가하는 과정에서 가장
나은 선택지를 좁혀나갈 수 있습니다. 또는 4단계에서 미처 생각
하지 못했던 새로운 선택지를 만들어 내거나 기존의 선택지 몇 가
지를 조합해 재구성할 수도 있습니다. 이러한 평가와 합의의 과정
은 당사자들이 함께하며 서로 자신의 입장이 충분히 표현될 수 있
도록 자유롭게 의견을 개진하는 가운데 이루어져야 합니다.

6단계 : 조정을 마무리하고 평가하기

6단계의 목적은 종결과 완료의 느낌 제공입니다. 선택한 대
안에 대해 서로 합의를 표명하는 형식적인 절차를 거치는 것이
마무리와 이후 합의의 이행에 도움이 됩니다. 예를 들어 당사자
들이 합의한 내용에 대한 합의서를 작성하고 사인하도록 하는 방
안도 좋습니다. 합의서를 여러 부 작성해 조정자를 비롯한 각 당
사자들이 보관하게 되면 갈등을 마무리했다는 느낌과 함께 합의
사항을 이행하는 데 적절한 책임감을 부여할 수 있습니다. 경우
에 따라 최종적인 합의에 이르지 못할 수도 있습니다. 이 경우라
도 조정 과정을 통해 서로 이야기를 나눈 상황과 입장들을 알게
되었고 가능한 여러 대안들을 고려해보았다는 점에서 넓어진 이
해의 폭이 작지 않은 성과일 것입니다.

최종적으로 평가의 과정에 대해 평가서를 작성하는 것도 좋습니다. 조정자는 이후 조정 과정에서 유의해야 할 점, 개선해야 할 사항들에 대해 생각해볼 수 있고 각 당사자들은 조정에 이르는 과정을 되돌아보면서 이 과정에서 얻게 된 소통과 이해를 마음에 간직할 수 있을 것입니다.

02 교수학습 지도안[7]

또래 조정을 학교 정규 수업 안으로 끌어들인 사례를 한 가지 소개하겠습니다. 초등학교 5학년 '타인과의 관계' 수업에 또래 조정을 적용한 사례입니다.

- 대상 : 초등학교 5학년
- 영역 : 타인과의 관계
- 내용 요소 : 서로 생각이 다를 때 어떻게 해야 할까?(공감, 존중)
- 성취 기준 : [6도02-02]다양한 갈등을 평화적으로 해결하는 것의 중요성과 방법을 알고, 평화적으로 갈등을 해결하려는 의지를 기른다.
① 다양한 갈등이 발생하는 이유는 무엇이며, 갈등을 해결하기 위한 공감 능력을 어떻게 기를 수 있을까?
② 갈등을 평화적으로 해결하기 위해 경청, 도덕적 대화하기 능력을 어떻게 기를 수 있을까?

---

7) 이 지도안은 진주 ○○초등학교 신홍성 선생님이 제작했습니다.

이 수업은 또래 조정을 통해 실제 문제 상황을 해결한다기보다는 또래 조정이 어떤 것인지 경험하게 해보는 내용을 담고 있습니다. 수업의 전반부에서는 또래 조정의 내용과 과정을 설명하고 후반부에서는 학생들이 일상 생활에서 접할 수 있는 상황 세 가지를 통해 또래 조정을 경험해볼 수 있도록 구성되어 있습니다. (180~183쪽 참조)

본 QR코드를 스캔하시면
수업 지도안으로 연결됩니다.

단계	주요 학습 내용	교수·학습 활동	시간	교과 역량 및 기능 자료 및 유의점
학습문제 인식 및 동기유발	동기유발, 학습문제	• 친구 사이의 갈등 생각해 보기 • 우리 반 친구 사이에 어떤 갈등이 주로 생기는지 생각해 보기 ㅡ아무 생각 없이 친구의 별명을 불렀다가 친구와 크게 싸웠습니다. • 우리는 갈등을 어떻게 풀어 왔는지 생각해 보기 ㅡ친구에게 사과를 했습니다. ㅡ나는 사과를 했지만 친구가 받아주지 않았습니다. 언제까지 사과를 해야 할지 모르겠습니다. • 학습 문제 확인하기 친구 사이의 갈등을 토론 조정을 통해 해결하기	5′	• 학급에서 실제 있었던 일을 활용한다.
도덕적 문제 사태의 제시 및 분석	토론 조정의 의미	• 토론 조정의 의미 알아보기 ▷ 친구 사이에 생긴 갈등은 누가 해결하면 좋을까요? ㅡ갈등을 가진 친구들이 직접 해결하면 좋습니다. ▷ 직접 해결하기 어려울 때는 어떻게 해야 할까요? ㅡ친구들에게 도움을 청할 수 있습니다. ㅡ갈등을 해결하기 위해 같이 고민해 줍니다.	5′	• 토래끼리 갈등을 해결했을 때 좋은 점을 스스로 찾아본다.

단계	주요 학습 내용	교수·학습 활동	시간	교과 역량 및 기능 자료 및 유의점
		▷ 친구들이 갈등을 해결하기 위해 나서서 도움을 줄 수 있는 방법을 또래 조정이라고 합니다. • 또래 조정의 의의 생각해 보기 ▷ 친구들의 갈등 해결에 도움을 주면 무엇이 좋을까요? - 해결 방법을 이해하고 받아들이기 쉽습니다.		
도덕 판단·합리적 의사 결정의 학습	또래 조정, 또래 조정 학습	• 또래 조정의 여섯 단계 이해하기 ① 또래 조정을 소개하고 대화 규칙 만들기 ② 이야기하고 듣기 ③ 문제와 원인 찾기 ④ 갈등 해결 방법 찾기 ⑤ 생각 모으기 ⑥ 평가하기 • 또래 조정 방법 익히기 ▷ 역할놀이를 하며 또래 조정 방법 익히기 - 역할놀이 상황 부여하기 - (개인과 개인, 개인과 집단, 집단과 집단의 상황을 주어 또래 조정방법을 익힌다.)	10'	• 도덕적 사고 능력 • 또래 조정 활동으로 친구의 갈등해결에 도움을 줄 수 있다. 이에 대해 나의 갈등해결에 친구의 도움을 받을 수 있음을 알고, 진지한 태도로 갈등을 해결하기 위해 노력하도록 한다.

단계	주요 학습 내용	교수·학습 활동	시간	교과 역량 및 기능 자료 및 유의점
		－상황 1, 개인과 개인 가 : 내가 빌려준 학용품을 망가뜨리면 어떡해? 나 : 아니야. 이미 내가 나에게 줄 때부터 고장나 있었어! －상황 2, 개인과 집단 가 : 내가 자주 연습에 빠져서 우리 모둠의 역할극에 문제가 생겼어! 나 : 나도 참여하지 못해 속상해! 너희들은 왜 그렇게 자주 모이나? 난 방과 후에 할 일이 있단 말이야. －상황 3, 집단과 집단 가 : 우리 모둠이 먼저 선택한 과제를 너희도 똑같이 하면 어떻게 하나? 나 : 글쎄. 우리가 먼저 선택한 것 같은데? 똑같은 것을 골랐다고 문제가 되나?		

단계	주요 학습 내용	교수·학습 활동	시간	교과 역량 및 기능 자료 및 유의점
도덕적 정서 및 의지의 강화	또래 조정을 실천하려는 마음	• 또래 조정 활동을 통해 갈등을 평화롭게 해결하려는 마음 다지기 －친구들 사이의 갈등을 해결하기 위해 함께 고민할 줄 아는 친구가 되어 봅시다.	5′	• 갈등을 해결하지 못하더라도 서로의 이야기를 경청하고 구체적 방법을 찾는 연습을 하도록 지도한다.
정리 및 확대 적용과 실천 생활화	또래 조정 실천, 차시 예고	• 또래 조정자 되어 보기 • 갈등을 해결하기 위한 다양한 체험 학습을 하기 －자신이 실제로 겪었던 갈등을 생각해 보고 모둠별로 또래 조정 실시하기	15′	• 활동지 • 실생활에서 실천해 보게 하고 칭찬 및 강화한다.

수업 중 마무리 단계에서 제시된 활동지는 다음과 같습니다.

평화로운 갈등 해결 실천 결과 보고서

5학년 (　　)반 (　　)번　이름 (　　　　　　)

단원	5. 갈등을 해결하는 지혜	영역	타인과의 관계
과제명	평화로운 갈등 해결의 중요성, 평화로운 갈등 해결 실천하기		

• 갈등을 평화롭게 해결해야 하는 까닭을 써 봅시다.

_____

_____

_____

_____

_____

_____

• 최근 나에게 일어난 갈등과 그것을 해결한 과정, 결과를 기록해 봅시다.

날　　짜	
일어난 갈등	
해결한 과정	
결　　과	

딜레마 토론수업

1. 법적 딜레마 수업의 개념

01 ◤ 교육의 역할과 지식의 모호성

    오랜 세월 동안 교육은 공동체가 기존에 가지고 있던 지식과 기술을 다음 세대에 전달하는 수단으로 인식되어 왔습니다. 이러한 형태의 교육에서 중요한 점은 이미 존재하고 있는 확실한 지식을 손상과 변형 없이 그대로 전수하는 것이고, 또한 학생들이 이러한 내용을 빠짐없이 수용하도록 하는 것이었지요. 전통적인 교수학습방법에서 강의와 암기가 중요하게 여겨진 것도 이러한 이유 때문이라고 할 수 있습니다. 더구나 근대에 들어오면서 교육을 통해 '국민'을 만들어내야 하는 과업이 공교육제도에 부여되면서 많은 사람들에게 동일한 내용을 더욱 효율적으로 전달하는 것이 교육의 미덕이라는 관점은 강화되었습니다.

    하지만 이렇게 '전달'을 핵심으로 하는 교육이 의미를 지니려면 그전에 '확실한 지식'이 먼저 존재해야 합니다. 시간이 지날수록 더 많은 지식들이 인간들에게 확실한 이해를 가져오고 그를 바탕으로 한 정확한 예측이 가능하리란 고전적 기대를 지닌 사람들이 많았으나 인간이 상상할 수 없는 규모로 거대화, 복잡화, 다양화된 현대 사회에서는 '확실한 지식'이란 없으며 개인이 이러한 내용들을 파악하는 것도 불가능하다는 인식이 확산되고 있습니다.

과학의 영역에서조차 과학이 모든 것을 설명할 수 있다는 관념에서 벗어나 그 한계를 인정하고 '사회적 협의'에 따라야 한다는 '탈정상과학'(post-normal science)의 개념이 등장하고 있습니다. 원래 '정상과학'은 토마스 쿤(Thomas Kuhn)이 '과학혁명의 구조'에서 제시했던 것으로 과학자 공동체의 탐구활동을 통해 확인되고 공유되는 패러다임으로서의 과학을 의미했습니다. 이에 대해 펀토위츠와 라베츠라는 학자들은 카오스 이론을 바탕으로 과학의 불확실성과 불완전성을 인정하는 태도를 지녀야 한다는 의미로 '탈정상과학'을 주창했습니다. 사실관계는 불명확하고, 가치는 논쟁적이며, 위험성은 높은 데 반해 결정들은 시급하게 내려져야 하는 상황에 직면한 현대 사회에서 사회적 협의와 가치탐구를 바탕으로 구성되는 탈정상과학의 개념은 중요성을 갖는다 (Funtowicz & Ravetz, 1991)고 주장했습니다.

물론 과학적 지식의 가치 자체를 부정하는 극단적인 상대주의 관점은 위험합니다. 하지만 우리가 가지고 있는 지식 자체가 잠정적인 진실일 뿐이고 여전히 모호한 부분이 많음을 인정하는 유보적 태도는 '나비 효과'처럼 작은 결정 하나가 수많은 사람들의 생존에 영향을 줄 수도 있는 초연결 사회 속 우리에게 중요한 시사점을 줍니다.

문제는 교육의 영역에서 지식의 모호성 문제는 거의 다루어지지 않는다는 점입니다. 과연 학교 교육에서 '모든 지식'을, '정확하게' 가르칠 수 있을까? 누구도 모든 지식을, 정확하게 알지 못한다는 근본적인 한계를 생각해보면 이는 애초에 불가능한 시도입니다. 그렇다면 우리는 가능한 한 더 많은 지식을 최대한 정확하게 가르치려는 노력에만 골몰할 것이 아니라, 학생들이 불확실하고 부분적인 지식, 어둠 속을 더듬는 것처럼 충분히 이해가 되지 않는 타인과 이질적 문화 사이에서도 결정을 내리고 행동하는 올바른 태도를 지닐 수 있도록 도와야 하지 않을까요?

　　특히 법교육에서는 이러한 문제가 더 심각하게 나타납니다. 법교육의 내용요소를 구성하는 법원칙과 제도들은 이미 그 내용과 해석, 기능 등이 확정된 상태로 가정되고 교육이 이루어집니다. 즉, 법은 이미 주어진 것, 정해진 사실이자 분명한 진실로 전제된다는 것이지요. 이러한 전제 위에서 이루어지는 교육은 단순한 지식의 전달과 암기의 수준을 벗어날 수 없습니다. 당연히 초중등 단계에서 우리 사회의 모든 법적 내용과 제도를 전달할 수 없다는 한계가 존재함에도 이를 추구하다 보니, 법교육의 고질적인 문제점으로 지적되는 높은 난이도와 과도한 학습량의 문제가 발생하는 것입니다. 이 문제들은 '내용의 적절한 요약과 효율적 전달'로 극복될 수 없습니다. 근본적으로 법교육의 목표가 '지식의 전달'에서 '사고의 확장'으로 '패러다임의 전환'이 이루어질 필요가 있습니다. 그렇다면 '법적 사고력의 확장'을 목표로 하는 법교육은 어떠한 구체적 형태로 구현될 수 있을까요? 이러한 의문에 답하기 위해 개발한 것이 '딜레마 수업'을 도입한 교수학습 모형입니다.

02 ▚ 딜레마의 개념과 딜레마 수업

딜레마 수업의 모형을 만들기 위해서는 먼저 딜레마가 어떠한 성격을 가지고 있는지 확인할 필요가 있습니다. 딜레마를 활용한 연구 가운데 가장 널리 알려진 사례는 아마 콜버그(Kohlberg)의 도덕발달단계 연구라고 할 수 있을 것입니다. 그는 병든 아내를 위해 치료약이 필요하지만 돈이 없어서 구입할 수 없는 상황에 처한 사람이 어떤 선택을 해야 하는지 묻는 '하인즈의 딜레마'(Heinz Dilemma)를 통해 규칙 준수와 관련된 도덕성의 단계를 6단계로 구분했습니다. 이 연구에서 콜버그는 딜레마를 '문제 또는 쟁점에 대한 명백하거나 정확한 답변 또는 해결책이 없을 때'라고 정의했습니다(Kohlberg, 1981). 정답이 없는 상황에 처한 학생들은 문제 자체에 대해 더 깊이 고민하고 가능한 대안들을 주의깊게 검토하게 됩니다. 그 과정에서 자신이 가지고 있는 의견이나 가치관을 보다 분명하게 드러내고, 또한 다른 사람들이 가지고 있는 상이한 관점들을 고려하며 소통하는 훈련을 수행합니다.

쿠반(Cuban, 1992)은 딜레마(dilemma)와 문제(problem)을 구분하면서 딜레마의 성격을 더욱 분명하게 드러냈습니다. 그는 '문제'가 바람직한 목적에 요인이 있을 때 일어나며 그 요인을 제거할 방법이 있는 경우를 의미한다고 보았습니다. 즉, 주어진 상황에서 이미 '좋은 결과'는 예정되어 있으며 이에 도달하는 것을 가로막는 '잡음'(noise)을 제거하고 '끊겨진 길'을 채워 넣을 올바른 블록을 찾는 탐색의 과정을 의도하는 것이 '문제'라는 것입니다. 반면, '딜레마'는 경쟁적인 가치들 사이에서 선택을 하는 과정입니다. 가치들이 경쟁적이라 함은 어떠한 가치도 압도적으로 옳거나 그르지 않다는 뜻이기도 합니다. 즉, 딜레마는 '유사하게 바람직하지 않은 대안들 가운데 선택을 해야 하는 상황'으로 정의될 수도 있습니다(Volkman and Anderson, 1998).

따라서 경쟁하는 가치들 사이에는 자연스럽게 '갈등'이 발생합니다. 딜레마는 '갈등이 가득한 상태'가 되고 이 가운데서 인지의 변화가 일어나는 것입니다. 이는 딜레마를 활용한 수업이 구성주의적 학습모형이 될 수 있음을 의미합니다. 구성주의 학습론에서는 아동의 선개념, 인지 갈등을 통한 개념의 변화, 학습자 자신의 의미구성, 동료 및 교사와의 토론을 통한 사회적 협의 과정을 중시합니다(윤혜경, 2005:100). 갈등은 심리학적 차원에서는 인간이 모순되는 행동을 하도록 동시에 둘 이상의 동기가 부여된 것이며, 조직이론에서는 개인이나 집단이 공동의 업무를 수행할 때 느끼는 어려움으로 인해 조직의 정상적인 활동이 방해를 받거나 파괴되는 상태입니다(Reitz, 이현중, 2002 재인용). 학습은 개인적 차원의 활동이므로 학생들은 심리적 차원에서 갈등을 느끼게 됩니다. 즉, 딜레마 상황에 놓인 학생들은 경쟁하는 동시에 상호모순되는 가치들 사이에서 자신이 이미 가지고 있던 선개념으로서의 가치를 확인하게 되고, 이를 바탕으로 인지 갈등이 발생해 개념의 변화를 겪게 되는 것입니다. 따라서 구성주의적 학습이론에 보다 적합한 학습모형을 구성하기 위해서는 학습자 자신의 의미구성 과정을 체계화하고, 동료 및 교사와의 협의 과정을 활성화할 수 있는 기제들이 포함되어야 합니다.

사회과에서는 이러한 가치갈등을 바탕으로 한 수업 모형으로

'쟁점 중심 수업모형'이 널리 활용되고 있습니다. 쟁점 중심 수업의 기원은 듀이(Dewey)로까지 거슬러 올라갈 수 있습니다. 그는 민주주의에서 교육과 사회문제의 중요성을 강조했습니다. 사회문제를 교육현장에서 직접적으로 다루어야 한다는 그의 주장을 적용한 학습모델들은 1940~50년대에는 문제 접근법(problem approach)으로, 1960년대에는 반성적 탐구법(reflective inquiry)로 불리웠으나 헌트와 메트칼프(Hunt & Metcalf, 1955)에 의해 사회과 수업에 본격적으로 적용되면서 올리버와 쉐이버(Oliver & Shaver)의 법리적 접근(jurisprudential approach)으로 확장되었습니다. 그리고 1980년대 초반부터 급격한 사회변화로 발생한 다양한 사회문제들을 다루기 위해, 전통적 암기식 위주의 방법이 아닌 다른 방법의 대안을 찾는 과정에서 에반스와 삭스(Evans & Saxe)에 의해 '쟁점 중심 수업'이라는 표현이 처음 사용되었습니다(박인정, 2012:9). 쟁점 중심 수업에서 대상이 되는 '쟁점'(issue)은 정답이 없는 문제로 가치 간의 경쟁과 갈등을 통해 선택이 필요하다는 점에서는 딜레마와 비슷하지만 개인적 가치의 문제가 아닌 사회적 쟁점이라는 점에서 차이가 있습니다. 이는 사회적 쟁점 수업 자체가 민주주의를 비롯한 사회적 문제를 교실 안으로 끌어들여야 한다는 듀이의 주장에서 파생되었다보니, '쟁점'이라는 문제의 성격에 방점이 찍힌 것이 아니라 '사회적' 문제를 다룬다는 점이 더욱 중요하게 여겨진다고 볼 수 있습니다. 물론 딜레마 수업에서도 사회적 쟁점을 다룰 수 있지만 기본적으로 개인의 내적 가치갈등과 선택과정이라는 점에서 딜레마 수업과 쟁점 중심 수업은 차이를 보입니다. 법교육에서 다루어지는 문제들은 사회적 쟁점으로 확장되는 주제들도 있지만,

민형사적 원칙이나 사건들은 사회적 쟁점과 직접 연관시키기 곤란한 경우도 적지 않습니다. 따라서 법교육 영역에서는 사회적 쟁점 수업보다 딜레마 수업이 보다 폭넓게 활용될 수 있을 것입니다.

2. 딜레마 수업의 효과와 조건

01 딜레마 수업의 효과

딜레마 수업의 효과에 관해서는 이미 다양한 선행연구들이 있습니다. 이를 크게 두 가지로 대별하자면 고급사고력의 향상과 의사소통 능력의 향상으로 나누어 볼 수 있습니다.

딜레마 수업은 다양한 측면에서 학생들의 고급사고력을 높이는 데 도움이 됩니다.

첫째, 심층학습의 효과를 기대할 수 있습니다. 지식을 전달하는 수업, 혹은 정답이 있는 수업에서 기대 가능한 최대의 학습효과는 학생들이 교사가 미리 의도한 정답에 도달하는 지점에서 끝나게 될 것입니다. 하지만 딜레마 수업에서 학생들은 대립하거나 상호모순되는 사실과 가치들을 판단하기 위해 끊임없이 관련된 지식들을 탐구하고 숙고하는 과정에서 훨씬 더 깊이 있고 폭넓은 학습과정을 경험하게 됩니다.

둘째, 학습의 과정에서 사고의 정교화 수준이 높아지게 됩니다.

딜레마 수업의 과정에서 가치판단을 하기 위해서는 지식의 조각에 해당하는 하나의 답을 찾아내는 데에 학습을 그치는 것이 아니고 자신의 신념을 뒷받침하는 근거를 찾고, 대안의 결과를 예측해 이를 평가하며, 관련된 내용들을 요약하고 명료화하는 과정들을 수반합니다. 이 과정에서 사고를 체계화하고 근거를 바탕으로 사고하는 훈련을 하게 됩니다(Evans, 1976).

셋째, 이러한 학습은 교사가 특별히 의도하지 않더라도 자연스럽게 통합적 지식의 추구로 나아가게 만들어줍니다. 딜레마 문제를 판단하기 위해 고려되어야 할 요소들은 한 분야에 그치는 것이 아니라 다양한 지식과 삶의 영역들을 포괄합니다. 따라서 학생들은 통합적 사고를 통해 살아있는 지식을 습득할 기회를 갖게 될 것입니다(이진숙, 2010).

넷째, 딜레마 학습은 학생 스스로 지식을 찾아가는 구성주의적 학습원칙에 입각한 방식이기 때문에 지식을 내재화하는데 큰 효과를 기대할 수 있습니다. 주어진 사실을 조합해 답을 찾아내는 것이 아니라 스스로 어떠한 방향에서 접근하고 무엇을 탐구할지 결정한 결과 얻어낸 판단이므로 이는 온전히 학생 자신의 인지와 결합되어 유의미한 학습이 이루어질 수 있는 것입니다.

반면 수업의 과정에서 의사소통 능력이 크게 향상되는 효과도 있습니다.

첫째, 딜레마 수업은 주로 두 가지의 상반된 입장으로 모둠을 구성해 학습하기 때문에 모둠 내에서 협력학습이 이루어지게 됩니다. 서로 역할을 나누고 내용을 공유하는 과정에서 활발히 의사소통하는 것입니다.

둘째, 다른 모둠과의 토론 과정에서 타인의 관점을 이해하는 개방적 관점을 갖게 됩니다. 대개 일상생활에서 친구나 가족과의 대화는 비슷한 사회적 배경이나 가치관을 가진 상황에서 이루어지는 것이 일반적입니다. 즉, 긴밀한 상호작용이 이루어진다고 해도 인지의 확대에는 한계가 있는 것입니다. 이에 비해 딜레마 상황은 의도적으로 선명하게 대비되는 다른 관점이 드러나도록 디자인되어 학생들이 나와 다른 관점과 사고를 가지고 있는 상대방을 어떻게 이해하고 설득하며 합의에 이를 것인지 연습할 수 있게 됩니다.

셋째, 이러한 의사소통의 확대는 정서적 안도감과 호의적 태도에도 긍정적인 영향을 줍니다. 사람은 누구나 새롭고 낯선 환경이나 나와 다른 타인에 대해 경계하고 적대적 태도를 취하기 쉽습니다. 하지만 이질적인 대상이나 사고에 자주 접하는 훈련을 거치면 '다름'을 받아들이는 여유를 갖게 되어 자연스럽게 열린 자세를 학습하게 됩니다. 이와 관련해 최지영(2009)은 딜레마 토론을 포함한 협동학습이 진행되면서 학생들이 '괜한 웃음'을 자주 보이는 등 편안하고 수용적인 수업분위기를 만들어가는 효과가 있음을 밝히기도 했습니다.

02   딜레마 수업의 조건

딜레마 수업을 가장 적극적으로 활용한 분야는 도덕적 딜레마를 바탕으로 가치교육을 시도하는 경우였습니다. 교과에 기반한 교육과정에서 도덕적 딜레마를 활용한 수업이 도덕적 추론을 발달시키는 효과를 경험적으로 측정한 연구들이 공통적으로 확인한 결론은 다음과 같습니다. 딜레마 수업이 주제에 기반한 교수에 통합될 때, 그리고 교사들은 수업 중 구조화된 토론을 촉진하고 격려하는 역할을 맡았을 때 가장 효과적이라는 것입니다(조철기, 2013:520).

　　김경순(2000)은 보다 구체적으로 학습자 중심, 과정 중심, 깊이 중심, 증거 위주의 토론이라는 네 가지 수업 조건을 제시했습니다. 첫째, '학습자 중심'은 딜레마 수업에서 문제를 탐구하고 질문하며 대답하는 일련의 수업과정에서 교사가 아닌 학생이 주체가 되어야 함을 뜻합니다. 둘째, 딜레마가 애초에 정답이 있을 수 없는 문제이기 때문에 문제의 해결보다는 거기에 이르는 과정에서의 절차와 숙고, 토론 및 협의와 같은 '과정'이 핵심적인 교육의 요소입니다. 셋째, 이러한 탐구는 표면적인 사실관계의 검토나 확인에 그쳐서는 안되고 '깊이 있는 탐구'가 이루어지는 계기를 마련해야 하며, 넷째, 토론이 단순히 의견과 주장을 주고받는 수준이 되는 것을 막기 위해서 '증거 위주'로 진행되어야 합니다. 자유로운 주장과 토론, 사실관계 및 증거의 확인을 통해 상호 간의 소통이 원활해지고 그 결과 관점이 확장되며 보다 복잡하고 논리적인 사고를 통해 판단과 협의가 이루어지는 딜레마 수업의 특성 상 이러한 조건들은 필수 불가결하다고 할 수 있습니다.

　　하지만 실제 교실의 상황에서 이러한 조건들이 충족되는 딜레마 수업의 모형을 만들기 위해서는 극복되어야 할 몇 가지 문제점이 있습니다.

첫째는 어떠한 형식으로 토론을 구조화할 것인가의 문제가 있습니다. 구조화된 토론은 단순히 발언의 순서나 시간을 공평하게 나눈다는 수준이 아니라, 일상적 대화와는 다른 어떠한 형식과 상황에 맞추어 학생들이 자신의 사고와 발언을 조정하고 이를 체계적으로 시행한다는 의미입니다. 일상의 문제가 아닌 딜레마들을 다룰 때 학생들은 필연적으로 어떤 가상의 맥락을 상상하고 그 안에 자신을 둘 필요가 있습니다. 딜레마 수업모형은 이러한 토론의 맥락을 구체적으로 제시할 수 있어야 합니다.

둘째, 학생들의 상호작용을 어떻게 촉진하고 확장할 수 있을 것인가 하는 문제가 있습니다. 대부분의 선행연구들에서는 '개방적 분위기의 유지'를 강조하고 있지만 이러한 분위기만으로는 실제 학생들이 활발하게 토론에 참여하고 의견을 제시할 것으로 기대하기는 힘듭니다. 구조화된 토론의 형식 문제와 연계해 누가 어떠한 방식으로 어떻게 발언할지 조건과 맥락이 보다 분명하게 제시되지 않으면 교사의 격려와 칭찬만으로 토론이 활성화되기는 어려울 것입니다.

셋째, 근거의 제시와 확인이 어떻게 가능할 것인가 하는 문제가 있습니다. 미리 내용이 정해져 있는 대본을 읽는 것이 아니라, 실제로 학생들이 교실에서 의견을 나누며 주장의 근거를 제시하고 또 상대방이 제시한 근거의 신빙성을 확인해야 한다면 해당 주제에 대한 준비만으로는 부족할 수 있습니다. 또한 근거의 신빙성에 대해 달리 확인할 방법이 없어 결국 교사가 최종적인 확인자의 역할을 맡게 되면 모든 학생들이 교사에 의지하면서 토론의 활력이 크게 떨어질 수 있습니다.

넷째, 이러한 딜레마 수업에 교사의 입장에서 가장 고민되는 부분은 역시 평가의 공정성과 타당성 문제입니다. 정답이 없다는 토론의 특성은 이러한 면에서 독이 될 수 있습니다. 기준이 모호한 상황에서 교육의 목표에 적합한, 동시에 모든 학생들이 결과에 수긍할 수 있는 평가는 무척 어려운 일입니다. 따라서 딜레마 수업이 학교 현장에서 활발하게 이루어지기 위해서 평가의 문제가 먼저 해결될 필요가 있습니다.

뒤에 소개할 수업 사례에서는 이러한 문제점들을 해결하기 위해 모의재판을 딜레마 수업과 결합시켰습니다. 모의재판은 재판의 형식을 그대로 가져오기 때문에 구조화된 토론의 방식으로 쉽게 활용될 수 있습니다. 검사와 변호사라는 역할의 대립도 분명하며, 교사가 진행자이자 중재자로서의 판사 역할에 쉽게 결합될 수 있을 뿐 아니라 영화, 드라마 등을 통해 학생들에게 친숙한 형태이기 때문에 토론의 방식과 태도에 관한 맥락도 쉽게 이해할 수 있습니다. 또한 본 연구의 주된 관심사인 법교육에 관련된 쟁점들을 다루는 데 가장 적합한 토론 방식이라는 점도 큰 장점입니다. 앞서 배운 모의재판의 종류 가운데 역할놀이식 모의재판 방식에 가깝습니다.

하지만 모의재판 형식을 가져올 경우 참여자의 수가 제한되는 문제가 있습니다. 30명으로 구성된 학급일 경우 검사와 변호사를 각각 3~5명 내외의 팀으로 구성하면 나머지 2/3의 학생들이 수동적인 관객의 입장에 놓이게 되는 것입니다. 이러한 문제점을 극복하기 위해 배심제의 형식도 도입했습니다. 즉, 나머지 20명의 학생들은 배심원의 입장에서 토론의 진행을 주의 깊게 지켜보고 경우에 따라 양측에 질문할 수도 있으며 최종적인 승패의 판단도 맡게 됩니다. 배심제의 도입은 모든 학생들을 토론과정에 참여시킨다는 장점 외에도 평가의 문제를 해결한다는 점에서도 큰 의의가 있습니다. 즉, 동료 배심원 학생들의 판단에 따라 최종적인 점수가 부여되도록 설계해 평가의 공정성과 타당성이 높아질 뿐 아니라 검사, 변호사 학생들의 경우 설득의 대상이 교사인 판사가 아닌 다른 학생들로 바뀌게 되어 학생 간 상호작용도 상승하는 효과를 기대할 수 있습니다.

또한 사고의 체계화, 근거의 제시와 확인을 위해 워크시트와 각종 IT 기기의 활용도 시도했습니다. 학생들이 진행되는 토론의 내용을 정리하고 자신의 의견을 진술해볼 수 있는 워크시트를 미리 배포해 논리적 단계에 따라 사고하는 훈련을 할 수 있을 것입니다. 그리고 교실의 와이파이망을 이용한 IT 기기들로 그 자리에서 자신의 주장에 대한 근거나 상대방의 주장이 갖는 신빙성 등을 확인할 수 있도록 해 더욱 내실 있는 토론이 가능하도록 했습니다.

3. 법적 딜레마 토론수업의 실제

01 ▼ 수업의 개요와 준비과정

　　지금부터 소개할 법적 딜레마 토론수업의 사례는 부산시 교육청에서 지원한 강좌인 '2014년 고교 윈터스쿨'을 통해 선정된 방학 중 특강, '정의란 무엇인가?—알고보면 재미있는 법과 논리 이야기'입니다. 부산시 내 고등학교 1~2학년 학생들을 대상으로 2015년 1월 6일부터 22일까지 주 2회, 각 4시간씩 총 24시간 동안 진행되었습니다. 참여학생 수는 24명이었고 높은 호응을 얻어 이듬해 2015년 여름방학 기간 동안 같은 방식으로 학생 36명 대상의 썸머스쿨이 한 차례 더 진행되었습니다. 전체 강의 내용은 다음과 같습니다.

◥ 법적딜레마 수업 전체 강의계획

회차	강의 주제	세 부 내 용
1	법이란 무엇인가?	• 강좌 소개 및 조 구성 • 강의 : 법의 의미와 역사 • 토론 : 미뇨네트호 사건, 즉 난파된 보트에서 굶어죽지 않으려고 동료를 잡아먹은 사람들은 처벌받아야 할까?
2	하늘의 법과 땅의 법	• 강의 : 자연법과 실정법 • 토론 : 마이 시스터즈 키퍼, 즉 죽어가는 언니에게의 골수이식을 거부한 동생, 이식을 강제할 수 있을까?
3	헌법 기본권	• 강의 : 헌법의 의미와 역사 • 토론 : 국가를 모독하고 국기를 훼손하는 행위를 표현의 자유로 인정해야 하는가? 국가 모독죄로 처벌해야 하는가?
4	국가와 개인	• 강의 : 헌법과 형법의 형성과정 • 토론 : 요더 사건, 즉 국가는 학교에 안가겠다는 학생과 부모를 처벌할 수 있을까?
5	국제사회와 주권	• 강의 : 국제법의 역사와 특성 • 토론 : 뉘른베르크 전범재판, 즉 승전국이 패전국의 공무원들을 처벌하는 것은 타당한가?
6	민법의 한계	• 강의 : 근대 민법의 기본원칙 • 토론 : ○○기업의 '밀어내기' 횡포로 대리점주가 입은 손해, 배상받을 수 있을까?

　　법교육 영역에는 딜레마이자 사회적 쟁점이 되는 사안들을 다룬 대표적인 판례들이 적지 않아서 딜레마를 찾는 자체는 그리 어렵지 않았습니다. 그러나 이러한 딜레마 관련 자료들은 대개 방대한 판례자료의 형태로 남아 있어서 핵심적인 쟁점과 사실관

계, 학생들에게 제시할 자료와 교사가 참고할 자료 등을 효과적으로 정리하는 일은 많은 시간과 노력을 필요로 했습니다. 예비 선정된 10여 개의 주제들 가운데 5회로 완료되는 프로그램의 특성상 다양한 법분야의 딜레마를 다루기 위해 법의 기초, 헌법, 형법, 민법, 국제법 등으로 분야를 나누어 주제를 선정했습니다. 그리고 선정된 딜레마들을 주제 하나당 대략 A4용지 반페이지 분량 정도로 정리해 미리 토론 주제를 제시했습니다. 편의상 양 팀을 검사팀과 변호사팀으로 나누었지만 딜레마에 따라서는 민사 혹은 국제법적 사안들도 있기 때문에 상황에 맞추어 원고 측, 피고 측 혹은 찬성과 반대 등으로 입장을 나누었습니다.

다음으로 24명의 학생들을 6명씩 A, B, C, D 4개의 모둠으로 나누었습니다. 매회 수업에서 두 개의 모둠이 토론을 벌이고 나머지 두 모둠은 배심원이 되어 평가하는데, 이렇게 6회의 수업을 진행할 경우 한 팀이 세 번씩 똑같은 횟수로 토론에 참여하게 됩니다. 배심원들의 평가에 따라 승패가 갈리며 승리할 경우 3점, 무승부일 경우 2점, 패배할 경우 1점의 점수를 얻게 되어 최종 합계 점수가 높은 모둠이 우승하는 방식을 택했습니다.

수업의 원활한 진행을 위해서 인터넷 카페도 개설해 운영했습니다. 카페를 통해 학생들에게 토론의 주제와 모둠의 구성을 미리 공지해 사전에 관련 자료를 찾아보고 상호토론을 통해 내실 있는 수업을 준비하도록 했습니다. 몇 가지 종류의 워크시트를 미리 제작했는데 여기에는 검사팀과 변호사팀의 변론기록지와 배심원팀의 배심기록지, 그리고 자신이 토론과정에서 느끼고 생각한 점을 정리해보는 학습지가 포함되었습니다. 배심기록지는 사건의 주요 사실관계, 쟁점, 양측의 주장과 근거, 자신의 판단을 나누어 적도록 구조화된 형태로 제시되었습니다. 총 6회의 토론 동안 자신이 작성한 워크시트들을 모아 포트폴리오를 만들 수 있는 클리어화일도 함께 배부되었습니다.

　또한 학생들의 토론만으로 수업이 마무리될 경우 내용이 공허해질 우려가 있다는 점을 보완하기 위해 4시간의 수업시간 중 3시간은 학생 간의 토론으로, 나머지 1시간은 교사가 토론 주제와 관련된 법적 내용에 대한 강의를 하는 방식을 택했습니다. 그리고 토론 중 제기되는 주장이나 근거들을 확인하며 자신들의 주장을 펼치는 데 도움이 되는 내용들을 쉽게 찾을 수 있도록 노트북, 패드, 핸드폰을 통한 검색을 권장하고 이를 위해 강의실 내에 공용 와이파이망을 설치해 개방해두었습니다.

　모둠식으로 수업을 진행할 경우 가장 문제가 되는 것 중 하나는 일부 학생들만 적극적으로 토론에 참여하고 나머지 학생들은 무관심해지는 이른바 '무임승차'의 문제입니다. 이를 해결하기 위해 토론 진행 과정 중 전체 발언 기회를 5회 이상으로 분산해서 배치하고 5명의 조원이 모두 최소한 1번 이상 발언하는 것을 의무화했습니다. 또한 배심원들도 수동적으로 토론을 듣는 데 그치지 않고 토론 과정에 간접적으로 참여할 기회를 보장하기 위해 토론 중간에 양팀에 한 번씩 질문할 기회를 부여했습니다. 아울러 배심원단이 최종평결을 내릴 때 단순히 누가 이기고 졌는가를 발표하는 데에 그치는 것이 아니라 양측의 주장에 관해서 배심원단이 생각한 점을 정리하고 평결이 왜 그렇게 내려졌는지 합당한 이유를 제시하도록 함으로써 보다 깊이 있는 사고와 판단을 유도했습니다.

02 ▾ 수업의 단계

　6차시 수업은 참여한 24명의 학생을 6명 구성의 네 개 모둠으로 나누어 모든 모둠이 서로 한 번씩 토론 대결을 벌이도록 했습니다. 또한 학생들의 관심을 높이기 위해 각 대결에 승점을 부여해 서로 경쟁하도록 했습니다. 수업 오리엔테이션 단계에서는 학생들이 구성된 모둠별로 모여 모둠의 이름과 모둠장을 정하는 것으로 시작되었습니다. 이 과정에서 서로 낯선 학생들이 친밀감을 형성하고 전체 토론과정에서 중심적인 역할을 할 학생을 정하게 됩니다. 이후 6차에 걸친 토론 주제를 공지하고 주제별로 각 모둠의 역할을 배정했으며, 모둠 학생들은 정해진 주제와 역할에 따라 수업 전에 미리 모여 사건에 대해 조사하고 자료와 주장을 준비했습니다.

▾ 토론 운영 방식

차시	토론 모둠	평가 모둠	운영 방식
1	A − B	C, D	① 토론 모둠은 이렇게 해요.
2	C − D	A, B	• 토론 주제에 대해 모둠별 찬, 반 입장이 정해지면 자료를 조사해 토론을 준비합니다.
3	A − D	B, C	
4	B − C	A, D	• 모둠 구성원끼리 역할을 잘 분배해 구성원 모두에게 발언기회가 골고루 주어질 수 있도록 합니다.
5	B − D	A, C	
6	A − C	B, D	② 평가(배심원) 모둠은 이렇게 해요. • 토론을 경청하며 활동지에 기록합니다. • 배심원들과 의논한 후 토론의 승패를 결정해서 발표합니다. ③ 토론 승점이 가장 높은 조에게는 상장을 수여합니다♡

PART 05 딜레마 토론수업　205

세부 토론 절차는 아래의 표와 같습니다. 정규 수업이 아니고 방학 중에 이루어진 비교과 활동이었기 때문에 오후 내내 약 네 시간에 걸쳐 이루어진 수업이었습니다. 학교 현장에서는 시간에 맞게 적절히 단계를 끊거나 일부 단계를 생략하는 방식으로 조정해 활용할 수 있을 것입니다.

◥ 세부토론 절차

단계		무엇을 하나요?	시간
도입		• 수업 주제 제시 • 사건 개요 정리 및 토론의 쟁점 파악하기	10분
전개	작전 회의	▣ 토론 모둠 　• 각자 맡은 입장에 어떤 방향으로 논지를 전개해 나가야 할 것인지, 어떠한 근거를 수집해 뒷받침할 것인지를 의논하는 전략회의 시간을 갖습니다. 　• 토론 중 발언권은 골고루 갖는 것을 원칙으로 하므로 팀원 간 역할도 잘 분배해야 합니다. ▣ 평가 모둠(배심원 모둠) 　• 회의를 통해 토론의 쟁점을 파악하고, 어떠한 논리로 토론이 진행될 것인지 예상해봅니다. 이를 통해 어떤 부분에 집중해 심사할 것인지 논의합니다. 　• 배심원 대표를 선정합니다. 배심원 대표는 배심원 평결 결과를 발표하는 역할을 맡습니다.	20분
	1차 토론	▣ 토론 모둠 　• 각 팀은 발언 기회를 번갈아 가며 3회씩 가집니다. 　• 1회당 최대 5분간 발언할 수 있습니다.	30분

단계	무엇을 하나요?	시간
	• 자신의 주장을 펼치고, 상대방의 주장에 대한 반론을 제시하고, 반론에 대해 답변하는 등 발언 기회를 다양하게 활용할 수 있습니다. ■ 평가 모둠(배심원 모둠) • 토론 내용을 메모하며 토론 팀이 쟁점을 잘 파악하고 논지를 전개하고 있는지, 상대편 주장에 대한 허점을 잘 파고들어 반론을 펼치고 있는지, 반론에 대한 적절한 답변을 하고 있는지를 평가합니다. • 의문점은 메모해 두고, 이후 배심원 질문 시간에 질문할 수 있습니다. 각 배심원 모둠은 각 토론 모둠에게 질문 1개 이상을 기본으로 해야 합니다.	
작전 회의	■ 토론 모둠 • 마지막 작전회의 시간입니다. 각 팀은 1차 토론을 정리하며 2차 토론과 최종발언을 준비합니다. ■ 평가 모둠(배심원 모둠) • 배심원들끼리 1차 토론에 대한 의견을 나누고, 배심원 질문의 발언내용을 정리해봅니다.	20분
배심원 질문	• 배심원 C, D모둠은 토론 모둠 A, B에게 각각 1개 이상의 질문을 해야 합니다. • 각 토론 모둠의 응답시간은 5분 내외입니다.	20분
2차 토론	• 토론 모둠의 발언 기회는 1회이며, 최대 5분까지 활용할 수 있습니다. • 토론 모둠은 상대방의 주장에 대한 반박과 반박에 대한 응답, 자신의 주장 굳히기 등 발언 기회를 다양하게 활용할 수 있습니다.	10분

단계		무엇을 하나요?	시간
	최종 진술	• 이제까지 나왔던 발언들을 종합해 자신의 입장을 최종적으로 정리한 뒤 발표합니다. 각 모둠은 최대 5분까지 시간을 활용할 수 있습니다.	10분
	배심 회의	• 평가 모둠의 배심원은 별도의 독립된 공간으로 이동해 최종 평결을 위한 회의 시간을 갖습니다. • 배심원 대표는 모든 배심원들이 자신이 내린 판결과 결정 이유에 대해 발표할 수 있도록 회의를 주관합니다. 이후 배심원들의 의견을 종합해 이긴 팀을 결정합니다. • 배심원단 최종 판결문을 정리합니다.	10분
	평결 발표	• 배심원 대표는 최종판정 결과(몇 대 몇의 결정으로 누가 이겼는지)와 그렇게 결정한 이유를 발표합니다. • 배심원 소수의견도 간단히 요약해 발표합니다.	10분
심화 강의		• 토론 주제와 관련된 선생님의 심화강의가 이어집니다.	90분
정리 및 마무리		• 남은 시간을 활용해 토론 내용을 정리하며 학습지를 작성하고, 수업 주제에 대한 자신의 생각을 글로 표현해 봅니다.	

전체 수업 과정은 4시간의 수업 시간에 맞추어 구성되었습니다. 실제 수업과정에서는 학생들이 열띤 토론을 벌이다가 시간을 넘기는 경우가 있었지만 대부분 예정된 일정대로 진행되었습니다. 수업의 구조는 크게 도입-찬반 토론-배심원 평의-결과 발표 및 정리수업의 네 단계로 구성되었습니다.

'도입'은 전체 수업의 구조를 설명하고 주제가 되는 딜레마를 제시하는 단계입니다. 전체 코스가 시작되기 전 학생들에게 미리 수업과정을 정리한 오리엔테이션 자료를 배포했으며 수업 중에는 파워포인트로 화면에 현재 진행되는 수업의 단계를 제시해 흐름을 파악할 수 있도록 했습니다. 또한 수업 전 요약자료를 배포하고 본시 수업에서는 동영상 및 파워포인트 자료로 더욱 상세하게 관련 사실관계 및 쟁점들을 소개했습니다. 특히 학생들의 흥미를 불러일으키고 이 주제가 찬반이 쉽사리 판단되기 어려운 '딜레마'임을 인식하도록 하는 데 중점을 두었습니다.

'찬반 토론' 단계는 변호사와 검사로 나뉜 두 팀이 실제로 토론을 벌이는 단계입니다. 시간을 고려해 각각 5분씩 세 번 발언하도록 했으며 전체 토론 시작 전, 토론 중간 등 두 번에 걸쳐 모둠별 작전회의를 할 수 있는 시간을 두었습니다. 이 시간을 통해 학생들은 쟁점을 확인하고 이에 대한 의견을 나누며 가져온 자료나 인터넷 검색 등을 통해 근거자료들을 확보하는 등 다양한 활동을 할 수 있었습니다.

'배심원 평의'는 변호사, 검사 모둠을 제외한 나머지 모둠들이 배심기록지에 사건을 기록하면서 그 자료를 토대로 토론을 통해 의견을 모으는 단계입니다. 토론 모둠들이 작전회의를 하는 시간에도 배심원 모둠 간 토론이 이루어졌으며 배심원들에게 보다 적극적인 역할을 부여하기 위해서 토론 중간에 양측에 한 번씩 질의응답을 할 수 있도록 했습니다. 모둠의 토론이 모두 마무리된 후 배심원 모둠은 최종 결정을 위한 평의를 가졌으며 이 과정에서 다수결을 통해 모둠별 결론을 도출했습니다. 배심원 모둠이 짝수일 경우 찬반의견이 동수가 되어 승패가 가려지지 않을 가능성이 있으므로 이 경우 최종적으로는 전체 배심원 가운데 더 많은 배심원의 지지를 받은 토론 모둠이 승리하는 형태를 취했습니다.

'정리수업' 단계는 진행자의 역할을 맡던 교사가 전체 토론 과정에서 오고 간 주장과 쟁점, 근거들을 검토하고 코멘트를 한 후, 토론주제와 관련해 더욱 심화된 형태의 수업을 진행하는 단계입니다. 토론 전체 과정에서 약 2시간 30분가량의 시간이 소요되므로 학생들의 피로를 고려해 토론 내용의 정리까지 마친 후 약간의 휴식시간을 갖고, 이후 약 90분간 심화수업을 진행하는 방식의 분리를 원칙으로 했습니다.

토론에 익숙하지 않은 학생들이 과연 잘 참여할 것인가 우려가 있었으나 의외로 첫 강의에서부터 적극적으로 자신의 의견을 개진하는 학생들이 많았습니다. 이러한 참여수준에 영향을 미친 요소들은 우선 토론 주제로 제시된 딜레마가 얼마나 학생들에게 와닿는 주제인가 하는 점이었습니다. 예를 들어 가장 고전적인 법적 딜레마로 '카르데네이아스의 판자' 형태를 띠고 있는 미뇨네트 호 사건의 경우, 모두가 기아로 사망하는 일을 면하기 위해 동료를 잡아먹는 것이 타당한가의 문제를 더욱 심화된 형태로 제시하고자 했습니다. 따라서 사전에 제비뽑기로 희생자를 정하자는 동의가 있었고 그 결과 뽑힌 사람이 마지막 순간에 동의를 철회하고 저항했다는 상황까지 제시되었습니다. 이와 관련해 다수의 생존권과 소수의 생존권, '동의'가 가진 효과, 동의로 결정될 수 있는 문제와 없는 문제, 법적 처벌의 의미와 한계 등 다양한 쟁점들이 도출되면서 열띤 토론이 이어졌습니다. 처음의 수업은 변호사, 검사의 입장을 무작위로 할당하도록 설계되었습니다. 그러나 딜레마 자체가 균형성을 가지고 있는 주제일 경우 모둠별 입장이 자연스럽게 엇갈리는 경우가 많아 중반 이후로는 자신들이 원하는 입장을 선택해 옹호하도록 하는 방식도 활용되었습니다. 여기에 반드시 각각 한 번 이상 발언하도록 정해둔 규칙 때문에, 모든 학생들이 모둠별 토론에 보다 집중하고 자신이 해야 할 발언을 계속 숙고하며 근거를 확인하는 효과를 가져올 수 있었습니다.

토론 이후 이어지는 교사의 심화강의는 내용적 연관성을 가지고 있긴 하지만 상대적으로 토론과는 직접 연관되지 않는 부가적 성격을 가지고 있습니다. 이보다는 오히려 토론 마무리 단계에서 교사가 제시하는 코멘트가 더 큰 효과를 지니고 있었습니다. 즉, 제시된 주장과 근거들의 흐름을 확인하고 내용의 적절성에 대해 학생들과 논의하는 한편, 추가적으로 제시될 수 있는 내용들을 설명해주는 과정에서 학생들은 자신들의 사고과정을 재고하고 법적 사고력을 향상시킬 수 있었습니다. 따라서 이후의 심화강의도 원래 제시된 주제에 국한되지 않고 자연스럽게 앞선 토론과정에서 제시되었던 주장이나 내용들을 끊임없이 연계시키면서 이해를 심화하는 방향으로 진행되었습니다.

4. 딜레마 수업모델의 의의와 개선점

본 연구에서 사용된 법적 딜레마 수업모형은 기존의 모의재
판 수업모형을 딜레마 수업에 접목해 개발한 것이라는 점이 가장
큰 특징입니다. 모의재판 형태가 결합된 법적 딜레마 수업모형은
다음과 같은 긍정적 효과를 가져왔습니다.

첫째, 딜레마 문제에 대해 구조화된 토론이 가능해졌습니다.
딜레마는 애초에 어느 쪽이 옳은지 판단할 수 없는 문제이기 때
문에 학생들에게 토론 주제로 제시될 경우 다들 발언을 망설이다
가 수업이 느슨해지는 문제가 발생합니다. 모의재판에서는 처음
부터 검사와 변호사 혹은 찬성과 반대로 입장을 나누어 놓는 일
종의 '역할놀이' 형태를 취하고 있기 때문에 한쪽의 입장에서 자
신과 상대방의 주장을 평가하면서 사고를 심화시킬 수 있는 계기
를 제공합니다. 또한 발언의 형태도 모든 모둠원들이 빠짐없이, 5
분 이내의 시간 동안 근거를 바탕으로 주장을 펼치도록 구조화되
어 있고 스스로 검사 혹은 변호사라는 맥락 위에서 사고하고 행
동할 수 있다는 점도 수업에 대한 흥미와 참여도를 높이는 데 큰
도움이 되었습니다. 특히 배심원제를 결합해 모든 학생들이 수업
과정에 참여할 수 있도록 한 부분이 매우 효과적이었으며 평소에

어렵게만 느끼던 법적 내용을 스스로 이해하고 판단할 경험을 제공한다는 점도 의미 있는 교육적 효과라고 할 수 있습니다.

둘째, 의사소통 능력을 향상시키는 데 매우 큰 효과가 있었습니다. 모의재판을 결합한 딜레마 수업모형은 다양한 의사소통 경험을 제공합니다. 먼저 모둠 구성원 내부에서의 협업과 토의 과정을 경험하게 되고, 이를 바탕으로 혼자 무대 앞에 나서서 배심원을 대상으로 5분간 자신의 주장을 설득하며, 배심원으로서 의견차이를 좁히고 근거와 논리적 사고에 따라 의사결정을 합니다. 특히 5분간의 변론시간은 학생들에게 매우 신선한 경험이었습니다. 초반에는 대부분의 학생들이 시간을 충분히 활용하지 못하고 단순한 주장만을 펼치는 데 그쳤으나, 차츰 시간에 맞추어 내용과 근거를 조직화하고 이를 설득력 있게 전달하기 위한 표현 방식을 발전시켜나가는 모습을 보였습니다. 아울러 이러한 일련의 과정에서 자신이 주장하는 것만큼이나 상대방의 주장에 귀를 기울이고 요지를 빨리 파악해 이에 대응하는 중요성도 깨닫게 되었습니다. 또한 모둠원 상호 간 엇갈리는 주장을 조정하기 위해 이해와 타협의 필요성도 인식하게 되어 민주적 의사소통의 기본인 열린 자세와 역지사지의 상대적 태도를 익힐 수 있습니다.

셋째, 법적 사고력이 제고되는 효과를 기대할 수 있습니다. 학생들은 수업과정에서 법적 딜레마들을 깊이 숙고하고 모둠원, 상대 팀과의 토론을 통해 이와 관련한 쟁점들을 하나씩 풀어나가면서 어렵고 복잡하게만 느껴졌던 법적 문제들에 대해 스스로 사고하고 판단해볼 수 있었습니다. 이를 통해 스스로 법적 문제를 이해하고 참여하는 과정에서 법적 효능감이 향상될 수 있습니다.

또한 토론과 주장의 과정에서 근거와 논리적 사고의 중요성을 인식하게 되어 법적 사고력, 비판적 판단능력 등을 높일 수 있습니다. 아울러 딜레마를 통해 법적 사고력을 향상시킨다는 것은 법이 모든 문제의 정답은 아니며 현실의 복잡한 맥락이 충분히 고려되어야 한다는 점을 학생들에게 인식시킨다는 점에서 큰 가치를 가지고 있습니다. 즉, 법적 딜레마에 대한 토론을 통해 법적 근거에서 비롯한 사고가 판단의 기준점을 제공하는 '법의 기능과 효과'를 확인하는 동시에 그러한 판단이 절대적이고 고정된 정답이 될 수 없으며 상황과 맥락, 서로다른 관점에 대한 종합적인 숙고에 따라 다른 결론이 가능하다는 한계를 지니고 있음을 알게 되는 것입니다.

법적 딜레마 수업모형은 학생들의 법적 사고력을 향상시키는 데 큰 효과를 기대할 수 있지만 적지 않은 한계와 개선점도 내포하고 있습니다. 이는 주로 실제로 수업모형을 학교 현장에 적용하는 과정에서 부딪치는 문제들입니다.

첫째, 실제 학교 수업의 형태에 이러한 모형을 결합시키는 데에는 객관적인 제약들이 있다는 점이 고려되어야 합니다. 기본적으로 현재 개발된 모형은 최소한 3~4시간이 소요될 것으로 예상되며 더구나 분절된 형태가 아닌 덩어리로 이 정도의 시간이 확보되어야 합니다. 40~50분 정도를 기본적인 단위로 하고 있는 초중고의 정규 수업시간에 이와 같은 형태의 수업모형을 적용하기는 쉽지 않겠지요. 또한 현재 수업모형에서는 각 팀별 작전회의를 위한 장소와 배심원 평의를 위한 장소가 마련되어 있는 것을 전제하고 있는데 이 역시 하나의 교실에서 수업이 마무리되는 것이 일반적인 우리 학교 현장에서는 수정이 필요합니다. 또한 이렇듯 법적 딜레마를 다룬 수업이 꽉 짜여진 교육과정과 교과서를 기반으로 하는 학교 수업의 진도에 차질을 가져올 수 있다는 점도 교사들에게 고민을 안겨줄 것입니다.

이러한 문제들을 해소하기 위해 몇 가지 개선과 수정이 가능할 것입니다. 우선 실제 학교 수업의 시간과 장소적 한계를 고려한 새로운 수업모형으로의 변형이 고려될 수 있습니다. 50분 안에 모든 과정이 끝나도록 축약된 버전의 모형을 개발하거나 한 시간은 모둠 간 토론 과정을, 다른 한 시간은 평의와 판결, 교사의 추가 수업 등으로 과정을 분절하는 방식 등은 시간과 공간의 한계를 어느 정도 극복하게 해줄 것입니다. 또한 최근 중학교 자유학기제를 중심으로 여러 학교에서 시도되고 있는 블럭스케줄링이나 계기수업 혹은 방과후 수업, 클럽활동 등 시간과 공간의 제약이 상대적으로 덜한 비교과 수업시간을 활용하는 방법도 고려할 수 있습니다.

둘째, 이와 같은 수업모델에서 오히려 교사의 역할이 더 커지게 된다는 점에 대한 이해와 대비가 필요합니다. 이론적으로 딜레마 토론 수업의 교사는 수업을 이끌어가는 사람이 아니라 어디까지나 조력자, 보조자의 입장에 머무르게 되므로 일견 수업부담 또한 줄어드는 것이 아닌가 생각할 수 있습니다. 그러나 전체 수업의 과정에서 역할이 제한적이라는 것과, 그 제한된 역할이 대단히 중요하고 많은 준비와 노력을 필요로 한다는 점은 구분되어야 합니다. 딜레마 토론 수업에서 교사는 강의와 같은 방법을 통해 직접적으로 수업내용을 제시하거나 전달하지 않고 수업의 진행 또한 학생 간의 주장과 반박을 동력으로 이루어진다는 점에서 분명 '제한적'인 역할을 맡게 됩니다. 그러나 그 이면에서 교사의 역할은 오히려 더 중요해집니다. 교사는 어느 한쪽으로 결론이 치우치지 않을 만큼 논쟁적인 동시에 교육적 가치가 있고, 더구나 학생들의 흥미와 관심을 끌면서도 학생들의 인지 수준에서 이해와 토론이 가능한 주제를 제시해야 합니다. 그리고 수업 과정 중에는 엉뚱한 방향으로 엇나가기 쉬운 학생 상호 간 토론에서 판사라는 진행자의 역할을 맡아 활발한 상호작용을 북돋우고, 각 모둠이 주장하는 바의 핵심을 정리해 전달하며 학생들이 놓치고 있는 부분을 깨닫도록 유도하는 등 수업 전체의 연결고리이자 촉진자의 역할을 해야 합니다. 이를 위해 해당 쟁점에 대해 미리 예상 가능한 내용들을 빠짐없이 파악하고 제시될 수 있는 근거들을 확인하는 과정 또한 필수적입니다. 즉, 딜레마 수업모형에서 교사는 '제한적 역할'에 머물러 있기 위해 오히려 더욱 많은 부담을 지게 됩니다. 이러한 수업모형을 더욱 정교화하고 다양화해 교사들이 복잡다기한 수업상황에 보다 유연하게 대응할 가능성을 높이는 한편, 이러한 수업모형에 관한 실질적인 체험과 연수의 기회를 확대해 교사의 부담을 경감시켜나갈 수 있을 것입니다.

셋째, 수업에 사용될 딜레마 및 이와 관련된 학습자료들이 보다 체계적으로 축적되고 제공될 필요가 있습니다. 이와 같은 법적 딜레마 수업을 계획하고 실행하는 데 가장 어려운 점은 적절한 학습자료를 확보하는 일입니다. 일단 수업의 대상이 되는 주제는 '딜레마'의 성격을 띨 수 있도록 찬성과 반대가 균형을 이루고 있으면서 이에 대해 학생들이 충분한 토론과 탐구를 할 수 있을 만큼 풍부한 배경과 깊이를 갖춘 것이라야 합니다. 또한 학생들의 학교급별, 수준별 차이와 시간과 공간 등의 다양성을 고려해 선택이 가능한 주제들이 다수 존재해야 하며, 이것들이 모두 어느 정도 교육과정과의 연계성을 지니면서 학생들이 탐구로써 법적 사고력과 가치관을 발달시킬 수 있는 교육적 가치를 갖춘 것이어야 한다는 조건이 있습니다. 이를 고려하면 수업을 계획하는 교사 개인이 수업주제와 자료를 모두 준비하는 것에는 한계가 있습니다. 이와 관련해서 미국 연방대법원의 후원 하에 비영리법교육단체인 스트릿 로(Street Law)에서 2002년 개발해 운영 중인 교육자료 사이트인 'Landmark Cases'가 좋은 사례로 고려될 수 있습니다.[8] 미국 역사상 큰 영향을 미친 연방대법원의 판례들을 교육자료의 형태로 가공·정리해 제공하는 이 사이트에는 사건의 개요, 양측의 주장, 주요 쟁점과 배경사건, 관련 유사 판례, 판결문 중 다수의견과 소수의견, 사건별 수업계획, 오디오 및 비디오 자료, 활용가능한 팸플릿이나 워크시트들이 모두 링크되어 있을 뿐 아니라 이 자료들이 학생들의 수준, 수업시간, 학교급 등에 따라 난이도를 달리해 수록되어 교사들이 상황과 필요에 따라 쉽게 스스로 수업을 구성할 수 있도록 돕고 있습니다. 2015년 초 미국은 물론 전 세계를 들썩이게 했던 미국 연방대법원의 동성애 합법화 판결이 나오자 스트릿 로의 주도로 즉시 관련 수업자료가 제작되어 미국 전역에 보급되거나, 미국 대통령선거를 앞두고 각 학교에서 선거제도와 투표에 관련된 계기수업을 할 수 있도록 교

---

8) http://www.streetlaw.org/en/landmark/home

육자료가 만들어져 배포된 것은 사법제도와 교육이 연계되어 미래 시민들의 민주시민성을 발전시키는 한편 사법의 실효성을 제고한 좋은 사례라고 볼 수 있습니다.[9]

---

9) http://www.streetlaw.org/en/Page/43/Supreme_Court_Summer_Institute_2011_Binder

06

온라인매체 활용수업
−블렌디드 러닝과 플립드 러닝

1. SNS의 개념과 교육적 의의

---

01 ▾ SNS의 개념과 특징

20세기 대중사회를 이끈 교육의 패러다임은 '전달'이라고 할수 있습니다. 즉, 소수의 전문가나 메시지의 발신자가 다수의 사람들에게 동일한 메시지를 일방적으로 광범위하게 전달하고, 이렇게 발신된 메시지를 수용하는 것이 대중사회의 대표적인 교육 방식이었습니다. 교육현장에서는 마이크를 든 강사가 대형 강의실에서 진행하는 강의, 혹은 TV나 라디오를 통한 교육방송 등이 이러한 일방향 대중교육의 상징적인 모습이라고 할 수 있습니다. 하지만 쌍방향 소통이 일반화되며 소통을 위한 미디어가 다양하고 풍부해지는 새로운 시대에는 교육의 패러다임도 크게 바뀌게 됩니다.

가장 큰 변화는 이전의 교육이 전달자의 의도가 우선시되고 전달자가 매체를 비롯한 교육 전반의 상황을 통제하는 권한을 지니는 구조적인 교육이었다면, 새로운 시대에는 수용자의 필요와

수요가 우선시되고 교육의 과정 또한 교수자가 제시한 정보가 그대로 암기되는 것이 아니라 수용자 스스로의 선택과 학습을 통해 자신만의 지식을 만들어 나간다는 구성주의적 관점으로 변화한다는 점입니다.

　새로운 시대의 교육 패러다임 변화는 다음과 같이 구체적으로 제시될 수 있습니다. 첫 번째는 '훈련에서 학습으로'입니다. 이제까지의 교육은 다수의 사람들이 동일한 내용을 반복해 최대한 익숙해지도록 만드는 과정으로 효율성을 달성하려 했습니다. 그러나 더 거대하고 복잡해진 사회에서는 교육에 대한 수요도 매우 다양해질 수밖에 없고, 또 시시각각으로 변화하는 사회 상황에 대응하기 위해서는 기계적인 훈련을 통해 능력을 습득한 사람보다 자율적으로 필요한 지식을 찾아 익힐 수 있는 학습능력을 지닌 사람들이 요구되고 있습니다. 두 번째는 '대단위에서 소단위로'입니다. 이를 위해서는 동일한 내용을 한꺼번에 많은 사람들에게 전달하는 대단위 교육이 아닌, 소단위의 사람들에게 자신들에게 적절하고 중요한 내용을 수준에 맞게 전달하는 교육이 필요합니다. 이러한 교육에는 매우 많은 비용과 시간이 소요되어 사실상 불가능했으나 기술적 발전은 점차 더 작은 단위의 사람들에게 더 다양한 내용을 선택적으로 전달하는 것을 가능케 하고 있습니다. 세 번째는 '개인에서 협업으로'입니다. 교육의 전통적인 목표는 더 능력 있는 개인, 더 많은 것을 알고 할 수 있는 개인의 양성이었지만 개인이 할 수 있는 것에는 분명한 한계가 있습니다. 더 많은 사람들이 지혜를 모으고 노력을 효율적으로 배치할 수 있다면 훨씬 많은 일들을 쉽게 해낼 수 있을 것입니다. 기술발전으로 더욱 많은 사람들이 더 빠른 시간 내에 소통하는 것이 가능해진 오늘날에는 이러한 협업 능력이 강조되고 있습니다. 마지막으로 네 번째는 '가르침에서 경험으로'입니다. 강의, 책 등을 통한 가르침은 누적을 통해 확장될 수 있습니다. 그러나 기본적으로 단선적인 지식체계인 이러한 일방적 가르침은 담아낼 수 있는 내용의 양이나 습득의 수준에서 한계가 있습니다. 피교육자의 직접 경험은 더욱 많은 지식을 한꺼번에, 효과적으로 전달할 수 있게 합니다. 어린아이에게 젓가락질을 하는 방법을 강의를 통해 가르치려 한다면 얼마나 시간이 걸릴까요? 가장 좋은 방법은 직접 젓가락을 잡고 흉내내게 해보고 물건을 집어보게 하는 것입니다.

이러한 '소통의 확대'라는 새로운 패러다임을 가장 잘 반영하는 뉴미디어는 SNS입니다. 즉, SNS는 가장 새로운 매체인 동시에 쌍방향 소통을 통한 새로운 교육 패러다임의 구현에 가장 효과적으로 활용될 수 있는 매체라고 할 수 있습니다. SNS란 소셜 네트워크 서비스(Social Network Services) 또는 소셜 네트워크 사이트(Social Network Sites)의 줄임말로서 1인의 미디어, 1인의 커뮤니티를 중심으로 하는 새로운 인적 네트워크 형성 서비스입니다.

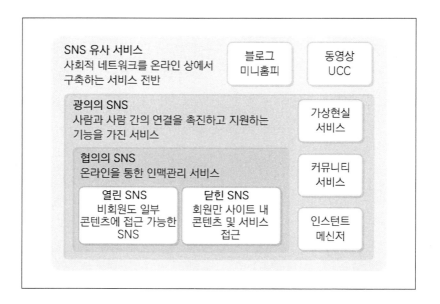

사실 SNS는 이 매체를 통해 서로 모르던 사람들이 만나게 되는 것이 아니라 오프라인에서 이미 알던 사람들 간 소통의 도구로서 사용된다는 점에서, 그 시작이 전통적인 매체인 전화나 휴대폰 문자메시지와 비슷하다고도 할 수 있습니다. 하지만 SNS는 컴퓨터를 기반으로, 모바일 환경과 연동되어 이루어지기 때문에 신속성과 전파성, 누적성, 연계성이 다른 매체와 비교할 수 없이 높습니다.

'신속성'의 차원에서 SNS는 메시지를 작성하는 것부터 쉽고 빠릅니다. 컴퓨터나 핸드폰, 스마트 패드 등에서 작성한 메시지는 작성 즉시 상대방에게 전달됩니다. 따라서 피드백의 속도도 덩달아 빨라집니다. 이러한 피드백의 반복은 다른 나라에 있는 사람들조차 마치 바로 옆에서 대화를 하는 듯한 실시간 소통을 가능케 합니다. 또한 이러한 소통에 드는 비용이 전통적인 매체들에 비하면 매우 낮거나 거의 무료라는 점에서 더 많은 소통 욕구를 불러일으키게 합니다.

'전파성'은 더욱 중요한 특징입니다. 단순히 소통이 빠를 뿐이라면 기존의 전화나 문자메시지와 큰 차이가 없을 것입니다. SNS의 진정한 힘은 전파성에서 비롯합니다. SNS를 통한 메시지는 순식간에 엄청난 수의 사람들에게 전달되고 또 그 메시지에 대한 의견이나 비평이 재생산되는 과정을 거치면서 짧은 시간에 커다란 효과를 가져올 수 있습니다. 메시지를 전달하는 데 비용과 노력이 매우 적게 들고 디지털화된 메시지를 자신이 받은 그대로 다른 사람들에게 전달하는 것이 가능하며 또 한 사람이 게시한 메시지에 동시에 많은 사람들이 접근하는 것도 가능하기 때문입니다. SNS가 가지는 힘, 그리고 최근 언론에서 문제가 되는 부작용은 주로 이 엄청난 전파성 때문에 발생한다고 해도 과언이 아닙니다. 교육매체로서 SNS가 활용될 때 가장 기대되어야 할, 동시에 가장 주의해야 할 부분이 바로 예상을 뛰어넘는 전파성의 문제입니다.

SNS의 또 다른 특징은 '누적성'입니다. 디지털 기록은 닳아 없어지지 않고, 쌓아둘 공간이 부족해서 문제가 되는 경우도 별로 없습니다. 따라서 SNS를 통한 소통은 필요하다면 얼마든지 누적되고 원본 그대로 복제되고 공유되고 또 재생산될 수 있습니다. 디지털 백과사전 위키피디아는 SNS의 누적성이 얼마나 큰 힘을 발휘할 수 있는지 보여줍니다. 백과사전은 수많은 전문가들이 많은 시간을 들여 개발한다고 알려져 있었으나 위키피디아는 이러한 상식을 뒤엎고 누구나 접근해서 자신이 원하는 주제어를 설정하고 이에 대해 자신이 아는 바를 덧붙이도록 했습니다. 여기에 다른 사람들이 다시 내용을 추가하고, 수정하는 작업들이 누적되면서 위키피디아는 짧은 시간 내에 세계 최대의 백과사전, 그것도 쉴 새 없이 살아 움직이면서 업데이트되는 백과사전으로 자리 잡았습니다. 누적성에 있어서는 단순히 정보의 누적에 그치지 않고 네트워크 자체도 누적됩니다. 즉, 오프라인상에서 아는 사람들 간의 소통매체로 시작된 SNS는 아는 사람의 아는 사람, 전파된 메시지를 우연히 보고 연결된 사람, 물리적 소통의 한계로 과거에 관계가 끊겼던 사람과의 연결매체로 진화하면서 네트워크를 누적시켜나갑니다. 네트워크의 누적으로 한때 우리나라에서 유명했던 '아이 러브 스쿨'이라는 사이트가 있었지만 이보다 더 개별화되고 집적화된 방식으로 전 세계적 네트워크 구성의 혁명을 불러일으킨 SNS가 '졸업앨범'이라는 뜻을 가지고 있는 '페이스북'입니다. 디지털 미디어의 특성상 누적성의 한계가 없다는 점은 SNS이 활용가능성이 무한하다는 사실을 잘 보여주고 있습니다.

이러한 SNS의 특성들은 '연계성'의 확대로 이어집니다. 이른바 '뉴미디어'의 특징인 미디어 간의 포괄적 연결을 의미하는 '컨버전스'(Convergence)의 차원에서 SNS는 새로운 차원을 열어가고 있습니다. 예를 들어 어떤 사람이 식당에 가서 맛있는 돼지국밥을 먹고 싶어한다고 가정해보겠습니다. 이 사람은 맛집을 전문적으로 다루는 블로그를 찾아서 주변의 맛집이나 메뉴 등을 체크해볼 수도 있고 트위터를 통해 지인들에게 괜찮은 돼지 국밥집을 추천해달라고 요청할 수도 있습니다. 식당까지 가는 길은 카카오

톡을 통해 실시간으로 묻거나 지인으로부터 전송받은 지도 파일을 보고 갈 수 있고, 전달받은 가게 이름 등을 검색해 스마트폰의 GPS 네비게이션 기능을 활용할 수도 있습니다. 주문한 돼지국밥이 나오면 사진을 찍어 자신의 페이스북에 게시합니다. 틀림없이 몇 분 내로 맛있게 보인다든지 감상을 더욱 자세히 적어달라든가 하는 등의 피드백이 오게 되어 있고, 이에 답하면서 식사를 하는 것도 드물지 않은 일입니다. 식사 중에 좋은 음악이 나오면 스마트폰으로 녹음해서 트위터에 올립니다. 친구들이 곧바로 곡명과 가수를 알려주기도 하고 아예 곡명을 확인해주는 프로그램도 있습니다. 나중에 친구들과 함께 올 때를 대비해서 가게의 메뉴판을 촬영해 에버노트(Evernote)로 저장해두면 언제라도 메뉴의 종류와 가격을 확인할 수 있으며 이 내용을 친구들과 공유하는 것도 가능합니다. 맛있는 점심을 한 뒤 가게 앞에서 찍은 사진은 인스타그램이나 페이스북에 게시하면 개인의 기록으로 남게 됩니다. 이와 같은 활동들은 더는 특이한 사례가 아닌, 젊은이들의 일상에서 흔하게 일어나고 있는 SNS를 통한 미디어 연계와 소통의 사례입니다.

이러한 SNS의 특성들은 정보의 전달과 확장을 용이하게 하고 집단지성을 통해 더 큰 가치를 창출해내는 긍정적 효과를 가져올 수도 있지만, 잘못된 정보를 퍼뜨림으로써 사이버 폭력으로 이어진다든가 사생활을 침해하는 등의 부정적 효과도 적지 않습니다. 따라서 SNS를 교육적 매체로 활용하기 위해서는 보다 체계적인 접근이 필요합니다.

02 ▾ SNS를 활용한 교육시스템

　　SNS를 활용한 새로운 교육 시스템은 크게 협동 학습을 촉진하는 소셜 러닝 시스템과 이동성을 강조하는 모바일 러닝 시스템, 그리고 이 시스템들을 기존의 교육시스템과 결합해 종합적으로 구축하는 교육지원 시스템로 나누어 설명할 수 있습니다.

　　'소셜 러닝 시스템'(Social Learning System, SLS)은 '소셜 러닝'의 효과를 체계화한 시스템을 말합니다. 소셜 러닝이란 소셜미디어를 활용해 사용자 간 상호작용을 통해 발생하는 학습(NIA, 2011)으로서 기존의 학습방식과 달리 개인의 능동성과 타인과의 관계 형성을 강조하며, 특히 블로그, SNS 등 소셜미디어를 학습플랫폼으로 활용해 '소셜'의 효과가 학습으로 연결될 수 있도록 설계한 것을 말합니다. 학습자의 소셜 네트워킹(Social Networking)을 통한 학습은 교사와 학습자 간, 학습자와 학습자 간의 상호작용은 물론 네트워킹에 연결된 인맥들의 멘토링을 통해 학습자가 다양한 학습을 할 수 있는 환경을 제공해 줍니다. 또한 소셜 러닝은 지식을 소비하면서 생산해내고, 정보매체를 이용해 자기를 표현하는 '디지털 네이티브'라 불리는 현대 학습자들에게 알맞은 학습 방법입니다. 또한 소셜 러닝은 구성원들 간의 소통을 활성화함으로써 교실 공동체 형성에 도움을 줄 수 있습니다. 온라인에서 형성된 소통은 오프라인으로 확장되어 친밀한 관계를 맺도록 도와 공고한 공동체를 형성하기도 합니다. 또한 학습자들의 인지적 요인을 고려한 개별화 학습도 가능합니다. 학습자들은 성격, 취향, 능력, 성별 등에 따라 다양한 요구를 지니고 있습니다. 소셜 러닝 시스템에서는 자신의 학습에 대한 통제와 경영을 할 수 있는 개인 학습 환경을 제공해, 학습자가 스스로 목표를 설정하고 학습과정과 내용을 경영하는 과정으로 학습목표를 달성하게 해줍니다. 더불어 소셜 러닝은 다양한 사회적 상호작용으로 보다 의미 있는 학습을 가능하게 하며, 여러 참여자들이 새로운 지식을 습득하고 구성해 나가기 위해 서로 협력하는 계기를 제공합니다.

'모바일 러닝 시스템'(Mobile Learning System, MLS)에서 모바일 러닝은 e-러닝의 한 형태로, 장소와 이동에 제약을 받지 않는 PDA, 모바일 폰 등과 같은 모바일 디바이스에 의해 이루어지는 학습을 말합니다. 즉, e-러닝이 웹을 기반으로 시간과 공간의 제약 없이 다양한 자원과 상호작용을 통해 이루어지는 학습이라면, 모바일 러닝은 모바일 인터넷 환경에서 휴대성의 장점을 활용해 시간과 공간의 제약 없이 다양한 자원과 상호작용으로 이루어지는 학습입니다. 모바일 러닝 시스템은 학습자 개개인의 특성이나 요구, 학습계열이나 속도 등에 적합한 학습을 돕습니다. 또한 학습자들의 개인차에 부응하는 수준별, 맞춤형 학습이 가능해지며 언제 어디서든지, 실시간-비실시간으로 즉각적인 상호작용 및 협력활동이 가능합니다.

앞서 언급한 두 시스템이 기존의 매체나 플랫폼을 활용한 교육이라면 교육 자체를 목적으로 만들어진 전용 플랫폼인 '교육지원 시스템'(Learning Support System, LSS)을 활용한 교육은 그 효과를 극대화할 수 있습니다. 현재 대학에서 일반적으로 사용되고 있는 교육 지원 시스템은 LMS(Learning Management System)입니다. LMS는 컴퓨터 온라인을 통해 학생들의 성적과 진도는 물론 출석과 결석 등 학사 전반에 걸친 사항들을 관리해주는 시스템입니다. 학습 콘텐츠의 개발과 전달·평가·관리에 이르기까지 교수학습의 전반적 과정을 통합적으로 운영·관리할 수 있는 시스템으로, 학습관리 시스템 또는 학사관리 운영플랫폼이라고도합니다. 이러한 기존의 LMS 시스템에 소셜 러닝과 모바일 러닝의 여러 시스템들을 결합해 종합적으로 구성한 것이 학습지원 시스템입니다. 가장 효과적인 온라인 교육 방식이긴 하지만 통상 교육전문 기업이나 소프트웨어 업체에서 유료로 구축해 제공하기 때문에 이미 학교에 시스템이 구축되어 있는 상황이 아니라면 교사 개인이 활용하기는 어렵다는 한계가 있습니다. 뒤에 설명드릴 두 사례 가운데 블렌디드 온라인 토론 수업은 밴드나 게시판 등 기존 매체를 활용한 소셜 러닝 시스템에 가깝다면, 플립드 러닝 수업은 대학의 LMS 시스템을 활용한 LSS 교육의 형태입니다.

2. 블렌디드 러닝의 개념

　　블렌디드 러닝(blended learning)은 각각의 교육 대상자들에게 가장 이상적인 훈련 프로그램을 제공하기 위해 상이한 훈련 '미디어'(테크놀로지, 활동, 이벤트 형태)를 혼합하는 것입니다. '블렌드'라는 말 자체가 '섞다'라는 의미인데 기존 오프라인 강의 위주의 수업에 온라인 매체를 섞어서 구성한 수업이라고 이해하면 되겠습니다. 온라인 매체의 활용을 통해 교사와 학생, 학생 상호 간의 접근성이 확대되므로 서로 즉각적인 피드백을 할 수 있고 이를 통해 개별화된 맞춤 학습, 흥미로운 수업이 가능해집니다.

　　이를 위해 교사는 온라인과 오프라인에서 학습이 이루어질 수 있는 환경을 구축하고, 학습 환경에 친숙해야 합니다. 뿐만 아니라 온라인과 오프라인에서 수업이 진행될 때 철저한 수업 계획이 세워져 있어야 하며, 학생들을 수업에 참여할 수 있게 노력을 기울여야 합니다. 특히 온라인에서는 학생들의 참여가 소홀할 수 있기 때문에 더욱 주의해야 하며 학생들의 참여를 높일 수 있는 다양한 방안을 마련해야 합니다.

　　김희수 외(2007)는 블렌디드 러닝의 효과를 다음과 같이 일곱 가지로 제시했습니다.

① 학습자 중심 학습이 가능하다.
② 협동학습이 가능하다.
③ 전 세계의 인터넷 학습자원을 활용할 수 있다.
④ 멀티미디어를 통한 경험학습이 가능하다.
⑤ 실제 과제를 활용한 수업을 통해서 현장 적용 가능성이 높은 지식 창출의 학습을 할 수 있다.
⑥ 원격 학생 및 비전통적인 학생을 위한 교육이 가능하다.
⑦ 다양한 학습자의 특성에 맞는 수업이 가능하다.

하지만 블렌디드 러닝에 마냥 좋은 점만 있는 것은 아닙니다. 일단 교사의 입장에서 블렌디드 러닝을 시도하는 것은 상당히 부담스러운 일입니다. 기술적으로 SNS에 익숙하지 않은 교사들도 있고, 기술적인 지식은 갖고 있더라도 평소에 SNS를 잘 사용하지 않는다면 수업의 진행에 어려움을 겪기 쉬울 것입니다. 게다가 개인적으로 SNS를 사용하는 것과 이것을 교수학습 모형에 포함시켜 활용하는 것은 매우 다른 문제입니다. 확립된 교수학습모형이나 선행하는 사례가 적은 상황에서 시행착오를 겪으며 새로운 방법을 시도하는 과정에는 적지 않은 어려움이 있을 것입니다. 학생들의 입장에서도 매우 개인적인 용도로, 혹은 익명으로 사용해오던 SNS에서 형식을 갖춘 교육활동에 참여하는 것은 어색한 일일 수 있습니다. 또한 컴퓨터나 스마트폰 중독이라는 부작용도 무시할 수 없고, 중독의 수준에 이르지는 않더라도 인터넷에 접속한 상태에서 교육활동 이외의 다양한 오락이나 웹서핑 등의 유혹을 떨치는 것도 쉽지 않은 일일 것입니다.

그럼에도 불구하고 온라인 매체를 활용한 교육에는 많은 가능성이 있습니다. 실제 수업의 사례를 통해 그 가능성을 살펴보도록 하겠습니다.

3. 블렌디드 러닝의 실제[10)]

　　중학교 1학년 학생들을 대상으로 시사토론 동아리를 여러 해
동안 운영해 오던 최윤주 선생님은 학교 사정으로 동아리 활동 시간이
크게 줄어들게 되자 고민에 빠졌습니다. 토론 수업의 특성상 학생들이
서로 대화를 나누는 상호작용의 과정이 중요한데 여기에 필요한
최소한의 시간을 확보하기 어려워진 것입니다. 그래서 온라인으로
토론을 진행하고 이를 오프라인 토론 수업시간에 정리하는 방식의
블렌디드 토론학습을 시도해보기로 했습니다. 블렌디드 토론학습은
어떠한 특정 문제에 직면해 구성원이 서로 의견을 교환하고 검토하는
과정을 통해 문제 해결을 꾀하는 학습형태입니다. 이는 온라인의
장점과 오프라인의 장점을 살린 것입니다. 토론 과정에서 다른 사람과
생각을 공유하고, 시간이 지난 후에도 다시 돌이켜서 생각해볼 수
있도록 해줍니다. 학생들은 발언시간에 제약을 받지 않고 동시에
다수가 토론할 수 있기 때문에 참여도가 높으며 자신의 사회적 특성
즉 외모, 성별, 인종, 신분, 언행 등에 의해 영향을 받지 않고 토론을
할 수 있고, 면대면 토론에 소극적이었던 학습자도 적극적인 자세를
가지게 된다는 장점이 있습니다(김신자 외, 1999).

---

10) 이 수업은 영도중학교 최윤주 선생님의 사례입니다.

이를 위해 만들어진 수업의 절차는 다음과 같습니다.

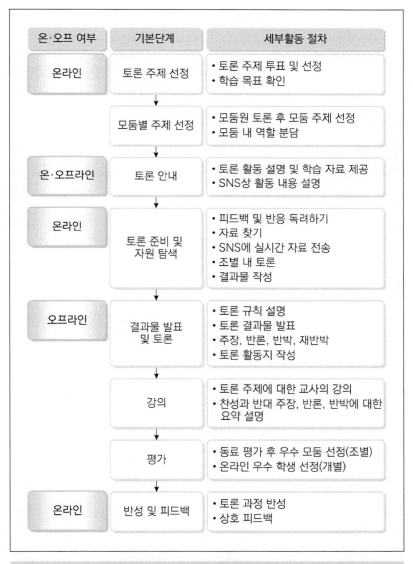

온·오프 여부	기본단계	세부활동 절차
온라인	토론 주제 선정	• 토론 주제 투표 및 선정 • 학습 목표 확인
	모둠별 주제 선정	• 모둠원 토론 후 모둠 주제 선정 • 모둠 내 역할 분담
온·오프라인	토론 안내	• 토론 활동 설명 및 학습 자료 제공 • SNS상 활동 내용 설명
온라인	토론 준비 및 자원 탐색	• 피드백 및 반응 독려하기 • 자료 찾기 • SNS에 실시간 자료 전송 • 조별 내 토론 • 결과물 작성
오프라인	결과물 발표 및 토론	• 토론 규칙 설명 • 토론 결과물 발표 • 주장, 반론, 반박, 재반박 • 토론 활동지 작성
	강의	• 토론 주제에 대한 교사의 강의 • 찬성과 반대 주장, 반론, 반박에 대한 요약 설명
	평가	• 동료 평가 후 우수 모둠 선정(조별) • 온라인 우수 학생 선정(개별)
온라인	반성 및 피드백	• 토론 과정 반성 • 상호 피드백

SNS를 활용한 사회과 블렌디드 러닝 모델

이 단계를 실제 수업 상황을 바탕으로 하나씩 살펴보겠습니다.

① 토론 주제 선정

학습자들의 배경지식, 학습 수준, 흥미, 적성 등을 고려해 예비 주제를 교사가 미리 준비하고 학생들에게 온라인 밴드상에서 투표를 통해 주제를 선정하도록 했습니다. 시사토론 동아리 학생들이 중학교 1학년임을 감안해서 배경 지식이 적더라도 토론이 가능한 주제들을 중심으로 선정했습니다. 학생들이 직접 투표를 통해 선정한 주제이기에 교사가 일방적으로 토론 주제를 제시했을 때보다 관심이 증대됨을 알 수 있었습니다. 투표를 통해서 정해진 주제를 학생들에게 공지한 후, 각 조별로 어떤 주제에 관심이 있는지 생각해보도록 했습니다.

② 모둠 조직 및 모둠별 주제 선정

시사토론 동아리 학생들은 총 30명이었으며 4~5명 단위로 7모둠이 조직되었고 조장도 정했습니다. 여러 학급에서 모인 학생들이라 서로 모르는 경우도 많았는데 온라인 토론이 원활하게 이루어지려면 아무래도 편하게 이야기를 나눌 수 있는 조원들이 좋을 듯해, 무작위로 모둠을 만들지 않고 학생들이 자유롭게 조를 구성하되 나중에 미처 조에 들어가지 못한 학생들만 교사가 소속 모둠을 정해주는 방식을 택했습니다. 각 조별로 투표로 선정한 주제의 찬성과 반대 입장을 택해 주제를 정하도록 했습니다. 토론 주제의 성격이나 특성을 확인하고, 흥미로운 주제를 자유롭게 선정하도록 했습니다. 단, 찬성과 반대 입장의 모둠이 두 모둠 이상을 넘지 않도록 하기 위해 선택한 주제를 조장이 밴드에 게시하면 교사가 찬성과 반대의 비중을 적절히 조정했습니다.

③ 토론 안내

학생들이 선정한 주제와 관련된 영상 자료를 보여주며, 학생들의 동기를 유발했습니다. 그리고 토론을 위해 필요한 배경 지식과 기본적인 용어 설명으로 학생들의 이해력을 높였습니다. 그리고 학생들에게 필요한 토론 자료를 제공하고, 조별로 SNS에서 행해져야 할 활동·규칙 등을 설명했습니다. 또한 다음 시간에 이루어질 결과물 발표 시간에 우수 모둠 및 우수 학생 선정에 관한 안내를 하고 관련 내용은 SNS에도 공지해 학생들이 숙지하게 했습니다. 교사는 학습자들이 주제를 선정한 후의 온라인 활동 단계뿐만 아니라 오프라인에서도 토론에 대해 안내하고 조력자의 역할을 계속해야 했습니다. 온라인과 오프라인의 활동을 모두 관리하기 때문에 교사의 부담이 적지 않았습니다. 그렇기 때문에 교사는 조원들 개개인에게까지 의사가 전달될 수 있도록 소통 도우미로서의 역할을 조장들에게 부여했습니다.

④ 토론 준비 및 자원 탐색

학생들은 조별로 토론 결과물을 만들고 자료를 수집해 SNS에 게시했습니다. 그리고 게시된 자료를 통해서 밴드에서 소규모 토론이 이루어지기도 했습니다. 자료 수집과 분석이 끝나면 각 조별로 토론 결과물을 만들어서 SNS에 업로드하고, 결과물 자료를 공유했습니다. 게시된 자료에 대해서는 자신의 생각을 댓글로 덧붙이거나 좋아요 등의 반응을 할 수 있습니다. 토론을 준비하고 자원을 탐색하는 과정에서 모둠의 일부 학생만 자료를 올리거나, 모둠의 의견을 대표로 게시하는 경우가 있었습니다. 하지만 개별 보상 제도를 시행한다고 알리자, 시행 이전에 비해서 다양한 자료와 함께 게시글이 많이 올라왔습니다. 평가의 규칙을 변경하자 토론 준비 및 자원탐색 단계에서 학생들의 태도가 적극적으로 변하고, 밴드에서의 활동도 이전에 비해 많아졌습니다.

⑤ 결과물 발표 및 토론

여기서부터는 오프라인 수업 단계입니다. 교사는 토론이 이루어지기 전 학생들에게 유의사항과 규칙을 설명했습니다. 그리고 밴드에 올린 토론 결과물을 조별로 발표하면서 근거를 들어 주장하도록 했습니다. 발표하는 동안 학생들은 토론 활동지를 작성하고, 동료 평가를 위한 평가지에 평가합니다. 다른 조의 주장 발표를 들으면서 반론과 반박을 위한 의견을 교환하고, 발표가 끝난 후 반론, 반박, 재반박을 하며 토론을 했습니다. 학생들은 결과물을 발표하는 시간보다 토론 시간이 확대되는 것을 좋아했습니다. 그래서 결과물 발표 시간은 모둠별로 5분을 넘기지 않도록, 주장과 근거가 명확히 드러나면서도 간결하게 발표할 수 있도록 했습니다.

⑥ 강의

교사의 강의가 토론 전에 이루어질 경우 학생들에게 교사의 견해가 각인될 우려가 있습니다. 찬성과 반대의 의견이 오고가는 자유로운 토론 수업이 이루어져야 하므로, 수업 전에는 중립적인 진행자의 태도를 유지하도록 강의 순서를 토론 이후로 미루었습니다.

⑦ 평가

토론과 강의가 끝난 후 학생들은 동료 평가지에 작성된 점수를 바탕으로 1인 1개의 스티커를 받아 칠판에 부착된 조별 판정표에 부착합니다. 이때 평가 역시 스마트폰을 활용할 수 있습니다. 밴드에서 투표하기 항목을 이용한다면 학생들의 투표가 끝나는 즉시 결과를 확인할 수도 있습니다. 투표가 끝나면 우수 모둠에 대한 시상을 하고 온라인에서 활동이 우수한 학생을 시상했습니다. 이 수업 모형의 진행 초기에는 상호 작용이 부족해보여서 모둠 보상뿐만 아니라 개별 보상을 제시해 보았습니다. 그러자 조장이 대표로 게시글을 올리던 것과는 달리, 모둠의 조원들이 글을 적기 시작했으며 친구들의 글에도 반응을 보였습니다. 뿐만 아니라 기존에 개별로 글을 올리며 참여하던 학생들의 반응도 더욱 활발하게 나타났습니다. 그리고 학생들에게 보상의 기준을 설정하는 여러 가지 제안들도 나왔습니다. 학생들에게도 이러한 수업방식은 낯설기 때문에, 교사는 학생들의 SNS 활동이 활발히 이루어질 수 있도록 독려하는 것이 중요했습니다. 개별 평가에 '좋아요' 반응, 댓글, 게시글에 대한 횟수를 점수 비중을 달리해 포함시키자, 학생들의 참여도가 이전에 비해서 증가했습니다.

⑧ 반성 및 피드백

오프라인 토론이 끝나면 교사는 활동을 마무리하고 온라인에서 반성과 피드백 활동이 있음을 안내합니다. 이후 학생들에게 온라인에서 개별적으로 혹은 조별로 잘한 점과 아쉬운 점을 자유롭게 이야기하도록 했습니다.

수업에 대한 학생들의 반응은 매우 긍정적이었습니다. 실시간으로 서로 소통할 수 있고 빠르게 피드백할 수 있다는 점에서 학생들은 평소보다 훨씬 더 많은 대화를 나누고 친해질 수 있었으며 그 과정에서 많은 자극을 받았다고 말했습니다. 또한 휴대폰, SNS와 인터넷을 교육적인 용도로 활용하는 법을 알게 되어 색다른 경험이었고 온라인상에서 글쓰는 태도를 돌아보게 되었다는 학생도 있었습니다. 토론 수업의 차원에서는 더 많은 정보와 신뢰도 있는 근거를 바탕으로 주장을 펼쳐야겠다는 생각에 많은 검색과 분석, 사고를 하게 되었고 그 과정에서 시사문제에 대한 흥미와 자신감을 갖게 되었다는 학생들이 많았습니다(최윤주, 곽한영, 2015:283 – 284).

4. 플립드 러닝의 개념과 수업 모형

01 ▼ 플립드 러닝의 개념과 효과

플립드 러닝은 블렌디드 러닝의 시도에서 한걸음 더 나아간 것이라고 할 수 있습니다. 미국 콜로라도 주의 고등학교 과학교 사였던 조나단 버그만(Jonathan Bergmann)과 애론 샘즈(Aaron Sams) 는 결석한 학생들에게 보충의 기회를 제공하기 위해 수업 내용과 이에 대한 코멘트를 온라인에 게시할 수 있는 소프트웨어를 구입 해 수업 내용들을 업로드하기 시작했습니다. 그런데 결석한 학생 들뿐 아니라 수업을 들은 학생들 또한 이 내용에 관심을 갖고 적 극적으로 자료를 활용하기 시작했습니다. 그들이 취한 방식은 오 프라인에서 수업을 한 후 온라인에서 보충하는 방식의 전형적인 블렌디드 러닝이라고 할 수 있는데, 이들은 여기에 의문을 가졌 습니다(Tucker, 2012:82). 그들의 온라인 수업을 학생들이 좋아한 이유는 개별적으로 보충학습을 할 수 있다는 점 때문이었습니다. 하지만 교사가 학생들에게 개별화된 상호작용을 통해 가장 도움을 줄 수 있는 방식은 온라인이 아니라 면대면으로 학생들과 만나는 오프라인 수업입니다. 반면 교사의 일방적인 강의는 굳이 상호작용이 필요하지 않으므로 오히려 교사의 수업을 온라인으로 옮기고 오프라인 수업시간에는 학생들과의 상호작용에 촛점을 맞추는 것이 타당하지 않은가라는 역발상을 제시했습니다. 온라인과 오프라인의 관계, 강의와 보충의 관계를 뒤집는 시도였기 때문에 이들은 이 수업에 '뒤집힌 수업'(Flipped Class)라는 이름을 붙였습니다(Bergmann et al, 2013).[11]

　　따라서 '뒤집힌'이라는 표현에는 다양한 해석이 가능합니다. 예습과 수업의 순서가 바뀌었고, 온라인과 오프라인의 역할이 바뀌었으며, 정규수업과 보충의 공간이 바뀐 것일 수도 있습니다. 또한 교사와 학생의 역할 변화에 주목하는 견해들도 있습니다. 이러한 해석의 차이에 따라 플립드 러닝의 형태도 상이하게 나타나고 있습니다. 플립드 러닝을 처음 주창한 버그만(Bergmann)과 샘즈(Sams)는 교사의 수업을 동영상으로 미리 녹화해 제공하고, 오프라인 수업시간에는 이를 보고 온 학생들이 의문점을 질문하거나 어려운 부분을 보충하는 형태를 제시했습니다. 하지만 수업 전체를 동영상으로 녹화해서 미리 올리는 데 부담을 느낀 교사들이 수업 관련 영화나 다큐멘터리, 참고자료들을 미리 올려놓는 것으로 대신하고 수업시간에는 학생들이 이에 관해 질문하거나, 교사가 핵심적인 내용을 가르치는 형태를 취하기도 합니다. 혹은

---

11) 플립드 러닝을 의미하는 표현은 다양합니다. 영어로는 플립드 클래스룸(Flipped Classroom), 인버티드 러닝(Inverted Learning), 플리핑 더 클래스(Flipping the Class) 등이 있으며 이를 번역한 우리말 용어로는 '거꾸로 교실', '뒤집힌 수업' 등이 있습니다. 이 글에서는 일반적으로 통용되는 영어 표현인 '플립드 러닝'을 사용했습니다.

교사와 학생의 역할뒤집기에 주목해 학생들이 스스로 공부하고 서로를 가르치는 것에 초점을 맞추기도 합니다. 예를 들어 이지연, 김영환, 김영배(2014)는 학생들이 미리 다큐멘터리 자료를 보고 오면 교사가 이해 수준을 확인하고 미니강의 등을 통해 이해를 돕는 방식으로 플립드 러닝을 진행했습니다. 또한 김백희, 김병홍(2014)은 미리 업로드한 시청각자료를 학생들이 보고 와서 수업시간에는 모둠원들이 돌아가며 토론하는 형태를 제시했습니다.

플립드 러닝이 처음 나타난 2007년 이후, 다양한 형태의 수업모형들이 제시되었지만 이들은 다음과 같은 공통점을 지니고 있었습니다.

첫째, 전통적 의미에서의 '강의'를 수업 전 단계로 전진배치합니다. 이는 발전된 교육 테크놀로지가 플립드 러닝의 태동에 가장 큰 영향을 준 부분으로, 교사가 강의를 통해 전달하던 내용을 학생들이 예습하고 오도록 하는 것입니다. 고전적인 '예습'에서 한걸음 더 나아가 학생들의 수준에 따른 개별화 학습을 가능하게 한다는 점에서 의미가 있습니다. 강의수업의 대표적인 문제점 중 하나는 학업성취가 높은 학생들은 지겨움을 느끼고 반대로 낮은 학생들은 수업을 따라가기 어려워하는 수준차이가 발생한다는 것입니다. 온라인에서 제공되는 교육자료들은 자신의 수준과 필요에 따라 빠르게, 천천히 혹은 반복적으로 학습이 가능하기 때문에 학생들이 지니고 있는 출발수준에서의 차이를 개별적으로 상쇄할 기회를 제공한다는 점에서 큰 의미가 있습니다.

둘째, 오프라인 수업에서의 상호작용을 중시합니다. 전통적인 강의가 온라인 공간으로 옮겨갔기 때문에 여유가 생긴 오프라

인 수업에서는 면대면 수업의 장점을 최대한 살려서 상호작용을
극대화하는 방식을 택하게 됩니다. 일차적으로는 교사와 학생 간
의 상호작용을 확대해 질의응답에 시간을 할애하는 방식도 가능
합니다. 더 나아가 학생 상호 간의 상호작용을 확대하는 차원에
서 토론, 협업, 프로젝트 수업 등이 활용되기도 합니다.

셋째, 학생의 자기주도적 학습을 핵심요소로 보며 교사의 역
할을 조언자, 보조자의 위치로 국한시킵니다. 플립드 러닝의 과정
을 전체적으로 기획하는 것은 교사이지만, 교사의 역할은 수업을
주도하는 시행자의 위치에서 보조자의 위치로 변화하게 됩니다.
교사는 필요한 자료와 조언을 제공하고 수업을 활성화(facilitate)하
는 가이드의 역할을 맡는 반면, 학생들은 이전의 수업형태와 달
리 스스로 학습의 양과 방식, 상호작용의 수준 등을 선택하고 적
극적으로 참여하는 학습주도자의 위치에 서게 됩니다.

넷째, 접근성의 차원에서 온라인 매체를 적극 활용합니다. 플
립드 러닝은 수업의 전반적인 과정에서 교육 테크놀로지, 특히
온라인 매체의 활용을 강조합니다. 수업 전 단계에서 교사의 강
의나 영화, 다큐멘터리 등의 활용은 물론 수업 과정에서 학생들
이 스스로 토론의 근거나 프로젝트 자료들을 찾아낼 수 있도록
스마트기기들을 활용할 필요성이 있습니다. 수업 후 단계의 피드
백에서도 교사가 제때에 적절한 피드백을 학생 개개인에게 제공
하려면 온라인 매체의 사용은 필수적입니다. 포괄적으로 보자면
이는 학생과 교사의 접근성, 학생의 교육자료에 대한 접근성을
확장하기 위한 노력이라고 할 수 있습니다. 따라서 플립드 러닝
이 원활하게 진행되기 위해서는 스마트 기기와 온라인 접근 인프

라의 확보가 전제되어야하고, 더 나아가 교사가 포괄적으로 교육과정을 관리할 수 있는 LMS(Learning Management System) 구축이 필요합니다.

이와 같은 특성을 지니는 플립드 러닝의 일반 모형은 기존의 수업과 비교해 다음과 같이 제시될 수 있습니다(이지연 외, 2014:168).

▌ 기존 수업과 플립드 러닝 적용 수업구조 및 활동내용 비교

구분	기존 수업	플립드러닝 적용 수업
수업 전	• 학습자에게 읽어야 할 과제 배정 • 교수자는 강의를 준비	• 학습자는 제공된 모듈에 따라 학습을 하고, 내용 관련 질문은 기록해 둠 • 교수자는 여러가지 학습내용을 준비
수업 도입	• 교수자는 무엇이 도움이 될 것인지에 대한 일반적인 가정을 함 • 학습자들은 기대학습에 대한 제한된 정보를 가짐	• 학습자들은(교수자에게) 그들 학습을 안내해 줄 특별한 질문을 함 • 교수자는 학생들이 가장 도움을 필요로 하는 곳을 예상할 수 있음
수업 중	• 교수자는 모든 학습자료를 사용하려고 노력함 • 학습자들은 수업을 따라가려고 함	• 교수자는 피드백과 소규모 강의를 통해 학습자들의 과정을 안내함 • 학습자들은 배워야 할 기능을 실습함
수업 후	• 학습자들은 보통 지연된 피드백을 받으며 숙제를 하려고 함 • 교수자는 지난 과제에 대해 평가함	• 학습자들은 교수자의 명확한 설명과 피드백에 따라 그들의 지식과 기술을 계속 활용함 • 교수자는 필요하다면 어떠한 것이라도 추가적인 설명과 리소스를 게시하고 질 높은 작업에 대해 점수를 부여함

구분	기존 수업	플립드러닝 적용 수업
일과 시간 중	• 학습자들은 공부한 내용에 대한 확인을 원함 • 교수자는 종종 수업시간에 있었던 일을 반복함	• 학생들은 그들이 필요로 하는 것이 어디에 있는지 도움을 구하기 위한 능력을 갖춤 • 교수자는 학생들이 더 깊은 이해를 하도록 지속적으로 안내함

02 　플립드 러닝의 효과와 한계

플립드 러닝은 학생들이 학습과정에서 주도적 역할을 하는 액티브 러닝(Active Learning)의 일종입니다. 액티브 러닝은 많은 경험적 연구들을 통해 학생들의 학업성취를 높이는 효과가 있음이 입증되어 왔습니다(Hake, 1998; Knight & Wood, 2005; Michael, 2006; Freeman et al., 2007; Chaplin, 2009). 또한 학생들의 참여수준을 높이고 비판적 사고력을 신장시키며 학업태도를 향상시키는 데 효과가 있다는 연구결과도 있습니다(O' Dowd & Aguilar—Roca, 2009). 그리고 본 수업 전에 학습자료를 전달받고 예습할 기회가 있을 경우 학생들이 보다 쉽게 수업시간에 배우는 새로운 내용들을 받아들이고 학업성취를 높일 수 있다는 연구도 있습니다(Musallam, 2010).

이와 같은 연구들은 플립드 러닝의 특성을 바탕으로 예상되는 간접적인 효과를 보여줍니다. 더욱 직접적인 차원에서 플립드 러닝의 효과를 증명한 것으로는 펄튼(Fulton, 2012)의 연구가 대표

적입니다. 미네소타 바이런(Byron) 고등학교의 수학 수업을 대상
으로 플립드 러닝을 적용한 결과, 강의식 수업을 받은 학생들에
비해 수학 과목에서는 평균 9.8%, 미적분학에서는 평균 6.1% 더
높은 학업성취도를 나타냈습니다. 대외 시험에서 이런 성과는 더
욱 극적으로 나타났습니다. 2008년에서 2012년에 걸쳐 플립드 러
닝을 적용해 장기간 종단 연구를 실시한 결과, 학생들의 학업 성
취도는 전반적으로 크게 향상된 것으로 나타났습니다. 플립드 러
닝을 실시하기 전인 2006년, 이 고등학교의 학업성취도에 있어
미네소타 주에서 매년 실시하는 성취도 평가를 통과한 학생은 전
체의 29.9% 뿐이었고 총점 평균도 21.2점에 불과했습니다. 하지
만 플립드 러닝 수업을 시작한 이후 학생들의 성취도는 크게 높
아져 2008년부터 꾸준히 주 전체 평균을 상회하는 높은 성과를
거두었으며 총점 평균도 24.5점까지 향상되었습니다.

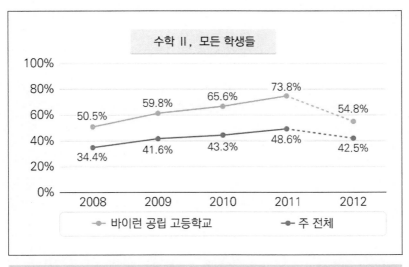

바이런 고교와 주 전체 성취도 비교(Hamdan et al, 2013:7)

그린(Green, 2012)의 연구에서는 수학뿐 아니라 다양한 과목들에서 이와같은 효과가 확인되었습니다. 저소득층 자녀들로 구성된 미시건주 디트로이트시의 클린턴데일(Clintondale) 고등학교 9학년들에게 플립드 러닝 수업을 적용한 결과 수학, 읽기, 과학, 사회, 쓰기 등 모든 과목에서 학업성취도가 향상되었으며 낙제생 비율도 33%나 감소했습니다.

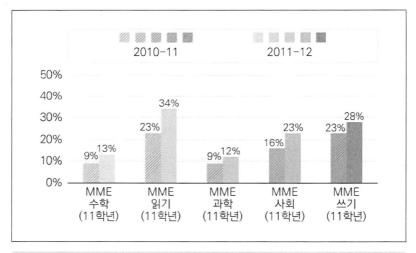

플립드 러닝 적용 후 과목별 성적변화(Hamdan et al, 2013:8)

플립드 러닝의 효과는 대학 강의에서도 확인되고 있습니다. 파파도풀로스와 로만(Papadopoulos & Roman, 2010)은 대학의 전자공학 수업에 플립드 러닝을 적용해 학생들이 미리 온라인에서 강의 동영상을 보고 수업에 들어와, 수업 시간 중에는 문제풀이를 하도록 했습니다. 그 결과 학생들은 더 많은 내용들을 더 깊게 공부할 수 있었으며 3/4의 학생들이 수업 중 동료 간의 협력이 효과적으로 이루어졌다고 응답했습니다. 시험 성적도 전통적인 강의 수업을 받은 학생들보다 높게 나타났습니다.

딘 데이비스와 볼(Davis, Dean & Ball, 2013)은 수업의 형태를 좀 더 세분해 전통적 강의, 시뮬레이션, 플립드 러닝의 효과를 비교했습니다. 컴퓨터 프로그램의 일종인 스프레드 시트를 가르치는 이 수업에서 플립드 러닝 기반 수업이 효율성과 확장성, 학습자의 학업성취 차원에서 유의미한 차이를 보이는 것으로 나타났습니다.

그러나 플립드 러닝이 이렇게 각광을 받으며 다양한 시도가 이루어지고 있음에도 불구하고 현재까지 개발된 모형들은 여러 측면에서 개선의 여지를 남기고 있습니다.

먼저 수업 전 단계에서는 오프라인 강의를 대체하려는 목적으로 제공되는 동영상 강의의 한계가 있습니다. 앞서 제시한 바와 같이 사전 동영상 강의는 학생들의 수준에 맞춘 개별화 학습을 제공하려는 목적을 지니고 있습니다. 하지만 많은 수업에서 활용하고 있는 기존의 다큐멘터리나 영화 자료 등이 이러한 목적에 미흡하다는 문제가 있습니다. 수업의 동기를 유발하고 관점을 제공하는 측면은 있겠지만 오프라인 수업을 대체하기 위해서는 보다 포괄적인 차원에서 수업목적을 달성할 수 있는 동영상 강의 자료가 필요합니다. 적어도 교사가 직접 강의하거나 제시한 내용들을 포함해야 합니다. 하지만 40~50분에 이르는 교사의 강의를 그대로 녹화해 제공할 경우 학생들은 시간 내내 들여다보아야 하고 이 과정에서 여전히 수동적인 수용자의 위치에 놓인다는 한계가 있습니다. 차라리 이런 방식보다는 동영상을 비롯한 각종 수업자료 및 참고자료의 소스들을 미리 제공하거나 접근방법을 알려주고 학생들의 수준과 필요에 따라 미리 학습해오도록 구체적인 가이드를 제공하는 방식이 개별화된 사전수업이라는 목표에 부합할 것으로 보입니다.

오프라인 수업 단계에서도 상호작용의 수준에서 한계가 드러납니다. 현재 플립드 러닝에서 가장 활발하게 사용되는 상호작용의 방식은 학생들이 동영상을 보면서 모르거나 궁금했던 점을 교사에게 질문하고, 교사는 학생들의 학습 수준을 확인하기 위해 퀴즈나 확인학습을 시행하는 수준입니다. 조금 더 나아가면 이미 학생들이 습득한 지식을 바탕으로 신문만들기나 역할놀이 등을 통해 지식을 적용, 활용하는 경험을 제공하는 것입니다. 하지만 이런 활동들은 기존 수업의 목표였던 '지식의 전달'이라는 차원에서 크게 벗어나지 않는 것입니다. 학습자에게 책임감과 주도성을 부과하고 지금까지 수동적이었던 모습을 능동적으로 변화시켜, 더욱 고차원적인 인지활동이 일어나도록 하는 것이 플립드 러닝의 목적이라면(Brame, 2013) 여기서 한걸음 더 나아간 토론과 토의, 의견제시와 숙고를 통해 사고의 과정을 경험하도록 할 필요가 있습니다.

가장 큰 문제는 수업 후 단계에 대한 고려가 상대적으로 매우 부족하다는 것입니다. 온라인 매체를 활용한 수업의 가장 큰 장점이 개별화 학습이라는 점을 감안하면, 수업 후 단계의 피드백은 오프라인 수업에서 확인된 학생들의 이해수준 차이나 오개념들을 바로잡고 문제의식을 더욱 심화시킬 계기를 제공하는 차원에서 가장 강조되어야 할 부분입니다. 하지만 지금까지의 플립드 러닝은 수업 전 단계와 수업 단계의 역할을 역전시키는 것에 집중한 나머지, 수업 후 단계에 충분한 주의를 기울이지 않는 문제가 있었습니다.

　특히 법교육에 플립드 러닝을 적용할 경우 이런 한계들이 더 도드라질 가능성이 있습니다. 상대적으로 내용이 방대하고 어려운 법 영역의 학습에서 사전 동영상 강의는 학생들의 학습욕구를 자극하는 것이 아니라 일방적인 내용의 전달이 될 수 있습니다. 오프라인 수업은 학생들 간, 교사－학생 간의 상호작용 대신 암기테스트, 문제풀이가 될 가능성이 높아 오히려 학생들의 수동성을 강화시킬 우려가 있는 것입니다. 반대로 상호작용에만 너무 방점을 찍다보면 정작 필요한 내용을 충분히 전달할 수 없다는 딜레마에 빠지게 됩니다.

5. 플립드 러닝의 실제
- 대학에서의 법교육

01 ▾
플립드 러닝 모델의 수정

    대학에서의 법교육은 이러한 문제가 더욱 크게 부각됩니다. 예를 들어 필자가 플립드 러닝의 대상과목으로 선정한 '헌법'의 경우, 수강생 중 대부분이 대학에서 법 관련 강좌를 처음 듣는 상황이었으며 초중고 단계에서도 법 관련 내용을 제대로 접하지 못한 학생들이었습니다. 하지만 이 학생들에게 헌법 수업의 한 학기 분량으로는 헌법의 개념과 특성, 헌정사, 헌법의 기본구조, 조문별 주요내용과 쟁점, 헌법재판 등 생소하고 어려우면서도 많은 학습량을 15주, 시험기간을 제외하면 12~13주 내에 모두 전달해야 합니다. 따라서 학생들이 예습 차원에서 미리 보고 오는 동영상만으로 이런 내용들이 충분히 전달되고 이해될 것이라는 기대는 매우 무리한 일입니다.

    따라서 이 수업에서는 학생들이 내용을 충실하게 이해하도록 하는 동시에 학생수준에 맞춘 선행학습, 학생들의 자율적 학습 유도라는 플립드 러닝 본연의 장점을 최대한 살릴 수 있도록 기본 모델을 변형한 새로운 교육모델 개발을 시도했습니다. 이를 위해 '플립드'의 개념을 더욱 확장했습니다. 즉, 플립드 러닝의 기본 모델에서 '플립'(뒤집기)이란 '선행학습－본시학습'의 순서를 뒤집는 것을 의미했으나, 새로운 모델에서는 여기서 한걸음 더 나아가 '교사－학생'의 역할을 뒤집었습니다.

플립드 러닝의 기본 모델에서 선행학습의 동영상이나 자료들의 준비는 교사의 역할이었습니다. 또한 전통적 강의수업보다 소극적이긴 하나 교사는 본시 수업에서도 여전히 질의응답, 토론 유도 및 종합 정리 등 수업 전체를 이끌어가는 진행자 역할을 하게 됩니다. 그리고 후행 보충학습은 학생들의 몫으로 남겨지게 됩니다. 이와 같은 수업모델은 수업의 내용이 선행 동영상만으로 충분히 이해될 수 있고, 이를 바탕으로 학생들 간의 수준차이를 상쇄해 균일한 학업성취를 보장하는 한편, 상호작용을 통한 관점의 확장이 오프라인 수업의 주된 목적일 경우 효과적인 방법입니다.

개선된 모델에서는 선행학습의 기초자료나 소스는 교수가 제공하되, 이를 바탕으로 한 실질적 학습자료의 구성은 학생들에게 맡겼습니다. 또한 학생들은 이 자료들을 가지고 직접 오프라인 수업을 진행하며 상호 간에 질의응답 및 토론도 했습니다. 교수는 선행·본시 학습의 단계까지는 소극적 조언자의 역할에 머무르며 학생들의 상호작용을 관찰했습니다. 이후 피드백 단계에서 동영상 강의를 통해 수업에서 다루어진 내용들을 강의하고, 본시학습의 토론 단계에서 확인된 학생들의 오개념이나 의문들에 답하는 방식으로 적극적으로 개입했습니다.

수업 단계		수업 전 (온라인)	본시 수업 (오프라인)	수업 후 (온라인)
기본 모델	교사	• 동영상 강의 • 영화, 다큐 자료	• 질의응답 • 미니강의	• 형성평가 • 추가수업 자료제공
	학생	• 강의 시청 • 예습	• 교사에게 질의 • 학생 상호 간 토론	• 자율학습
개선 모델	교사	• 학습기초자료, 소스 제공	• 수업진행 보조 • 관찰 및 기록	• 동영상 강의 • 피드백
	학생	• 학생 스스로 학습자료 구성 • 제공된 자료 예습	• 자율적 수업 진행 • 학생 상호 간 질의응답 및 토론	• 추가 질의응답 • 강의 시청

플립드 러닝 기본 모델과 개선 모델의 비교

예시를 통해 이를 보다 구체적으로 설명하면 다음과 같습니다. 먼저 수강생 전체를 몇 개의 모둠으로 구성해 모둠별로 발표할 주제들을 배정합니다. '헌법의 역사'에 관한 수업일 경우 교수가 사전에 실라버스(Syllabus)를 통해 어떤 책이나 자료, 사이트 등을 참고하면 좋을지 가이드를 제시합니다. 이 주제를 맡은 모둠은 최소한 2주 이상의 활동을 통해 헌법의 역사 관련 1시간 동안 수업할 분량의 파워포인트, 동영상, 수업 주교재 및 참고자료들을 만들어 수업용 사이트에 미리 업로드합니다. 다른 학생들은 이 자료들을 먼저 다운로드해 읽거나 동영상을 시청한 상태에서 오프라인 강의에 들어오게 됩니다. 해당 모둠 학생들은 이 자료들을 가지고 오프라인 수업에서 약 1시간 동안 다른 학생들에게 '헌법의 역사'를 직접 강의합니다. 강의 후 학생들은 미리 자료를 봤을 때 가졌던 의문, 수업 중 이해가 안됐던 내용이나 발표 모둠 학생들과 의견을 달리하는 부분에 대해 약 1~2시간에 걸쳐 질문하고 토론을 벌입니다. 교수는 사전 업로드 자료, 오프라인 학생 강의, 학생 상호 간 질의응답 과정에서 확인된 추가 강의 사항, 오개념, 피드백이 필요한 사항들을 자세하게 기록해 두었다가 이러한 내용들을 모두 반영한 '헌법의 역사' 강의 동영상을 녹화해 오프라인 강의가 마무리된 후 수업 사이트에 업로드합니다. 수강생들이 이 동영상을 시청하면서 다시 한번 내용을 학습하고 피드백을 확인하면서 '헌법의 역사' 강의는 마무리됩니다.

수업 전 (온라인)	본시 수업 (오프라인)	수업 후 (온라인)
• 모둠 구성 • 모둠별 주제 배정	• 담당 모둠 학생들에 의한 자율수업	• 발표 모둠의 수업자료 수정제시 • 수업 중 질의 추가 응답
• 실라버스를 통한 참고 도서, 자료, 사이트 제시	• 담당 모둠 학생과 수업참여 학생 간 질의응답	• 교수의 동영상 강의 • 수업 중 나타난 오개념, 쟁점에 대한 피드백
• 모둠별 수업자료, 참고자료 개발 • 수업 사이트 업로드	• 주요 쟁점에 대한 학생 간 토론	• 질의응답 자료 및 동영상 강의 시청 (학생)
• 참고도서 및 자료, 업로드된 수업자료 예습(수업 참여 학생)	• 교수의 수업관찰 및 기록. 진행보조	• 동영상 강의 시청 여부 확인(교수)

개선 모델의 수업 과정

이처럼 새로운 수업방식을 도입할 때 가장 문제가 되는 부분은 평가의 방식입니다. 평가는 기본적으로 누구나 평가의 결과를 수긍하고 받아들일 수 있는 '신뢰성', 평가가 수업의 목적을 달성하는 데 도움이 되어야 한다는 '타당성'의 두 가지 요소를 갖추어야 합니다. 이를 위해 본 모형에서는 출결, 발표평가, 기말고사라는 세 가지 평가요소를 도입했습니다.

'출결'은 일반적으로 대부분의 수업에서 평가요소로 포함시키는 부분입니다. 하지만 본 모형에서는 수업 후 교수가 업로드하는 온라인 수업의 수강을 독려하기 위해 온라인 동영상 시청여부까지를 출결평가의 범위에 포함시켰습니다. 즉, LMS 시스템 상에서 학생별 동영상 시청 여부가 확인 가능하다는 점을 이용해, 정해진 기일 내에 시청을 하지 않을 경우 이 역시 결석으로 처리했습니다. 또한 기본 20점을 부여한 뒤, 여기서 지각은 2점, 결석은 5점씩 감점해나가며 3회 이상 결석할 경우 전체 수강생 중 최하 학점을 부여하는 방식을 택했습니다.

'발표평가'는 교수가 일방적으로 평가할 경우, 학생들이 발표하려 하지 않거나 의자에 앉아있는 다른 수강생들의 집중도가 떨어질 수 있다는 점에서 모든 수강생들에게 미리 발표 평가표를 배부하고 학생 상호 간에 평가가 이루어지도록 했습니다. 즉, 14개 발표조 가운데 자신의 발표분을 제외한 13개 조를 매시간 평가해야 하기 때문에 학생들은 수업에 집중할 수 있었습니다. 또한 평가의 공정성에 대해서도 문제가 제기되지 않는 이중의 효과를 거둘 수 있었습니다. 발표평가에는 40점이 배점되었습니다.

2014 헌법 강의 평가표

평가자 이름: 학번:

- 각 영역별 10점 만점, 여기에 정시 자료제출 여부 10점을 더해 40점 만점이 됨
- 평균수준을 5점에 두고 평가하시기 바람
- 자신의 발표분에 대해서는 평가점수를 기록하지 않음
- 뒤로 갈수록 발표준비 시간이 길어지므로 평가를 보다 엄격하게 해주시기 바람

주차	발표주제	자료의 성실성과 정확도	발표의 흥미도	전체적인 발표 만족도	합계 점수
3	헌법의 역사				
4	우리나라 헌법의 역사				
5	헌법의 개요와 전문				

발표 평가표 예시

'기말고사'는 장문, 단문 서술형 혼합문제로 출제되었습니다. 발표와 상호토론을 통한 사고의 확장이 플립드 러닝의 목표이긴 하지만, 기말고사는 헌법 강의에서 목표로 하는 기본적인 헌법 소양의 습득을 독려하고 확인하기 위한 수단으로 활용되었습니다. 평가는 역시 40점이 할당되어 총 100점 만점으로 이루어졌습니다.

02   플립드 러닝 수업의 단계와 개선

실제 플립드 러닝을 적용한 헌법 수업의 사례를 수업 전, 수업, 수업 후의 세 단계로 나누어 설명하겠습니다.

1. 수업 전 단계 - 자기주도적 학습의 강화

발표 모둠과 주제, 발표일이 정해지면 각 모둠의 학생들은 최하 2주 이상의 발표 준비기간을 갖게 됩니다. 이 기간 동안 각 모둠이 준비해야 할 최소한의 요소는 수업을 위한 파워포인트 자료와 심화 참고자료 등 두 개의 파일입니다. 교수는 참고할 책과 사이트 등 정보의 출처만을 제시했기 때문에 모둠의 학생들은 이 자료들을 스스로 구해서 학습해야 하며, 대부분의 경우 이 내용들만으로 부족했기 때문에 다른 자료들을 찾아서 추가해야 했습니다. 이 과정에서 학생들은 자료를 탐색하고 파악하며 자신만의 언어로 정리하는 경험을 갖게 됩니다.

각 모둠원들이 학습한 자료를 취합하는 과정은 더 큰 도전을 필요로 합니다. 각기 다른 내용들을 공부했기 때문에 먼저 그 내용들을 상호공유하는 직소(Jigsaw) 학습모형과 같이 집단학습 과정이 선행되어야 하고, 이를 다시 하나의 일관된 수업내용으로 정리해내야 하기 때문입니다. 다른 학생들과의 토론과 협업을 통해 문제를 바라보는 다양한 시각을 경험하고 이를 조정하는 과정을 거치게 됩니다.

또한 본시 수업에서 흥미를 유발함으로써 다른 학생들의 주의를 집중시키고 상호평가에서 좋은 평가를 받기 위해 발표 자료의 형태가 확장되는 현상도 확인할 수 있었습니다. 파워포인트가 점점 화려해지는 것은 물론 사진과 동영상 자료들이 적극적으로 활용되었으며, 아예 파워포인트가 아닌 프레지(Prezi) 같은 프로그램을 활용하는 경우도 있었습니다. 또한 행정부 관련 수업에서 발표 내용 전체를 드라마타이즈한 '대통령의 하루'라는 극을 만든 사례도 인상적이었습니다.

한편, 다른 학생들이 미리 발표자료를 다운로드해서 검토할 최소한의 시간을 확보하기 위해 자료의 업로드를 수업 전날 자정까지로 시한을 정해두었는데, 이 기한은 LMS 시스템에 파일이 업로드된 시간이 정확하게 표시되므로 업로드 기일을 어기는 것을 효과적으로 막을 수 있었습니다.

제목	9조 헌법 4장 정부(66조~100조)		
작성자	김창완	작성일	2014-11-16 21:58:22
조회	62		
파일	발표자료집-대통령.hwp 헌법 -교수님 전용(대통령).pptx 나는 대통령이다..pptx		

대통령 파트 (66조~ 85조) 입니다
ppt가 2개인 이유는 하나는 저희 발표용인데 발표 ppt 슬라이드 갯수가 너무 많아서 흥미 유발 부분의 슬라이드를 삭제하고 내용 부분만 간추린 버전 따로 올렸습니다.

업로드된 발표자료의 사례

수업이 매주 월·수요일에 이루어졌으므로 발표도 두 번에 걸쳐 나누어 진행되었습니다. 흥미로운 것은 이 과정에서 교수의 요구가 없어도 모든 모둠에서 학생들의 피드백을 반영해, 발표자료를 재수정해서 업로드하는 일이 벌어졌다는 점입니다. 즉, 월요일에 발표수업을 진행하다보면 스스로 자신들의 수업 자료의 부족한 부분을 깨닫게 되거나 다른 학생들과의 토론 과정에서 잘못된 내용들을 발견하게 되는 경우가 많았습니다. 따라서 월요일 1차 발표를 마친 후 모둠 학생들이 다시 모여서 내용을 수정·보완한 후 화요일에 다시 업로드하고, 수요일 발표 자료 역시 수업이 끝나면 추가수정을 통해 목요일이나 금요일쯤 완성본을 재업로드하는 일이 수업의 절차 중 하나로 자연스럽게 자리잡게 된 것입니다. 이는 학생들이 스스로 학습하는 과정에서 자신의 부족한 부분을 깨달았을 뿐 아니라, 이를 바로잡고 더욱 확장해 나가고자 하는 의욕을 갖게 되었다는 사실을 반증하는 고무적인 현상이었습니다.

2. 수업 단계 – 토론의 활성화

플립드 러닝의 핵심요소 중 하나는 오프라인 수업시간을 활용해 교수–학생 간, 학생 상호 간 의사소통과 토론을 활성화하는 것입니다. 하지만 대부분의 학생들이 토론수업에 익숙하지 않은 데다 법 관련 내용들을 생소하고 어렵다고 느끼는 경우가 많아 토론이 잘 이루어지지 않았습니다. 이를 해결하기 위해 교수가 직접 몇 가지 질문이나 토론주제를 던지는 방식을 시도해보았으나, 이렇게 할 경우 오히려 발표학생과 나머지 학생들을 모두 위축시키는 결과를 가져왔습니다.

그래서 이번에는 플립드 러닝의 본래 성격에 맞게 교수가 아예 개입을 하지 않고 학생들의 토론 진행을 돕는 방식을 택했습니다. 학술대회에서 사회자가 하는 역할과 비슷하게 수업을 들은 학생들이 자유롭게 질문, 의견제시를 하면 이를 사회자가 정리해 발표 학생들에게 전달하는 매개자의 역할을 맡자 토론이 점차 살아나기 시작했습니다. 더불어 수업참여도를 높이기 위해 기말고사 문제 중 하나를 자신이 던진 질문을 쓰고 이에 대해 스스로 답을 작성하도록 하는 것으로 출제하겠다고 하자, 모든 학생들이 적어도 하나 이상의 질문을 하게 되면서 토론이 활성화되었습니다. 몇 주 정도 후에는 발표시간보다 학생들의 질문과 토론 시간이 훨씬 길어질 만큼 열띤 토론이 이루어졌습니다.

하지만 이렇게 토론이 활성화되자 예상치 못한 문제가 발생했습니다. 학생들의 질문이 많아졌고 수준도 점점 높아져 발표 모둠 학생들이 미처 답하기 어려운 문제들이 많아지고, 상호 간의 토론에 시간이 부족하게 된 것입니다. 그래서 수업 진행을 원활히 하기 위해 준비 모둠 학생들이 당장 가능한 부분만 답하고 부족한 부분은 추후 별도의 자료를 만들어 업로드하도록 했습니다. 그러다보니 발표한 자료도 수정해서 업로드하는 동시에, 수업 중 나온 질문이나 의견에 대한 응답자료 역시 추가로 업로드하는 패턴이 만들어졌습니다. 이런 질의응답 시스템은 학생들이 더 깊이 해당 주제에 대해 생각하고, 이후 동영상 강의에도 더욱 집중하는 효과를 가져왔습니다.

이 과정을 거치며 교수의 입장에서 가장 힘들었던 일은 어떠한 경우에도 직접 답하거나 설명을 하려는 유혹을 떨쳐야 한다는 점이었습니다. 교수가 개입하는 순간 학생들의 토론은 중단되어버리고 그 다음부터는 어려운 문제나 쟁점이 나오면 교수만 쳐다보는 문제가 발생했으므로, 오프라인 수업 중에는 어떤 경우에도 보조적인 수업 진행자의 입장을 벗어나지 않도록 의식적으로 노력해야 했습니다. 대신 발표 학생들이나 토론에 참여하는 학생들의 이야기들을 꼼꼼히 기록해두었다가 추후 동영상 강의에서 각각의 의문이나 의견들에 개별적으로 피드백해주는 방식을 택했습니다.

3. 수업 후 단계 – 동영상 강의를 통한 피드백

원래 이 수업에서는 플립드 러닝의 표준 모형에 맞게 교수가 먼저 동영상을 올려 학생들이 온라인에서 미리 학습을 하고 온 후, 오프라인에서 발표 모둠의 수업을 진행하려 했습니다. 하지만 한두 차례 그런 방식으로 진행해보니, 발표하는 학생들이 교수의 수업내용을 의식해 이 틀을 벗어나지 않으려 했고 다른 학생들도 이미 정답이 나와 있다는 생각에 스스로 사고하거나 의견을 제시하고 토론하는 것을 자제하는 모습을 보였습니다. 또한 발표 후 남는 시간에 학생들의 발표 수업 중 발견된 한계점들을 일일이 피드백해주기에는 시간이 부족할 뿐 아니라, 가장 큰 문제점은 학생들이 벽에 부딪칠 때마다 교수의 설명을 기다리는 모습을 보여 사고가 확장될 계기가 마련되지 않았습니다.

따라서 이후엔 아예 사전 단계에서 온라인 강의를 올리지 않고 월요일과 수요일, 학생들의 발표가 끝나고 목요일에 발표 모둠 학생들의 수정자료와 질의응답 자료까지 모두 업로드된 후인 금요일 오후에 동영상 강의를 제작해 업로드했습니다. 이렇게 사후에 동영상 강의를 업로드할 경우 이미 학생들이 잘 이해하고 있는 내용들은 간략히 넘어가고, 빠뜨린 내용이나 오개념들을 중심으로 강의할 수 있어 훨씬 효율적이었습니다. 또한 강의 내용과 관련되거나 더욱 심화·확장된 부분에서 학생들이 궁금해하며 질문했던 내용들을 개별적으로 피드백 차원에서 다루어줄 수 있다는 점도 매우 의미가 있었습니다. 헌법 수업의 경우 추상적인 내용이 많아서 학생들이 대강의 맥락은 이해하면서도 정확히 그 의미를 파악하지 못하는 경우가 적지 않아 이런 방식의 심화된 접근은 큰 도움이 되었습니다.

　사전이든 사후든 플립드 러닝에서 활용되는 온라인 강의가 가장 문제되는 부분은 학생들의 수강 여부를 확인하기 어렵다는 점입니다. 수업 내용 전체를 포괄하는 강의 및 피드백이 담긴 동영상은 최하 한 시간에서 많게는 두 시간 분량에 이르기 때문에 학생들이 이를 제대로 보지 않고 넘기는 경우가 적지 않습니다. 이 부분에서는 교내에 구축된 LMS 시스템의 도움을 받았습니다. 처음에는 동영상을 만들어서 올린 후 학생들이 이를 다운로드받아 활용하도록 했는데 이렇게 할 경우 학생들이 큰 용량의 파일을 다운로드받는데 부담을 느낄 뿐 아니라 학내 네트워크의 트래픽도 크게 증가하는 문제가 있었습니다. 또한 다운받은 화일이 임의로 배포될 경우 저작권 문제가 발생하거나 다른 용도로 악용될 소지도 있어, 세 번째 강의부터는 학내 LMS 시스템에 업로드해 스트리밍으로 학생들이 강의를 시청하도록 했습니다. 특히 LMS 시스템에서는 학생들의 강의 시청 여부와 시점을 세밀하게 체크해주기 때문에 큰 도움이 되었습니다.

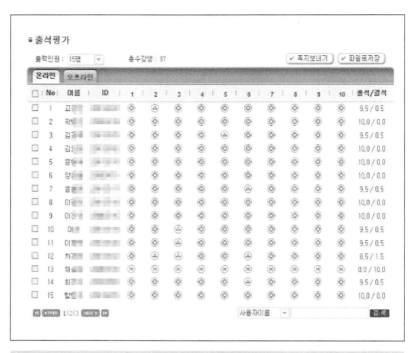

온라인 수업 수강확인 화면

LMS 시스템상에서 학생들의 온라인 강의 수강여부를 조회하면 위와 같이 일목요연한 표가 제시됩니다. ○표는 정해진 기간 내에 수강을 한 학생들이고 △표시는 수강을 하긴 했지만 강의를 다 듣지 않고 중간에 그만둔 경우, X는 수강을 하지 않았거나 정해진 기간을 넘긴 경우입니다. 이 자료들을 바탕으로 출결 평가 점수에 수강 여부를 반영함으로써 대부분의 학생들이 온라인 강의를 수강하도록 유도할 수 있었습니다.

03 플립드 러닝 수업의 효과

　본 연구는 새로운 플립드 러닝 수업의 모형을 개발하려는 목적을 가지고 있었기 때문에, 수업 진행과정과 학생들의 피드백을 통해 꾸준히 수업모델을 변화시키고 개선해 나갔습니다. 따라서 확정되지 않은 모형의 효과를 사전－사후 조사를 통해 양적으로 측정하는 것은 별다른 의미가 없으므로, 수업 진행과정 및 수업이 종료된 이후 학생들과의 심층 면접을 통해 질적인 차원에서 모형의 의의와 효과를 확인했습니다.

　수업을 마무리하고 난 후 학생들이 보인 반응은 대부분 매우 긍정적이었습니다. 이를 세분화해보면 크게 세 가지 반응이 나타났습니다.

　첫째는 플립드 러닝을 통해 어려운 헌법 수업에 큰 흥미를 느끼고 내용을 더 깊이 이해하게 되었다는 인지적 차원에서의 효과였습니다.

　　처음 수업을 들을 때는, 교수님이 설명을 해주셔도 이해가 안 될 것 같은 내용들을 학생들의 발표를 통해서 얼마나 잘 알아들을 수 있을까 하는 생각이 앞섰습니다. 그런데 학생들이 다들 너무 열심히 준비하시고 발표도 잘해주셔서 어려운 내용이었지만 흥미있게 배웠습니다.

　　플립드 러닝 방식은 처음해보는 강의 방식이었습니다. 토론이 주가 되기 때문에 기존의 교수강의 수업과 비교해 봤을 때 집중이 잘됐습니다. 그리고 내 친구들이 토론의 중심이 되는 것이기에 공감하고, 혹은 '나는 그렇게 생각 안 하는데' 하며 생각이 증폭되는 시간이었습니다.

책에 있는 내용도 그대로 받아들이지 않고 한 번 더 생각해보는, 비판적으로 생각하는 힘을 길렀다고 생각합니다. 헌법만큼은 의심의 여지가 없는 내용으로 구성돼 있을 거라고 생각했는데 많은 조항에 문제가 있고 또한 국민들의 합의가 필요한 조항도 많이 있다는 사실에서 비판적 사고의 필요성을 깨달았습니다. 앞으로 공부에 큰 힘이 될 거라 생각합니다.

처음엔 지식을 받아들이느라 힘들었지만 모든 자료들을 한 번 읽고 나서 다시 볼 땐 쉽게 읽히고 궁금한 내용들이 생겨났어요. 그래서 찾고 또 찾으면서 관련 판례는 없나 생각하게 됐고, 어떻게 하면 내용을 더 이해하기 쉽게 전달할 수 있을지 고민했습니다. 발표를 듣는 학생들을 집중시키고 참여시키기 위한 포인트들을 정하고 어려운 부분들은 조원들과 모여서 상의하는 과정이 힘들다기보다 재미있다고 느껴졌습니다. 발표준비를 하는 2주 반 동안 헌법이란 과목의 내용을 떠나서, 교사를 꿈꾸는 저에겐 정말 값진 경험이었습니다.

둘째는 오프라인 토론 과정에서 질문과 토론을 하면서 스스로 수업에 임하는 태도가 달라지는 효과를 느낀 학생들이 많았습니다. 강의식 수업에 익숙한 우리나라의 수업형태에서 학생들이 이렇게 자신의 의견을 적극적으로 개진하는 것은 흔치 않은 기회였을 것입니다.

헌법수업은 개인적으로 정말 많은 도움이 된 수업이었습니다.

헌법수업 이후로 다른 수업에서 질문을 하는 것을 별로 두려워하지 않게 되었습니다. 개인적으로 나서기를 좋아하지 않는 성격이라 나의 질문이 쓸데없다며 남들의 비웃음거리가 되면 어쩌나 걱정했는데, 이번 수업에서 교수님이 힘을 주시는 말을 많이 해주셨기 때문이라 생각합니다.

　수업 중에 가장 좋았던 점은 교수님께서 질문을 하도록 잘 유도하신 수업방식이었습니다. 사실상 저는 질문을 하는 것에 대한 두려움이 너무 컸습니다. 질문할 때도 목소리가 많이 떨렸습니다. ··· 이번 수업 시간에 이런 연습을 하다 보니 헌법 수업을 듣기 전보다 자신감이라고 해야 할까요? 그런 점들이 생긴 게 어느 정도 느껴져서 정말 좋았습니다. 그리고 말을 하면서 생각이 정리된다는 게 이제서야 어느 정도 이해가 되는 것 같습니다.

　왜 다른 수업과 달리 이번 헌법수업에는 이렇게 정성들여가면서 발표 자료를 준비하는지 곰곰이 생각해봤습니다. 제가 내린 답은 질의응답 시간이 너무나도 재미있었기 때문입니다 ··· 저는 보통 질의응답 시간에 의견을 표출하지 않고 질문하지 않는 소심한 학생 스타일입니다. 하지만 교수님께서 질문하면서 성장하는 거라고 자신감을 키워주셨고 이에 자극돼 수업에 집중해 질문도 몇 번 하는, 저로서는 새로운 경험을 하게 되었습니다.

셋째, 이런 과정을 통해서 학생들은 학습의 주도성을 회복하고 스스로 사고하는 유의미한 경험을 하게 되었습니다. 많은 학생들은 이를 '대학다운 수업'이라는 말로 표현했습니다.

앞서 제가 헌법 수업이 이번 학기에서 가장 인상 깊었다고 한 건 헌법 강의가 대학교 강의다운 강의라고 느꼈기 때문입니다. 학생들이 수업을 주도하고, 질문하고, 답변하고 이에 더해서 토론까지 하는 열띤 강의실의 분위기. 어느 수업에서도 경험한 적이 없는 신선한 풍경이었습니다.

가장 신선했던 경험은 수업이 끝나고도 시간이 부족해 과방에 내려와서도 동기들이 열띤 토론을 벌였다는 점입니다. 처음에는 하나의 주제로 모든 친구들이 참여해 토론을 벌입니다. 나중에는 3~5명으로 쪼개져 의견을 말함으로써 종합됐습니다. 그리고 그 중 대립되는 2개 정도의 의견이 도출됐는데 '이게 정말 대학이구나', '학문의 경연장이구나'란 생각이 들었습니다.

이번 강의에 대한 저의 소감을 정말 과장하지 않고 꾸밈없이 한마디로 표현한다면 "대학교에 들어와서 가장 대학교 수업다운 수업을 들은 것 같다"입니다. 이는 저뿐만이 아니라 저와 친한 동기들도 다 인정하고 있는 사실입니다. 매번 1시 30분부터 2시 45분까지의 헌법 강의가 끝난 후 과방으로 내려가면 저희 동기들끼리 이번 수업시간에 논쟁이 됐던 부분에 대해서 자연스럽게 토론을 하곤 했습니다. 보통 같았으면 다른 일상적인 이야기를 하면서 시간을 보냈을 텐데 헌법시간을 마치고는 헌법에 대한 이야기를 하고 수업시간에 배웠던 이야기를 하고 있었던 겁니다.

이번 수업은 정말 수업다운 수업을 들었다는 생각이 듭니다. 제가 교사가 되어서도 학생들이 모두 참여할 수 있는 이런 수업은 여건이 된다면 꼭 해봐야겠다 다짐했을 정도입니다.

플립드 러닝이 가져온 가장 중요한 변화는 학생들이 학습의 주도성을 회복하고 스스로 학문에 관심을 갖고 동료들과의 상호작용을 통해 진지하게 몰입하는 태도를 갖게 되었다는 것입니다. 학생들 간의 토론을 통해 수업이 진행되고 심지어 수업이 끝난 후에도 배운 내용을 바탕으로 대화와 논의가 이어지며, 대학이 원래 목표로 하는 '학문공동체'가 자연스럽게 구현되었습니다. 이에 학생들은 놀라움과 뿌듯함을 느꼈던 것으로 보입니다.

하지만 이 수업 사례에서 나타났듯이 플립드 러닝이 제대로 이루어지기 위해서는 일반적인 SNS 시스템을 넘어서는 교육 전용 지원시스템인 LMS의 구축이 필수적입니다. 수업 전 단계에서 동영상 촬영까지는 교사 개인이 어떻게 한다고 하더라도 대용량의 파일을 업로드해서 학생들에게 스트리밍하고, 매번 동영상을 봤는지 로그인 기록을 확인하고, 각종 자료를 업로드해 서로 공유하는 사이트를 만들어내는 것은 기존의 SNS 서비스를 활용해서 할 수 없는 일들이기 때문입니다. 따라서 블렌디드 러닝과 플립드 러닝은 교사가 처한 교육 지원 환경의 차이를 고려해 선택될 수 있는 교수학습 방법들로 볼 수도 있습니다.

사례연구와 작문수업

1. 사례연구 수업의 개념과 한계

01 ◢ 사례연구 수업의 개념

법교육은 내용이 어렵고 복잡할 것이라는 선입견 때문에 학
생들이 꺼려 하기 쉽지만 반대로 일단 수업을 받아보면 제일 재
밌어하는 과목이기도 합니다. 법 자체의 논리성, 체계성에서 비롯
된 비교적 명확한 내용을 담고 있다는 점 때문에 좋아하는 학생
들도 있지만 대개는 배우는 내용들이 삶과 직접 맞닿아 있기 때
문에 흥미를 느끼는 경우가 많습니다. 사실 학교에서 배우는 교
과의 내용들이 학생들이 살면서 부딪치는 궁금증을 직접적으로
해결해주는 경우는 그리 많지 않습니다. 국어나 영어의 문법, 수
학의 미분과 적분 같은 내용들은 매우 중요한 인류의 지혜들이지
만 그것을 배운다고 당장 학생들이 일상의 문제를 이해하는 데
도움을 받는 것은 아니니까요. 하지만 법은 폭을 확장해서 생각
해보면 우리 삶 어디에나 자리잡고 있습니다. 등하교 시간, 건널
목의 교통법규, 교육과정과 교과서, 우유와 빵의 유통기한, 식당

메뉴판의 원산지 표시에 이르기까지 법은 나름의 논리와 근거를 가지고 삶의 뼈대를 구성하고 있습니다. 미처 깨닫지 못하고 있던 규범의 내용과 이유를 알게 되면서 학생들이 즐거워하는 것은 당연한 일이겠지요.

이렇게 삶과 맞닿아있는 법교육의 방법으로 오랫동안 선호되어 온 것이 법적 사례 특히 판례를 바탕으로 한 '사례연구'(Case Method Approach) 수업입니다. 사례연구 수업은 구체적인 법적 문제가 내포되어 있는 사례를 심층적으로 분석해 법적 사실과 쟁점을 명확하게 확인하고, 논쟁점이나 법적 논리 근거와 결론을 분석·평가하는 것입니다. 이로써 학생들의 비판적인 사고력을 증진시키고 법적 추론 능력을 향상시키고자 하는 교수-학습방법이라고 정의할 수 있습니다(박성혁, 198, p.59). 사례연구법은 1870년 랭델(Langdel)이 하버드 법대 계약법 강좌에서 처음 도입한 것으로 알려져 있습니다. 그러니까 원래는 초중등 학생이 아닌 로스쿨 학생들을 대상으로 하는 법학교육에서 시작된 방법입니다. 당시 법학교육은 상당히 경직되어 있어서 교과서의 내용을 교수가 강의하면 학생들은 그대로 받아들이는 전통적 강의식 수업방법이 일반적이었습니다. 하버드 법대 학장으로 부임한 랭델은 법적 사례를 학생들이 직접 읽고 분석해 스스로 해결하게 함으로써 학생들을 수업 상황에 적극적으로 참여시킬 수 있을 것으로 기대했습니다.

꽤 오래전 소설입니다만, 하버드 로스쿨을 졸업했던 스콧 터로우(Scott Turrow)가 썼던 '하버드 대학의 공부벌레들'(원제는 'Paper Chase')에 등장하는 킹스필드(Kingsfield) 교수가 바로 랭델을 모델로 한 인물입니다. 이 소설의 첫 부분에 보면 사례연구 수업이 어떻게 이루어지는지 잠시 엿볼 수 있습니다. 킹스필드 교수는 학기가 시작되기도 전에 수업 게시판에 첫 시간에 다룰 판례를 제시하고 예습해오도록 과제를 부여합니다. 그리고 수업이 시작되자마자 학생들을 지목해서 질문을 퍼붓습니다. 소설에 제시된 판례는 '호킨스 대 맥기(Hawkins Vs McGee) 사건'입니다. 먼저 학생들이 사건의 사실관계를 요약해서 제시하도록 합니다. 호킨스 대 맥기 사건은 화재로 손에 화상을 입은 소년에게 의사가 피부이식 임상실험을 제안하면서 원상회복을 약속한 뒤, 소년의 가슴에서 피부를 떼내어 손에 이식한 일입니다. 그러나 피부가 완전히 복원되지 않은 상태에서 손에 털까지 나게 된 사건입니다. 교수는 연이어 학생들에게 이 사건에서 계약법상 어떤 손해배상을 청구할 수 있을지, 손해는 어떻게 산정하고 얼마나 배상해야 할지, 그렇게 판단한 근거는 무엇인지 질문했습니다. 또한 학생들이 답한 내용의 반대가 되는 사례들을 제시하고 이 사례와 그 사례는 무엇이 다른지 설명하도록 계속해서 질문을 이어갑니다. 결국 학생들이 '호킨스 대 맥기 사건'에 대해서 제대로 답하려면 해당 판례와 관련된 법률들은 물론이고 유사한 판례와 논쟁이 되는 부분에 대한 학설과 근거 판례 등을 모두 공부해와야 하는 것입니다. 이렇게 공부할 분량이 한없이 늘어나다보니 법대 학생들은 밥을 먹고 샤워를 할 때조차 책을 펴놓고 끊임없이 판례를 읽고 또 읽으면서 '공부벌레'가 되어 '책장 뒤쫓기'(paper chase)를 할 수 밖에 없는 것입니다.

이렇게 사례연구법에서 사례는 단순히 교사가 학생들에게 설명하거나 제시하는 법적 개념이나 원리에 대한 이해를 돕기 위한 보충적 소재로 사용되는 것이 아니라, 사례 자체가 수업의 일차적 소재가 된다는 데에 특징이 있습니다. 학생들은 스스로 수업 상황에 참여해 스스로의 추론능력을 발휘하고, 쟁점 사항에 대한 스스로의 결론을 이끌어 내게 되는데 이를 통해 법적 개념이나 원리 관련 이해도를 높일 뿐 아니라 기억이 오래 지속되는 데에도 도움이 될 것입니다.

02 판례를 이용한 수업의 한계

하지만 판례를 이용한 사례연구 수업 방법을 학교 현장에 그대로 도입하는 데는 무리가 있습니다. 먼저 고려해야 할 것은 사례연구법이 개발된 미국과 우리나라 법 환경의 차이입니다. 법의 계통적 특성을 이야기할 때 흔히 차이가 큰 두 흐름으로 '영미법'과 '대륙법'을 듭니다. 커먼로(Common Law)라고도 불리우는 영미법은 관습, 판례 등 불문법적 법원(法源)을 우선시합니다. 법은 법전에 쓰여 있는 것을 의미한다는 대륙법적 사고에 익숙한 우리 입장에서는 문서화되어있지도 않은 관습이나 사례에 불과한 판례가 법적 구속력을 지닌다는 것이 어색할 수 있지만 생각해보면 관습의 누적을 통해 규범이 형성되는 것은 어느 사회에나 당연한 일이었습니다. 나이가 많은 어른에게 어린 사람이 반말을 쓰면 '예끼, 이놈!' 하고 혼나는 것이 당연하다고 생각하는 '규범적 사고'가 국회에서 입법을 통해 만들어진 것이 아니라 우리 사회의 반복적인 관습에 의한 것이듯 말이지요. 오히려 절차와 형식을 따라 만들어진 법률이 통상적인 관습보다 우위에 있다는 '대륙법'

적 사고가 역사적으로는 나중에, 근대 국가의 형성과 강화 과정에서 등장한 것이라고 볼 수 있습니다.

미국의 법학교육에서 판례의 학습이 중요한 것은 영미법적 전통에 영향을 받은 부분이 큽니다. 우리 법에도 일부 영미법적 요소들이 있긴 하지만 기본적으로 대륙법적 특성을 가지고 있습니다. 즉 법률에 대한 학습이 먼저고 판례나 사례는 법률의 논리와 적용을 이해하기 위한 보조적 수단으로 인식되는 우리와 사뭇 입장이 다른 것입니다.

더욱 근본적인 문제는 수업 혹은 평가의 과정에서 판례를 다룰 때 여러 가지 위험부담이 따른다는 것입니다. 초중고 단계의 수업에서 판례를 다루자면 학생들의 이해수준의 한계, 시간의 제약, 교육과정에 따른 수업목적의 고려 등 여러 제약요인 때문에 실제 판례를 상당히 요약하고 때로는 변형한 형태로 다룰 수 밖에 없습니다. 예를 들어 판결문이 수십 장에 달하는 사건이라도 교실에서 제시될 때는 반 페이지 내외, 심지어 시험문제의 일부로 제시될 때는 한두 단락 정도로 축약될 수 밖에 없겠지요. 하지만 이 과정에서 필연적으로 사실관계들이 누락될 수 밖에 없고 실제 법적 판단에서 누락된 사실관계는 결론 자체의 왜곡 혹은 오개념과 오답시비로 이어질 가능성이 높습니다.

축약 자체도 용이하지 않으며, 수업에서 목적으로 하는 한두 가지의 법적 개념이나 법률 관계만을 담은 판례는 사실상 없습니다. 따라서 아무리 줄인다 해도 곁가지로 설명해야 할 내용들이 늘어나 학습범위가 과도하게 확대되고 심지어 교육과정의 범위를 초과할 위험성도 있습니다.

가장 큰 문제는 결국 이런 과정이 '정답 찾기'로 귀결될 가능성이 높다는 것입니다. 어떤 전형적인 사실관계를 제시하며 "이런저런 이유로 답은 이것"이라는 방식으로 수업이 이루어지다보면 학생들의 발산적 사고를 억제하고 수렴적 사고를 강요하는 수업이 될 수 있습니다. 이렇게 보자면 시민성 함양을 목표로 해야 할 법교육의 차원에서 과연 이런 방식의 교육이 교육적 타당성을 지닐 수 있는가 하는 문제도 제기될 수 있습니다. 법조 실무자를 키우는 교육이 아닌, 법의식을 갖춘 시민을 기르는 교육에서는 사실성보다는 논리성, 정해진 사실보다는 거기에 담긴 가치 갈등, 정답의 습득보다는 토론과 비판을 통한 사고력의 향상을 지향해야 하기 때문에 법학교육에서처럼 판례를 직접 다루는 것은 여러 면에서 한계를 지니고 있습니다.

따라서 판례를 소재로 수업을 할때는 판례를 '결정된 진실'이라기보다는 '당시의 잠정적 합의'로 이해하고 이를 수업을 위한 사례, 사건으로 활용할 필요가 있습니다. 또한 법조항, 개념의 학습에 머무를 것이 아니라 사회적 이슈, 토론의 대상, 사고 확장의 계기로 판례가 이용된다면 좋을 것입니다. 또한 판례에만 매몰될 것이 아니라 이외의 다양한 사건과 사고, 법적 이슈들로 수업자료를 확대하는 것도 학생들의 유연한 법적 사고 훈련에 도움이 될 것입니다.

2. 사례연구 수업의 실제

01 ￫ 사례연구 수업의 단계

　사례를 이용한 법교육 수업에는 세 가지 조건이 필요합니다. 생생한 법적 사례와 능력 있는 교사, 그리고 학생들의 적극적인 수업 참여가 해당됩니다(Gerlach, 1975:148－149).

　사례 연구 수업에서 사용될 사례는 일상 생활 속에서 지속적이고 반복적으로 발생해 학생들에게 친숙한 내용일수록 좋습니다. 또한 정답 찾기가 아닌 쟁점에 대한 비판적 사고와 추론 능력을 길러주기 위해, 사례는 두 가지 이상의 대안 혹은 관점들이 존재하는 경우가 좋습니다. 학생들에게 친숙하고 논쟁적인 사례가 긴장감까지 가질 수 있다면 가장 좋은 수업의 소재가 될 것입니다.

　이런 소재를 가지고 수업을 하기 위해서는 교사의 역할이 중요합니다. 교사는 사례를 폭넓게 이해하고 있는 것은 물론이고 학생들이 스스로 사례를 분석할 수 있도록 돕는 촉진자가 되어야 합니다. 예를 들어 특정 쟁점에 대한 질문을 사이사이에 던진다든지, 쟁점의 핵심을 정리해주는 등의 활동을 통해 학생들의 생각이 방향을 잘 잡아갈 수 있도록 도와야 합니다. 이런 과정을 통해 학생들은 처음 판례를 접했을 때의 소극적 자세를 버리고 더욱 적극적으로 수업에 참여할 수 있게 될 것입니다.

사례연구 수업은 크게 5개의 단계로 구성되어 있습니다.

첫 번째 단계는 '사실(fact)의 확인'입니다. 제시된 사례를 분석해 구체적인 상황 속에서 도대체 무슨 일이 발생했는지를 확인하는 과정입니다. 이는 뒤에 이어질 쟁점 분석의 토대가 됩니다.

두 번째 단계는 '이슈(issue)의 분석'입니다. 앞서 분석한 사실로부터 법적 쟁점 문제를 추출하는 것입니다. 일반적으로 사례연구법에서 사용되는 사례의 경우, 헌법상 기본권이 충돌하거나 침해되었는지 여부가 중요한 이슈가 됩니다.

세 번째 단계는 '논쟁점(argument)의 분석'입니다. 이는 법적 쟁점에 대해 서로 대립되는 양측의 입장을 분석하는 과정을 의미합니다. 일반적인 경우, 헌법상 기본권이 침해되었다는 입장과 그렇지 않다는 입장으로 나뉘게 됩니다.

네 번째 단계는 '법적 논리 근거(legal reasoning)의 분석'입니다. 서로 대립하는 양측이 각자의 입장을 정당화하는 법적 논리 근거를 분석하는 것입니다. 법적 쟁점에 대한 결론은 상반된 양측의 논리 근거 중 어느 쪽을 타당하다고 판단해 선택할 것인가의 문제이기 때문에, 법적 논리 근거를 분석하는 과정은 결론을 끌어내는 데 중요한 역할을 합니다. 학생들은 이 과정에서 비판적 사고력과 추론 능력을 함양할 수 있습니다.

마지막 단계는 '결론(decision)에 대한 평가'입니다. 법적 쟁점에 대해 법원에서는 어떤 결정을 내렸는지 확인하고, 이를 학생 및 학급에서의 결정과 비교해 봅니다. 법원의 결정에 대해 비판적으로 평가하고, 그 근거와 시사점을 분석하는 과정을 통해 학생들의 사고력을 확장할 수 있습니다. 또한, 수업에서 다룬 사례와 유사한 추가적인 사례를 제시하고 이와 관련된 부가 질문을 학생들에게 제시함으로써 학생들이 현실에서의 다양한 법적 문제로 적용·응용해보는 기회를 제공할 수 있습니다.

1단계	사실(fact) 확인	• 구체적 상황 파악 • 도대체 무슨 일이 발생했는가?
2단계	이슈(issue) 분석	• 법적 쟁점 문제 추출 • 헌법상 기본권의 훼손 여부 판단
3단계	논쟁점 분석 (arguement)	대립되는 두 입장을 분석
4단계	법적 논리 근거 (legal reasoning)	대립되는 양 측의 입장을 정당화하는 법적 논리 분석
5단계	결론(decision)에 대한 평가	• 결정에 대한 분석 및 확인 • 법원의 결정과 학급의 결정 비교 • 법원의 결정에 대한 평가, 시사점 분석

이상의 단계를 수업 전과 후의 활동까지 포함해 포괄적으로 정리하면 다음과 같습니다.

수업 전	수업 중	수업 후
• 교사의 사례 선정 및 관련 자료 준비 • 학생들 대상 과제 부여 　(사례에 대한 자료조사)	사례분석 및 평가 (1~5단계 수행)	• 사례에 대한 비평 • 관련 사례에 대한 소개 및 심화학습 안내 • 다른 사례에의 적용

수업의 사례

간단한 판례 분석 수업의 주제로는 다음과 같은 형태의 수업이 가능합니다.

〈사건의 개요〉제대군인 가산점 부여 헌법소원 심판

청구인 이○○은 이화여자대학교를 졸업한, 청구인 조○○ 등은 같은 대학교 4학년에 재학 중이던 여성들로서 모두 7급 또는 9급 국가공무원 공개경쟁채용시험에 응시하기 위하여 준비 중에 있으며, 청구인 김씨는 연세대학교 4학년에 재학 중이던 신체장애가 있는 남성으로서 역시 7급 국가공무원 공개경쟁채용시험에 응시하기 위하여 준비 중에 있다. 청구인들은 제대군인이 6급 이하의 공무원 또는 공·사기업체의 채용시험에 응시한 때에 각 과목별 만점의 5퍼센트 또는 3퍼센트를 가산하도록 규정하고 있는 제대군인 지원에 관한 법률 제8조 제1항, 제3항 및 동법 시행령 제9조가 자신들의 헌법상 보장된 기본권들을 침해하고 있다고 주장하면서 헌법소원심판을 청구하였다.

- 이 사건에서 핵심적인 사실관계는 무엇인가요?

- 이 사건에서 충돌하고 있는 가치와 쟁점은 무엇인가요?

- 이 사건에 대해 내가 헌법재판관이라면 어떤 판결을 내렸을지 근거와 함께 서술해봅시다.

- 이 사건의 실제 재판 결과를 찾아보고 내 의견과 같은 점, 다른 점을 정리해봅시다. 그리고 최종적으로 자신의 의견을 정리해봅시다.

위의 형태는 사건을 간략하게 제시해주고 생각해보도록 고안되어 수업 시간 내에 모든 과정을 진행하려 할 때 사용할 수 있습니다. 더불어, 판례를 찾고 분석하는 과정 자체를 과제로 제시함으로써 더욱 적극적인 학생의 역할을 요구하는 수업의 형태를 만들 수도 있습니다.

다음 법조항을 읽고 호주제와 관련된 법적 쟁점들을 생각해봅시다.

민법
- 제78조(호주의 정의) 일가의 계통을 계승한 자, 분가한 자 또는 기타 사유로 인하여 일가를 창립하거나 부흥한 자는 호주가 된다.
- 제781조(자의 입적, 성과 본) ① 자는 부의 성과 본을 따르고 부가에 입적한다. 다만, 부가 외국인인 때에는 모의 성과 본을 따를 수 있고 모가에 입적한다.
- 제8126조(부부간의 의무) ③ 처는 부의 가에 입적한다. 그러나 처가 친가의 호주 또는 호주승계인인 때에는 부가 처의 가에 입적할 수 있다.

- 이 법조항에 어떤 문제가 있을까요? '호주'의 개념을 확인하고 호주제의 필요성과 문제점에 대해 정리해봅시다.

- 호주제의 폐지를 놓고 벌어진 법률적 쟁점들을 2005년 헌법재판소의 결정문을 통해 확인해봅시다. 폐지 찬성 의견과 반대 의견 각각의 주장과 근거는 어떤 것이었나요?

- 호주제 문제에 대한 자신의 의견을 정하고 결정문에 제시된 주장과 근거들을 지지하거나 반박하는 글을 써봅시다.

판례는 늘 일관된 것이 아니며 때로 조금씩 다른 관점들이 드러나기도 합니다. 특히 헌법재판소의 결정례는 다수의견과 소수의견이 동시에 기록되기 때문에 좋은 수업자료가 될 수 있습니다. 판례를 통해 비판적 사고력을 기르는 측면에서 이런 첨예한 가치충돌 자체를 수업의 자료로 활용해볼 수도 있습니다.

다음은 사형제를 둘러싼 판례의 서로 다른 의견들이다. 두 의견을 읽고, 각 의견에서 중요시하는 가치는 무엇인지 생각해 보자. 그리고 나의 입장은 어느 쪽에 가까운지 설명해 보자.

(1) 인간의 생명을 부정하는 등의 범죄행위에 대한 불법적 효과로서 지극히 한정적인 경우에만 부과되는 사형은 죽음에 대한 인간의 본능적인 공포심과 범죄에 대한 응보욕구가 서로 맞물려 고안된 "필요악"으로서 불가피하게 선택된 것이며 지금도 여전히 제 기능을 하고 있다는 점에서 정당화될 수 있다. 따라서 사형은 이러한 측면에서 헌법상의 비례의 원칙에 반하지 아니한다 할 것이고, 적어도 우리의 현행 헌법이 스스로 예상하고 있는 형벌의 한 종류이기도 하므로 아직은 우리의 헌법질서에 반하는 것이라고는 판단되지 아니한다. 그러나 우리는 형벌로서의 사형이 우리의 문화수준이나 사회현실에 미루어 보아 지금 곧 이를 완전히 무효화시키는 것이 타당하지 아니하므로 아직은 우리의 현행 헌법질서에 위반되지 아니한다고 판단하는 바이지만, 시대상황이 바뀌어 생명을 빼앗는 사형이 가진 위하에 의한 범죄예방의 필요성이 거의 없게 된다거나 국민의 법감정이 그렇다고 인식하는 시기에 이르게 되면 사형은 곧바로 폐지되어야 하며, 그럼에도 불구하고 형벌로서 사형이 그대로 남아 있다면 당연히 헌법에도 위반되는 것으로 보아야 한다는 의견이다.

(2) 생명권은 개념적으로나 실질적으로나 본질적인 부분을 그렇지 않은 부분과 구분하여 상정할 수 없어 헌법상 제한이 불가능한 절대적 기본권이라고 할 수 밖에 없고, 생명의 박탈은 곧 신체의 박탈도 되므로 사형제도는 생명권과

신체의 자유의 본질적 내용을 침해하는 것이다. 사형제도는 사회로부터 범죄인을 영원히 배제한다는 점 이외에는 형벌의 목적에 기여하는 바가 결코 명백하다고 볼 수 없고, 우리나라는 국제인권단체로부터 사실상의 사형폐지국으로 분류되고 있어 사형제도가 실효성을 상실하여 더 이상 입법목적 달성을 위한 적절한 수단이라고 할 수 없으며, 절대적 종신형제 또는 유기징역제도의 개선 등 사형제도를 대체할 만한 수단을 고려할 수 있음에도, 생명권을 박탈하는 것은 피해의 최소성 원칙에도 어긋나고, 사형을 통해 침해되는 사익은 범죄인에게는 절대적이고 근원적인 기본권인 반면, 이를 통해 달성하고자 하는 공익은 다른 형벌에 의하여 상당 수준 달성될 수 있어 공익과 사익 간에 법익의 균형성이 갖추어졌다고 볼 수 없다. 사형은 악성이 극대화된 흥분된 상태의 범죄인에 대하여 집행되는 것이 아니라 이성이 일부라도 회복된 안정된 상태의 범죄인에 대하여 생명을 박탈하는 것이므로 인간의 존엄과 가치에 위배되며, 직무상 사형제도의 운영에 관여하여야 하는 사람들로 하여금 그들의 양심과 무관하게 인간의 생명을 계획적으로 박탈하는 과정에 참여하게 함으로써, 그들의 인간으로서 가지는 존엄과 가치 또한 침해한다.

3. 작문수업의 의의와 종류

　사례 연구 수업을 하다보면 결국 사례 연구의 결과물은 글쓰기의 형태로 귀결될 수 밖에 없다는 점을 깨닫게 됩니다. 글쓰기는 가장 전통적인 수업방법이자 평가방법 중 하나였습니다. 글을 쓰는 것은 크게 세 가지 단계를 통해 교육적 효과를 갖게 됩니다.

　먼저 글쓰기는 인식을 정리하는 효과를 가집니다. 현실에서 만나는 여러 사실관계들은 중복되거나 누락되고 혹은 중요한 것과 부수적인 것들로 얽혀있는 복잡한 형태를 지니고 있습니다. 이것을 문장의 형태로 옮겨 쓰는 과정에서 자연스럽게 사실관계를 정리할 수 있게 되는 것입니다.

　정리된 사실관계는 사고의 확장으로 이어집니다. 사실들의 논리적 연관성을 추론하고 상상하는 과정에서 현상의 이면을 들여다보고, 더욱 큰 맥락에서 생각하는 고차 사고력이 함양되는 계기가 만들어집니다. 동시에 글쓰기는 이런 자신의 사고를 다른 사람들에게 전달하는 의사소통의 방법이기도 합니다. 적절한 근거와 타당한 논리구조로 자신의 생각을 전달하는 훈련을 통해 민주 시민으로 살아가기 위한 소통의 역량 증진이 기대됩니다.

　따지고보면 우리가 살아가면서 마주하게 되는 법적 결론들은 사실판단에 의해 마무리되는 것이 아니라 최종적으로는 가치판단에 의해 결정되는 것입니다. 따라서 법적 문제를 해결하기 위해서는 문제의 중심에 있는 가치가 무엇인지 이해하고, 이 가치가 어떻게 정당화되는지에 대한 이해가 필요합니다. 법에 대한 작문은 학생들이 법적 판단을 할 때 어떤 논리적 사고 과정을 거치는지 확인함에 있어 유용한 수업방식입니다.

법에 대한 작문은 사실확인 – 쟁점정리 – 법적 정당화 논리 검토 – 법적 가치판단이라는 네 가지 요소를 글을 통해 정리해 보도록 하는 것입니다. 법에 대한 작문은 크게 논문식 작문(essay), 서신류 작문(corespondence), 법정문서식 작문(legal writing) 등으로 나눌 수 있습니다(박성혁, 202).

논문식 작문은 자신의 주장이나 법적 가치판단을 합리화시키기 위한 글을 근거와 함께 서술하는 것입니다. 특별한 형식이 있는 것은 아니라서 비교적 학생들이 자유롭게 접근할 수 있으나, 논리적 타당성과 엄밀성이 강조된다는 점에서 여타 작문들과 차이를 가지고 있습니다. 또한 법적 문제에 대한 판단을 다루는 글이므로 미리 배경이 되는 사실관계나 법적 지식 등이 제공되어야 하고 이들이 글 속에서 적절히 드러나야 한다는 점도 차이가 있습니다. 논문식 작문 수업은 학생들이 형식에 구애받지 않고 쉽게 쓸 수 있고 교사 역시 수업방식을 다양화할 수 있다는 장점이 있으나, 자칫 수업의 방향성이나 법교육 수업으로서의 특성을 잃게 될 가능성도 있습니다. 따라서 글의 주제나 배경이 되는 사건, 글의 형식과 분량, 기대하는 학습결과, 수업 후 평가의 기준 등을 사전에 미리 세밀하게 정해두어야 합니다. 특히 채점기준은 미리 제시하지 않을 경우 다양한 결과물들을 처리하는 기준을 세우는 데 애를 먹거나 사후에 만들어진 기준에 대해 학생들이 반발하게 될 가능성도 있으므로 주의해야 합니다.

서신류 작문은 학습 주제와 관련 있는 공직자, 언론기관, 다른 시민 등에게 보내는 서신글을 작성하는 것입니다. 논문식 작문과의 차이는 특정한 수신자가 존재한다는 데에 있습니다. 즉, 수신자에 따라 적절한 글의 유형과 증거, 논지를 동원하는 능력을 기를 수 있으며 이 과정에서 타인에게 자신의 주장을 펼치고 설득하는 경험을 하게 됩니다. 특히 서신류 작성은 실제로 수신자들에게 발송해 피드백을 받는 과정으로 법적 효능감을 향상시킬 수 있다는 큰 장점이 있습니다. 인터넷을 이용해 이메일이나 게시판에 글을 올리는 방식으로 서신류 작성을 해보도록 유도할 수 있으며, 이 과정에서 실제 법적 권위체와 직접 접하고 이로부터 반응을 얻어내는 소중한 경험을 할 수 있습니다.

법관련 작문수업을 대표하는 수업방식은 구조화된 작문, 즉 '법정문서식 작문'입니다. 법정문서식 작문은 판사가 법적 판단을 내리는 과정을 단계화해 각각 작문해보도록 하는 것입니다. 가장 일반적인 방식은 IRAC형 작문입니다. 먼저 주어진 사건에서의 핵심적인 쟁점(Issue)을 추출하고 이에 관련된 법적 조항(Rule)을 확인한 후 이를 쟁점에 적용해 분석(Analysis)하는 단계를 거쳐 결론(Conslusion)에 이르는 사고 순서를 각각 나누어 작문하게 하는 것입니다. 대개 사건에 관한 설명과 함께 네 개의 칸으로 나누어진 종이를 미리 나누어주고 각각의 칸에 단계별 내용을 작성하게 하는 방식을 택합니다. 실제 판사가 판단을 내리는 과정과 가장 흡사한 방식이지만 그렇기 때문에 법적 조항을 확인하고 적용하는 과정에서 전문적인 법적 지식과 판례에 대한 이해가 필요합니다. 따라서 법과대학에서는 수업과 평가의 도구로 활용될 가능성이 높으나 중등 단계의 학생들에게 사용하기는 적합하지 않은 방법입니다. 이 방법이 중등 단계의 학생들에게 적용되기 위해서는 미리 관련 법조항들이 제시되고 이에 대한 이해가 선행될 필요가 있을 것입니다.

따라서 중등단계에서는 IRAC의 형태를 일부 수정한 FIRC형이 더욱 적합한 수업방식으로 활용될 수 있습니다. FIRC형은 주어진 사건에 대한 사실관계(Fact)를 확인하고 여기에 포함된 핵심적인 쟁점(Issue)을 파악한 후 논리적 연관에 따라 추론(Reasoning)해보고 이를 통해 결론(Conclusion)을 도출하는 방식입니다. 따라서 학생들이 큰 부담없이 수업에 참여할 수 있습니다. 이러한 작문 수업방식의 장점은 수업방식으로도 유용하지만 더욱 효과적인 평가방식으로 활용할 수 있다는 점입니다. 예를 들어 네 개의 단계로 나누어진 작문의 각각의 영역에 핵심적으로 들어가야 할 내용이나 평가요소 등을 미리 포함시켜둘 경우 객관적인 방법으로 채점할 수 있습니다.

또한 위에 제시된 방법들을 응용한 작문수업도 가능합니다. 예를 들어 판사의 입장이 아니라 변호사의 입장이 되어 특정 입장을 옹호하는 글을 써보는 '변론문 쓰기'(legal brief)의 경우 작성 후 역할을 나누어 토론하는 방식으로 수업을 확장할 수도 있습니다. 이러한 수업과정을 통해 학생들은 법정에서 이루어지는 판단의 절차와 논리를 이해할 수 있으며 자신의 생각을 정리해 표현하는 방식을 익힐 것입니다.

논문식 작문 (Esay Writing)	• 자신의 법적 가치 판단을 합리화하기 위한 논리적 타당성, 엄밀성 강조 • 학생들의 지식, 사고능력을 평가－학습 주제에 대한 분석과 응용, 검토, 종합능력 평가 • 주제의 진술 / 본문 / 결론 • 배경이 되는 사실정보, 기대하는 학습결과, 채점기준 등을 구체적으로 설명할 필요 • 평가도 물론 중요하지만 법적 사례를 탐구하고 이를 바탕으로 관련 정보를 이용해 법적 쟁점에 관한 합리적 논지를 피력함으로써, 자신의 입장을 분명하게 지지하거나 세울 수 있도록 하는 것에 초점

법정문서식
작문
(Legal
Writing)
	• 논문식 작문보다 각론적 측면을 중요시하는 구조화된 작문
	• IRAC형 작문, FIRC형 작문, 법정 사건 개요서 작문(Legal Brief)－IRAC－법과대학에서 평가도구로 많이 활용
	    Issue(쟁점)－Rule(관련법률)－Analysis(분석)－Conclusion(결론/판결)
	    법조문 필요, 판례이해 필요(전문적 법률검토단계 중시)－ FIRC－중등이하 사회과에 적합
	    Fact(사실)－Issue(쟁점)－Reasoning(법적추론)－Conclusion(결론)
	    사실확인－쟁점정리－법적 정당화 논리 검토－법적 가치판단을 포함하면서도 엄밀한 전문적 검토과정을 요구하지는 않는다는 점에서 IRAC와 차이
	• Legal Brief－FIRC와 유사. FIRC는 판사의 입장, 법정사건 개요서는 변호인의 입장에서 해당 사건에 대한 자신의 입장을 정리해 재판장의 적절한 행동을 요구하는 것

서신류 작문 (Corespon dence)	• 학습 주제와 관련 있는 공직자, 언론기관, 다른 시민에게 보내는 서신글 • 특정 수신자가 존재한다는 특징 • 수신자에 따라 적절한 글의 유형과 증거, 논지 동원능력 • 법적 효능감 향상에 효과적

4. 작문수업의 단계와 평가

　이제 실제 작문수업과 평가의 사례를 단계별로 살펴보도록 하겠습니다. 작문수업은 법적 사례를 제시하는 것에서 시작된다는 점에서 앞서 살펴본 사례연구 수업과 유사한 면이 있습니다. 본 장에서 두 수업을 묶어서 함께 다룬 이유도 여기에 있습니다. 하지만 사례연구 수업은 법적 사례 자체의 분석과 이해에 수업의 초점이 맞춰져 있는 반면, 작문수업은 사례를 소재로 '글쓰기'를 하는 것이 핵심이라는 점에서 차이가 있습니다. 앞서 작문수업의 종류를 크게 세 가지로 나누어 설명했는데 그 가운데 수업과 글쓰기의 체계성, 평가의 용이성에서는 '법정문서식 작문'이 장점을 지니고 있습니다. 법정문서식 작문은 작성의 주체에 따라 판사, 변호사, 경찰이나 기타 사건 관련자의 입장과 시점에서 다양한 수업이 가능하며, 통상 학생들이 종합적인 판단을 시도하도록 판사의 입장에서 글을 써보도록 하는 경우가 많습니다.

　여기서는 FIRC형을 활용해 미연방대법원의 판례를 검토하는 수업의 사례를 간단히 제시해보도록 하겠습니다. 수업은 다음과 같은 단계로 진행됩니다.

① 문제와 작문방식의 제시

다음 사례에서 여러분이 판사가 되었다고 생각하고 판결문을 작성해봅시다. 제시된 사례를 꼼꼼히 살펴보고, 관련된 법적 사항들을 검토한 후 그 내용을 사실관계, 쟁점, 추론, 결론의 네 단계로 정리해서 제시하세요. 이 사건의 핵심적인 부분들이 사실관계와 쟁점에 포함되어야 하며, 추론은 법적 사항 및 근거를 바탕으로 이루어져야 합니다. 결론 역시 이런 분석들을 논리적으로 연관시켜 서술되어야 합니다. 또한 반대 입장에서 제기할 것으로 예상되는 반론들에 대해서도 설득 가능한 논리가 제시되어야 합니다. 워크시트가 네 개의 칸으로 나누어져 있지만 단답형이나 개조식으로 쓰지 말고 모든 글들이 자연스럽게 이어지는 완성형 문장으로 써야 한다는 점에 유의해주세요.

② 법적 사례의 제시

1968년 크리스마스 이브에 데모인시에 사는 10세 소녀 파멜라 파워스가 가족들과 함께 쇼핑몰을 방문 후 잠깐 화장실에 간다고 나갔는데 돌아오지 않았다. 수사결과 이 쇼핑몰에 있던 로버트 윌리엄스라는 사람이 담요에 커다란 물건을 싸가지고 나가서 차에 싣는 걸 봤다는 목격자가 나왔다. 윌리엄스는 정신병력이 있었는데 목격자는 그 담요에서 삐져나온 발도 보았다고 진술했다. 즉시 수배가 이루어진 그의 차는 다음날 이곳에서 멀리 떨어진 데이븐포트시에서 버려진 채로 발견되었다.

26일 아침 윌리엄스의 변호사 맥나이트는 데모인 경찰서에 나타나 자신의 의뢰인인 윌리엄스가 장거리 전화로 자수의사를 밝혔으며 수사과정에서 묵비권을 행사하기로 했기 때문에 자신을 만날 때까지 어떤 진술도 강요해서는 안된다고 말했다. 경찰은 자수한 윌리엄스에게 미란다 원칙을 읽어주었다. 데모인 경찰서에서는 경찰차를 보내 윌리엄스를 데이븐포트에서 데모인으로 이송하기로 했다. 이일을 맡은 고참경찰관 클리터스는 차를 몰고 윌리엄스와 함께 오면서 이렇게 추운 날씨에 눈까지 오면 시체를 찾지 못할 수도 있는데 기독교인으로서 아이가 너무 불쌍할 것 같다며 시체를 찾아주자고 윌리엄스를 설득했다. 기독교 신앙이 강했던 윌리엄스는 결국 이에 동의하고 시체를 묻은 곳을 알려주었다.

하지만 이 사실을 알게 된 윌리엄스의 변호사는 재판과정에서 경찰이 묵비권 행사를 방해하고 진술을 유도했기 때문에 이 수사는 무효이고 윌리엄스는 무죄로 석방되어야 한다고 주장했다. 반면 경찰은 진술을 강요한 것이 아니고 윌리엄스는 유괴 살인범이 확실하므로 유죄로 처벌되어야 한다고 주장했다.

법적 사례는 이미 전형적으로 다루어지는 것들이 많이 있습니다. 주로 미국 연방대법원의 판례, 우리나라 헌법재판소의 결정, 대법원의 판결 등인데 꼭 실제 사건이 아니더라도 혹은 법적 쟁점이 아니더라도 충돌하는 관점들을 고려해서 글쓰기를 할 수 있는 소재라면 폭넓게 활용될 수 있습니다.

③ 관련 정보의 제시

• 미란다 원칙 :

• 묵비권 :

• 진술강요와 자백 :

• 적법절차의 원칙 :

이 부분은 사례와 관련된 법조항 또는 개념이나 배경 정보들을 제공하는 단계입니다. 시간을 절약하기 위해서 교사가 먼저 자료들을 찾아서 제시할 수도 있지만 이런 정보들을 찾아가는 것 역시 중요한 수업의 과정이 될 수 있으므로, 어떤 정보들을 찾아야 하는지만 제시하고 학생들이 직접 찾아보도록 할 수도 있습니다. 정해진 시간 내에 수업이 마무리되어야 하거나 수업의 범위를 명확히 하기 위해서는 사전에 조사된 자료를 제시하는 것이 필요합니다. 하지만 교사가 자료를 제시할 경우 관점이 제한되고 사고의 확장에 한계가 생길 수도 있다는 점에서 배경 파악을 위한 방향성을 제시하는 수준으로 학생들의 활동을 장려하는 방향이 더 바람직합니다.

④ 워크시트의 제시

단계	내용	평가
Fact 핵심사실관계 요약		* 핵심사실관계 2가지
Issue 이 사건의 핵심쟁점		* 핵심쟁점 1가지
Reasoning 추론		* 근거와 사실 관계 포함
Conclusion 결론		* 논리적 타당성

글쓰기는 ①에서 제시된 작문방식을 바탕으로 자유롭게 쓰도록 할 수도 있으나 워크시트를 활용해서 구조적인 글쓰기를 진행하면 학생들의 이해나 교사의 평가가 모두 간편해집니다. 워크시트의 구조는 자유롭게 변형할 수 있으며, '평가'란도 통상은 점수를 쓰도록 비워두지만 써야 할 최소 요소들을 미리 밝혀두는 것도 학생들의 글쓰기를 돕는 방법이 될 수 있습니다.

⑤ 평가 기준

평가기준은 사례를 선정하는 단계에서 미리 정해져 있어야 합니다. 다만 이 기준을 학생들에게 알려줄 것인지는 교사의 판단에 따라 달라집니다. 또한 기준을 사전에 알려줄 수도 있고 사후에 공지해줄 수도 있습니다. 사전에 알려줄 경우 학생들이 글쓰기의 지침으로 삼을 수 있다는 장점이 있는 반면, 채점기준에 너무 얽매인 형태를 글을 쓸 수도 있고 사후 학생들의 글 수준에 따라 채점기준을 변경하기 곤란하다는 문제도 있습니다. 반대로 사후에 알려줄 경우 학생들의 글쓰기 방식이 들쭉날쭉하게 될 문제도 있겠지요. 그래서 사전에는 일반적인 수준에서 크게 글쓰기 지침을 알려주고 사후에 상세화된 채점기준을 공지하는 식으로 절충할 수도 있습니다.

워크시트를 사용한 구조적 글쓰기를 할 경우 채점기준을 단계별로 세분화해 설정할 수 있다는 장점이 있습니다. 예를 들어 사실관계 중 반드시 포함되어야 할 것 두 가지를 기준으로 하나만 포함되면 부분감점을 한다든가, 추론에서 근거와 사실관계 포함 여부, 결론에서 논리적 수준에 따라 상·중·하 등으로 구분해 채점기준을 설정할 수 있을 것입니다.

혹은 이런 채점요소들을 종합해 수준을 평가할 수도 있습니다.

미국 법교육 수업에서 사용되었던 채점기준의 사례 하나를 소개하겠습니다(Miller, 1997, 박성혁, 권의주, 2002:126－128에서 재인용).

수준	내용과 입장	완전성	근거제시	표현
5 (매우 우수)	모든 주요 쟁점에 대해 잘 구성된 글로 자신의 주제나 입장을 분명히 밝히고 있음	개연성 있는 결론, 개념상의 오류가 없으며 다양한 입장들을 적절히 분석	관련된 법적 자료를 적절히 제시하고 깊이 있는 정보를 제공	정확한 어휘를 사용해 설득력 있는 효과적 글을 구사
4 (우수)	논지가 잘 구성되어 있고 자신의 입장이 분명함	다양한 입장을 적절히 분석함	필요한 근거들을 적절히 제시	조직적이고 유연한 작문
3 (보통)	자신의 주장은 있으나 그에 대한 논지구성이 다소 부족하고 개념상 사소한 오류가 있음	주제의 대부분의 측면을 적절히 취급함	적절한 근거가 제시되었음	글이 일부 부자연스럽고 이해하기 약간 어려움
2 (초보)	말하고자 하는 주제나 입장이 불분명하거나 오류가 있음. 개념상의 이해가 잘못되었음	주제의 일부 내용만 취급했음	자료와 근거가 제한적으로 제시됨	내용과 표현의 오류로 이해하기 어려움
1 (부족)	맥락이나 입장의 제시가 없음	주제의 주요한 내용들이 모두 빠져있음	근거가 없거나 무관한 자료들임	구조상의 오류로 내용 이해가 대단히 어려움

작문수업은 모호하고 추상적으로 느껴지기 쉽기 때문에 대략의 채점기준을 사전에 제시하는 것이 좋으며 사후 공지되는 채점기준은 구체적일수록 학생들의 혼란을 막고 평가의 공정성을 확보할 수 있습니다.

PART

08

선거교육

1. 선거교육의 개념과 목표

01 ▼ 선거교육의 필요성

민주주의는 인류 역사상 최초로 등장한 국민이 정치의 주인이 되는 체제입니다. 이를 뒤집어 말하면 민주주의 체제에서는 국민의 정치 참여 수준을 인류 역사상 최대의 수준으로 끌어내야 한다는 뜻이 되기도 합니다. 민주주의는 시민의 요구에 의해 역사의 무대에 올려지게 되었지만 시민 다수의 끊임없는 참여와 지지를 통해 동력을 얻어낼 수 밖에 없는 특성 때문에 상시적 참여를 조직화해낼 방법이 필요해진 것입니다.

시민이 정치에 참여하는 형태는 다양합니다. 고대 아테네의 민회나 미국 뉴잉글랜드(New England) 지역의 타운홀 미팅(Town hall meeting)과 같은 직접민주주의적 참여 방식은 민주주의의 가장 이상적인 원형이라고 할 수 있을 것입니다. 하지만 사회의 기본 구성 단위가 거대해져서 구성원의 수가 많아지고 이해관계의 대립 또한 첨예해진 현대 사회에서 이와 같은 직접적 참여수단은 시간과 비용, 그리고 전문성의 한계로 인해 제한적인 수준에 머무를 수 밖에 없습니다. 따라서 대표성의 원리에 따라 대의민주주의를 구현할 선거제도는 현대 민주정치의 가장 기본적이고 핵심적인 참여수단으로 등장하게 되었습니다.

문제는 이러한 선거제도에의 참여조차 점차 약화되어 민주주의의 정당성을 위협할 수준에 이르고 있다는 점입니다. 선거참여에 관한 문제점은 크게 세 가지 차원으로 구분해볼 수 있습니다.

첫째, 시민들이 점차 선거와 정치에 대해 무관심해지고 있다는 점입니다. 현대인의 삶은 시간과 분의 단위로 쪼개어 계획되어야 할 만큼 바빠지고 있습니다. 해야 할 일들은 많고 시간은 제한된 상황에서 공공의 문제인 정치 참여의 우선순위는 뒤로 밀릴 수밖에 없습니다. 또한 게임, 영화, TV, 인터넷 등 다양한 엔터테인먼트의 증가 역시 삶에 잘 와닿지도 않고 재미도 없는 정치 문제에 대한 관심을 떨어뜨리는 역할을 하고 있습니다.

둘째, 시민들의 선거제도와 정치과정에 대한 지식이 점점 부족해지고 있습니다. 이는 앞서 제시된 바와 같이 시민들의 정치에 대한 관심과 흥미가 시들해지고 있는 점에 영향 받은 부분이기도 하지만 현대 사회의 정치과정이 매우 복잡해지고 있다는 문제도 영향을 주고 있습니다. 쉴새 없이 쏟아지는 사회적 쟁점들은 이해와 판단에 많은 정보와 시간 그리고 지적 능력들을 요구하고 있습니다. 원자력발전소 건설문제를 숙의적 과정을 통해 해결한 모범적인 사례로 꼽히는 2017년 원자력공론화위원회의 경우도 달리 보자면 일반인이 단일 사안의 판단을 위한 지식과 의견을 정하는 데만 3개월 이상의 집중적인 학습과정이 필요하다는 점을 역설적으로 보여주기도 했습니다. 따라서 단순히 투표장에 가서 선거인 등록을 하고 투표하는 단순한 과정이 아니라 그 전 단계에서 현명한 판단을 위해 충분한 지식과 숙의과정을 거칠 수 있는가 하는 점은 쉽지 않은 과제라고 할 수 있습니다.

셋째, 결과적으로 선거 참여율이 낮아지고 있다는 점이 현상 적으로 드러나는 가장 심각한 문제점입니다. 일과 레저로 바쁘다 보니 정치에 관심이 낮아지고, 쟁점이나 후보에 대한 깊이 있는 이해가 없는 상황에서 결과적으로 투표에 참여하지 않거나 아무 도 지지하지 않게 되는 것은 당연한 귀결이라고 할 수 있습니다. 문제는 이러한 참여율 저하는 민주적 정당성의 위기를 통해 사회 적 통합을 저해하는 체제의 위기로 연결될 수 있다는 점입니다.

우리나라의 경우 대통령 선거 투표율은 1952년 직선제가 처음 시작되었을 때 88.1%를 기록했다가 1960년 4대 대통령선거에서 97%로 최고점을 기록한 후 지속적으로 투표율이 하락해 2007년 17대 선거에서는 63%까지 급격히 낮아졌습니다. 최근 19대 대통령 선거에서 다시 77.2%로 70%대를 회복했으나 촛불시위 등으로 높 아진 정치적 관심을 고려하면 예상보다 매우 낮은 수치라고 할 수 있습니다. 더군다나 국회의원을 뽑는 총선의 경우 12대 84.6%에서 18대에 46.1%를 기록하면서 과반수 이하의 참여율로 대표성의 위 기 사태에까지 이르렀습니다. 국민적 관심이 높았던 2016년 20대 총선에서도 58%를 기록해 겨우 과반을 넘기는 수준으로 향후 투표 율 하락의 문제는 더욱 심각해질 것으로 예상됩니다.

이와 같은 문제는 이웃한 일본에서 더욱 심각하게 나타나고 있습니다. 의원내각제를 채택하고 있는 일본의 경우 총선 투표율 이 가장 중요한 지표라고 할 수 있는데 1890년 첫 총선 시 93.9% 의 참여를 기록한 이래 꾸준히 투표율이 낮아져 1995년에는

44.5%를 기록했습니다(Mitsuru Uchida, 2007: 129). 문제의 심각성을 인식하고 투표소의 수를 늘려 역이나 쇼핑센터, 대학 등에 일반 투표소를 설치할 수 있도록 하고 도시 유권자들의 생활방식에 맞추어 투표마감시간을 기존의 오후 6시에서 두 시간 늘린 오후 8시까지로 연장했으며 부재자투표를 훨씬 간편하게 만드는 개정 공직선거법을 통과시켰으나, 2016년 참의원 선거투표율은 지난 2013년 52.61%에서 겨우 2% 남짓 증가한 54.70%를 기록했습니다. 의무투표제를 채택하고 있는 호주의 경우 상대적으로 투표참여율이 높은 모범사례로 꼽히는 경우가 많으나 호주 역시 젊은이들의 투표율이 지속적으로 하락하는 현상에 위기의식을 느끼고 있습니다. 젊은이들의 투표행태에 대해 4년 간에 걸쳐 연구를 했던 YES(Youth Electoral Study) 프로젝트에서는 2004년의 경우 청년층 18%가 선거인명부에 등록하지 않아, 등록자를 기준으로 투표율을 산정하면 해외 언론에 소개된 바와 같이 90%이상의 투표율이지만 유권자 전체를 기준으로 재계산하면 70~80%대의 투표율로 볼 수 있어 호주 역시 투표율 위기에 봉착해 있음을 지적했습니다(신두철, 2012: 37).

　　이러한 정치참여의 위기가 곧 민주주의의 위기이며 이는 또한 사회과 교육이 주도적으로 담당해야 할 책임이라는 점에는 이론의 여지가 없을 것입니다. 미국사회과교육협의회(NCSS)는 사회과 교육과정 지침에서 '사회과의 기본 목표는 학생들로 하여금 합리적이고 참여적인 시민이 되도록 준비시키는 것이다'라고 천명한 바 있으며, 심지어 사회과 학습의 성패는 시민들이 정치적 활동에 얼마나 반성적이고 적극적으로 참여하는가로 판단될 수 있다는 주장도 있습니다(Ferguson, 1991: 385). 우리나라의 2015 정치와 법 교육과정에서도 과목 개설의 목적을 '정치와 법 생활에 능동적으로 참여하는 민주 시민의 자질을 함양하기 위해'라고 명확히 밝히고 있습니다(교육부, 2015: 229). 특히 2020년부터 고등학교 3학년 학생 일부가 포함되는 만18세로 투표연령이 낮추어진 우리나라의 상황에서 선거교육은 매우 시급한 사회적 과제로 부각되고 있습니다.

02 선거 참여에 영향을 주는 요인

그렇다면 선거참여에 영향을 주는 요인들에는 어떤 것이 있을까요? 투표참여행위를 투표비용과 혜택의 차원에서 판단하는 합리적 선택이론에 따르면 합리적 개인인 유권자들은 자신의 효용을 극대화하기 위해 행동할 것으로 기대됩니다. 따라서 투표행위는 투표행위로부터 얻게 될 혜택의 기대값이 참여에 드는 비용(cost)을 능가할 때에 한해서 일어나게 됩니다(이남영, 1992: 146). 다운즈(Downs)는 이를 가능성(P), 이익(B) 그리고 비용(C)로 나누어 공식으로 만들었습니다. 가능성(Probability)은 유권자 개인의 한 표가 투표 결과에 영향을 미칠 수 있는 확률에 대한 주관적 판단이고 이익(Benifit)은 자신이 투표한 후보가 당선됨으로써 자신에게 돌아오는 효용과 다른 후보가 당선되었을 때의 효용 간의 차이를 의미하며 비용(voting cost)은 투표행위에 들어가는 시간, 돈, 정보획득 노력 등을 의미합니다(Downs, 전인권·안도영 역, 1997: 346). 투표행위로 인한 혜택의 기대값($P \times B$)이 비용(C)을 능가할 때 투표행위가 가능해지므로 PB−C>0으로 표현할 수 있습니다. 문제는 투표행위에 비용이 들어가는 것은 피할 수 없는 일이지만 이에 비해 유권자의 수가 대단히 많기 때문에 자신의 한 표가 선거결과에 미치는 영향(P)은 0에 가까울만큼 매우 작아서 위의 공식에 따르면 선거참여를 기대하기가 어렵다는 점입니다. 따라서 라이커(Riker)와 오더슉(Ordershook)은 시민의 의무(civic duty, D)라는 개념을 포함해 이 공식을 확장시켰습니다(Riker & Ordershook, 1968). 즉, 시민의 의무에 대한 주관적 인식이 강할수록 투표로 인해 개인이 받는 총보상(reward, R)이 커져서 투표행위에 참여할 가능성이 높아진다는 것입니다. 이에 따라 수정된 공식은 다음과 같습니다.

$$R = P \times B - C + D$$

간단히 말하자면 내가 투표 행위로 얻을 이익과 그 이익을 얻을 가능성을 곱한 것이, 투표를 하는 데 들어가는 비용보다 더 크면 사람들이 투표를 하러 나올 것이라는 뜻입니다. 이 공식을 바탕으로 투표행위를 독려하기 위한 사회적 노력의 방법이나 방향성도 가늠해볼 수 있습니다. 문제는 나의 한 표로 선거 결과가 바뀔 가능성(P)이 매우 낮기 때문에, 내가 투표행위를 통해 기대하는 이득이 거의 없다는 점입니다. 따라서 투표를 이끌어내는 가장 직접적인 방법은 투표행위에 들어가는 비용을 줄여주는 것입니다. 투표장을 많이 설치한다거나 선거일을 휴일로 지정하고 선거관련 홍보자료들을 가정으로 배달해주는 등의 정책들은 모두 투표에 들어가는 이동비용, 업무비용, 정보획득비용 등을 줄여서 투표를 확대하려는 노력이라고 할 수 있습니다. 하지만 문제는 아무리 노력을 한다 해도 일정 수준 이상의 비용은 발생할 수밖에 없고, 이에 비해 매우 미미한 수준인 한 표의 영향력(P)은 정책적으로 수정되기 어렵다는 점입니다. 따라서 실질적으로 투표행위를 확대하기 위한 가장 효과적인 정책은 시민의 의무감(D)을 고취시키는 것이라고 할 수 있습니다. 바로 이 부분이 선거교육이 담당해야 할 부분입니다. 즉, 선거교육은 시민들을 투표에 참여시키는 가장 핵심적인 정책수단으로 그 중요성이 매우 크다고 할 수 있습니다.

03 선거교육의 목표

그렇다면 선거교육은 구체적으로 어떤 목표를 지니고 있을까요? 선거교육의 목표는 크게 세 가지 차원에서 살펴볼 수 있습니다.

첫 번째 목표는 일단 선거에 참여하는 비율을 높이는 것입니다. 선거 참여자 수가 적을 경우 민주적 정당성에 위기를 불러온다는 점에서 큰 사회적 문제가 되므로, 선거에 참여하는 사람들의 수를 늘리는 것이 선거교육의 일차적인 목표로 설정되는 경우가 많습니다. 이를 위해서 선거교육에서는 선거의 중요성, 선거가 개인과 사회에 미치는 영향을 학생들이 인식하도록 하는 데 초점을 맞추게 됩니다. 이 과정에서 선거참여가 민주 시민의 의무임이 부각되는 경우가 많습니다. 또한 선거 자체를 낮설게 느끼는 학생들이 대부분이기 때문에 선거에 익숙한 환경을 만들고 실제 선거 방법에 대해 알리고자, 모의투표 등을 통해 투표방법을 알려주는 교육도 많이 시도되고 있습니다. 하지만 초중등학교의 학생들은 현재 투표권이 없는 상태이기 때문에 이러한 선거교육이 당장의 투표율 향상으로 이어지지는 않는다는 문제가 있습니다. 따라서 나중에 선거권을 얻는 나이가 되면 선거에 꼭 참여하겠다는 의지와 태도를 기르는 쪽으로 선거교육의 방향이 설정됩니다. 당장의 정책적 결과가 중요한 프로그램들의 경우 학생들을 매개로 부모들을 투표장으로 끌어내는 교육이 시도되기도 합니다(Simon, 1998: 29).

하지만 과연 투표에 많은 사람들이 참여하기만 하면 무조건 좋은 것인지에 대한 문제제기도 있습니다. 다수의 정치참여에 부정적인 입장을 지닌 엘리트 민주주의의 관점에서는 정치참여를 민주주의의 본질이 아니라고 보고, 시민들이 당연히 가져야 할 덕목으로 보지도 않습니다. 전문적 지식이나 판단력이 없는 다수 시민의 참여는 사회의 불안정을 야기해 사회적 비용을 증대시키고 혼란만을 불러올 것이며, 시민성을 함양시키기는커녕 사적인 욕구와 이기심만을 자극해 대립과 반목하는 태도를 기르게 될 것이라는 주장입니다(김영인, 2003: 40). 실제로 다수의 결정이 대표성을 지닐 수는 있을지언정 그 자체로 더 현명한 선택이라 판단할 근거는 부족하고 오히려 중우정치의 어리석은 결정을 내린 사례들도 적지 않습니다. 이러한 관점에서 본다면 우리 사회 일각에서 논의되고 있는 강제투표제의 경우도 참여는 높일 수 있지만 오히려 관심도 지식도 참여할 의지도 없는 사람들을 억지로 참여하게 함으로써 잘못된 결정으로 이어질 우려도 배제할 수 없습니다.

따라서 선거교육의 두 번째 목표는 학생들에게 현명한 선택을 할 수 있는 정치적 능력을 키워주는 것입니다. 이와 관련된 교육은 주로 선거과정에서 학생들이 관련된 정보를 어떻게 획득하고 분석하고 판단할 것인가를 다루는 것입니다. 하지만 선거교육이 이 단계로 들어서면 새로운 문제가 발생하게 됩니다. 바로 '중립성'의 문제입니다. 투표참여를 독려하는 교육은 편향성에 대한 어떤 우려도 없이 이루어질 수 있지만 선거에서 선택의 문제는 결국 어떤 후보를 어떻게 판단할 것인가의 차원이 되므로 필연적으로 실제 후보들에 대한 호불호의 문제로 이어지게 됩니다. 따라서 이 과정에서 불필요한 오해를 받지 않도록 교사는 철저하게 양비론적, 중립적 태도를 고수할 것을 요구받습니다. 하지만 과연 완벽한 중립적 태도가 가능할 것인지, 그렇게 기계적으로 중립을 유지하면서 가치선택과 판단의 문제에 대한 교육이 가능할 것인지의 문제가 발생합니다. 또한 이 과정에서 인물 중심이 아닌 정당이나 정책을 중심으로 한 선택이 타당하다는 방향성이 제시되는 경우도 많습니다(길승흠·김광웅·안병만, 1987: 215-217; Harrop & Miller, 1987). 이 역시 직관적으로는 타당해보이지만 과연 대표자 선출이라는 선거의 성격을 고려해 보았을 때 정책 중심 선택이 정말 인물 중심 선택보다 우월한 것인지, 인물에 대한 판단과 그가 제시한 정책에 대한 판단이 과연 분리 가능한 개념인지에 대해 논란이 있습니다.

선거교육의 세 번째 목표는 교육을 통해 여러 사회적 이슈들에 대한 관심을 높이고 이로써 선거 이외의 정치 활동에 참여할 계기를 만들어내는 것입니다. 민주주의의 핵심적 제도가 선거이긴 하지만 이는 민주정치의 여러 활동 중 일부분일 뿐이고 또한 대의제 민주주의의 한계로 인해 제한적으로 선택된 활동이라고 할 수 있습니다. 따라서 선거교육은 좀 더 장기적이고 근본적인 차원에서 선거 이외의 정치활동에 학생들이 참여할 수 있도록 유도할 수 있어야 합니다. 이는 청소년의 정치참여 의식을 높이고 정부의 정책 결정과정에 참여하게 함으로써 청소년의 삶의 질을 향상시키는 것이 목적이었습니다(김영지, 2004: 12–19). 2003년, 14~19세의 청소년으로 구성된 '대한민국 청소년 의회'의 설립이 그 대표적 사례라고 할 수 있습니다. 또한 학생들이 학교에서 쉽게 접할 수 있는 학생회 활동, 봉사활동 등도 넓은 의미에서 사회참여를 통한 정치적 의사형성에 도움을 주는 교육적 경험들이라고 할 수 있습니다.

하지만 이런 활동들은 여전히 학생과 교사들의 수직적 관계로 '보호주의'의 한계에 머무른다는 문제가 있습니다. 학생회에, 학생의 참여활동에 실질적인 결정권이 주어지지 않는 상태에서 참여의 의미는 매우 제한적이라는 것입니다. 이에 안효익의 연구(2010)에서는 보다 적극적인 차원에서 학생들이 직접 사회적 이슈에 개입하는 경우로 촛불시위의 사례를 통해 '학생들은 더 이상 미래에만 참여가 가능한 예비적 참여자가 아니라 자신이 호응할 수 있는 정치적 이슈가 발생했을 때 언제나 즉각적이고 실제적으로 관여하고 참여할 수 있는 주체'임을 부각시키기도 했습니다.

이어지는 글에서는 앞서 언급한 내용에 따라 선거교육의 세 가지 종류를 선거참여교육, 정치적 판단능력 향상 교육, 선거관련 이슈토론 교육으로 나누고 각각의 내용과 사례에 대해 간단하게 설명하도록 하겠습니다.

2. 선거참여 교육

01 ▼ 선거참여 교육의 개념과 의의

선거참여교육은 선거에 참여하는 비율을 높이겠다는 것을 목표로 하는 교육입니다. 시민의 선거참여를 높여야 하는 이유는 몇 가지로 설명될 수 있습니다. 먼저 '집단지성'의 가능성입니다. 어떤 사회문제를 해결할 때 소수의 지혜와 능력에 기대기보다는 다수의 지성을 집약하는 것이 더 나을 가능성이 높기 때문에, 공적 문제 역시 다수의 참여를 통한 해결이 더 나은 방안으로 이어진다는 것입니다. 두 번째로 생각할 수 있는 것은 이해 당사자의 의견 반영과 절충 기능입니다. 정치의 과정은 객관적으로 더 나은 대안을 찾아가는 과정이기도 하지만 서로 충돌하는 여러 집단이나 개인의 이해관계를 조율해가는 과정이기도 합니다. 선거를 통해 자신의 이해관계를 투영시키는 과정에서 그 결과에 납득하고 공동체의 통합을 유지할 수 있는 해결책이 가능해지는 것입니다. 결국 최종적으로 이와 같은 시민 참여는 '대표성'의 문제로 이어지게 됩니다. 정치 공동체에서 의사를 결정하고 정책을 추진해 나가는 것이 소수의 전문가 집단에 의해 주도되는 상황을 피치 못한다면, 이들의 역할과 권한에 적절한 정당성을 부여하고 경우에 따라 잘못을 묻고 교체하는 견제 시스템이 반드시 필요합니다. 민주사회에서는 선거가 그런 기능을 담당합니다. 만약 다수의 국민들이 선거에 참여하지 않는다면 정책의 힘도 떨어지고 잘못된 정치적 결정을 견제할 수도 없어 민주주의가 쉽게 부패할 수 있습니다. 따라서 선거참여의 확대가 선거교육의 1차적 목표로 설정되는 것은 당연해보입니다.

앞서 설명한 라이커와 오더슉의 선거참여 공식을 다시 한번 봅시다. 투표를 하기 위해 각 개인이 들여야 하는 시간과 노력, 정보비용과 이동비용 등은 제도적으로 기표소를 늘리고 투표시간을 연장하고 부재자 투표를 확대하는 등 여러 정책들을 마련한다 해도 언제나 일정 수준 이상의 비용지불을 피할 수 없습니다. 이에 비해 자신의 한 표가 선거결과를 결정할 확률은 대부분의 선거에서 거의 0에 가깝습니다. 따라서 이런 상황에서 어떤 방법을 쓴다 해도 선거에 대한 기대혜택을 강조해서 비용부담을 상쇄시키는 전략은 효과를 발휘하기 어렵습니다. 그래서 등장하게 된 개념이 '시민의 의무'(civic duty, D)입니다. 유권자는 투표에 참여함으로써 민주주의의 수호라는 장기적 혜택을 얻을 수 있기 때문에 투표를 한다는 것입니다. 중요한 점은 시민의 의무를 수행한다는 데서 느끼는 효용은 어떤 후보가 선거에 이겼는가에 상관없이 투표 행위 그 자체에서 발생한다는 것입니다. 이를 '투표의 내재적 효용'이라고 할 수 있습니다(유명철, 1998:224). 라이커와 오더

숙은 이 내재적 효용을 다시 다섯 가지로 구분해 제시했습니다(小林良彰. 이호동 역, 1997:158－159).

① 투표를 함으로써 윤리적 행동을 했다고 믿는 만족감
② 정치체제에 충성을 했다는 느낌에서 오는 만족감
③ 정당 혹은 후보자에 대한 지지를 표현했다는 만족감
④ 투표 의사를 결정하고 정보를 수집하는 과정에서의 만족감
⑤ 정치체제에 유권자가 영향력을 미칠 수 있음을 확인함으로써 얻는 만족감

02 선거참여 교육의 사례

미국에서는 선거에 대한 관심을 불러일으키는 것이 선거교육의 시작이라고 생각하고 다양한 프로그램들을 개발했습니다. 예를 들어 '선거운동 지도그리기'(Candidate Trackers)는 미국 대선 후보들의 선거캠페인 활동이 광범위하다는 점에 착안해 교실에 미국 지도를 걸어놓고, 각 후보들이 어떤 선거운동 경로로 이동하고 있고 현재 어디에 있는지 따라가면서 그림을 그리도록 하는 것이었습니다. 이런 활동을 지원하는 웹페이지로 '정거장'(Whistle Stop)이라는 온라인 사이트도 있습니다[12]. 뉴스 매체를 활용하는 것으로는 선거 관련 신문기사를 찾아서 제목을 바꾸어 써보는 '헤드라인 다시쓰기'(Headline Rewrite), TV 뉴스 앵커가 되어 뉴스 속

---

12) 예전에는 대통령 후보들이 미국 전역을 도는 선거유세를 할 때 유세 기차를 타고 다니면서 기차가 서는 역(whistle stop)마다 유세를 벌이곤 했다. 여기에 착안해 만든 이름으로 보인다.

보로 각 후보들의 소식을 전하도록 하는 '선거뉴스 속보'(News Flash Campaign Update)가 있습니다. 그리고 선거에 관련된 토막지식들을 모아 빙고게임을 하는 '선거 빙고게임'(Election Lingo Bingo)도 짧은 시간에 선거 문제에 재밌게 접근하는 데 도움을 주는 방법으로 활용되었습니다. 우리 교실 환경에서도 이런 작은 흥미유발 활동들은 다양하게 시도될 수 있을 것으로 보입니다.

보다 주목해서 볼 것은 흥미 유발을 넘어서서 선거교육이 실제 투표율 향상으로 이어지도록 디자인된 프로그램들입니다. 예를 들어 전미사회교사협회(NCSS)에서 K−5 학생들을 대상으로 제안한 수업자료는 더욱 직접적이고 구체적으로 선거 참여를 이끌어낼 수 있도록 선거와 관련된 조사과제를 부여하도록 하고 있습니다(Ledford & Lyon, 2004:19). 즉, 학생들이 가족과 주변의 이웃들에게 다음과 같은 사항들을 질문해 그 결과를 기록한 후 학교에서 발표하도록 하고 있습니다.

- 선거인 등록을 이미 했는지?
- 근처 투표소 장소를 알고 있는지?
- 선거 당일 몇 시에 투표하러 갈 것인지?
- 선택을 위한 후보자와 이슈에 관한 정보는 어디에서 얻을 것인지?
- 선거일에 여행이 예정되어 있다면 부재자 투표를 할 것인지?
- 만약 그렇다면 부재자 투표마감일이 언제인지?

질문의 내용들을 살펴보면 이 조사의 직접적인 목표는 학생들의 투표의지를 북돋우는 것이 아니라 부모와 이웃들을 투표장으로 끌어내는 것임을 알 수 있습니다. 이는 선거권이 없는 초중등학생을 대상으로 하는 선거교육의 한계를 우회하기 위한 전략

이라고 볼 수 있습니다. 즉, 학생들이 장래에 투표하겠다는 의지를 갖도록 하는 것도 중요하지만, 현재 선거권을 가지고 있는 부모와 이웃들을 선거에 참여하도록 하고 그 과정에서 학생들이 일정한 역할을 담당하도록 함으로써 선거에 대한 학생들의 관심도 높이는 이중적 전략입니다.

이와 비슷하게 학생을 통해 부모의 선거참여까지 높이는 전략을 전면에 내세워 크게 성공한 선거교육 프로그램이 '투표하는 아이들'(Kids Voting USA, KV)입니다. 이 프로그램은 애리조나(Arizona) 변호사협회에서 처음 계획되어 6년간의 실험과 매뉴얼 개발을 통해 1994년부터 미국 전역으로 확대 실시되었습니다. 선거 직전인 가을 학기에 6~12시간에 걸쳐 투표방법과 선거에 관련된 정보들을 공부하고 이를 바탕으로 부모님들을 투표장에 나가도록 하는 한편, 학생들이 성인이 되었을 때 선거에 참여할 의지를 높이도록 고안되었습니다. 현재까지 26년간 꾸준히 시행되어온 이 프로그램은 총 45개 주에서 참여했으며, 1994년의 경우 약 230만 명이 참여했고 2016년 현재 29개 주 약 100만 명의 학생들이 참여하고 있습니다. 이 프로그램은 K−12의 각 단계에 맞는 커리큘럼을 제공하고, 온라인 및 오프라인 모의투표 과정을 진행하며, 수업 과정에서 가족들을 참여시켜 진행하고, 프로그램의 효과적인 진행을 위한 교사 재교육을 지원하며, 프로그램의 효과성에 대한 지속적인 연구를 수행하는 등 다섯 가지 활동으로 구성되어 있습니다(Kids Voting, 2016). 이 프로그램의 효과성을 검증한 연구에서, 프로그램을 실시한 지역의 선거참여율이 다른 지역보다 통계적으로 유의미하게 높았으며 그 외에도 학생들이 뉴스에 더 관심을 갖고, 가족과 친구들과 공공문제에 대해 토론하는 빈도가 높아져 장기적으로 학생들이 선거권을 갖게 되었을때 투표율이 높아질 것으로 기대되는 결과가 확인되었습니다(Simon & Merrill, 1998:29).

2008년 미국 대통령 선거 기간에는 청소년들의 선거참여를 독려하기 위해 청소년들이 좋아하는 스타들을 활용한 프로그램들도 등장했습니다. 선거기간 동안 청소년들이 주로 시청하는 음악 케이블방송인 MTV에서 지속적인 투표장려캠페인을 벌이기도 했지만, 보다 조직적인 프로그램으로는 '락 더 보트(Rock the Vote) 프로그램의 사례를 들 수 있습니다. 1990년 음반업계를 중심으로 시작된 이 프로그램은 청소년들이 좋아하는 대중음악인들을 통해 청소년들이 선거에 관심을 갖게 하고 선거인 명부에 등록하거나 선거관련 자원봉사활동 등 실제 활동을 할 수 있도록 유도하는 프로그램입니다. 주로 온라인 사이트(www.rockthevote.org)를 통해 이루어지는 이 프로그램은 청소년들의 높은 호응을 받았으며 이에 힘입어 지역사회에서 청소년들이 면대면으로 만나 선거에 대해 배우고 함께 참여하는 '밋업(meetups) 프로그램(www.Meetup.com)으로 이어지기도 했습니다. 또한 세계프로레슬링 협회(The World Wrestling Entertainment, WWE)에서 장래의 젊은 유권자들에게 투표참여를 독려하는 메세지를 보내는 '투표 메어치기!'(Smackdown Your Vote!) 프로그램이나 힙합뮤지션들이 만든 '힙합 서밋 액션 네트워크'(Hip-Hop Summit Action Network)의 프로그램도 시행되었습니다(Donovan, 2004:9).

하지만 선거참여를 높이기 위한 교육방법 중 가장 직접적인 것은 역시 모의투표(mock election)입니다. 전통적인 방식은 교실에서 학생들에게 선거와 관련된 수업을 진행한 후 그 결과를 집대성하는 차원에서 모의투표를 실시하는 것이었으나 최근엔 교실 환경의 한계를 넘어서는 모의투표 방법들이 시도되고 있습니다. 예를 들어 앞서 언급되었던 '투표하는 아이들' 프로그램의 경우 단순히 부모님이 투표하러 가도록 청소년들이 재촉하는 데서 그치지 않고 지역 선거관리위원회의 허가를 받아 성인들의 투표소 한편에 청소년들의 모의기표소를 설치해 성인과 동일한 절차를 거쳐 모의투표를 하는 경험을 제공하기도 했습니다. 이러한 방식의 여러 가지 제도적 한계와 시간, 공간의 문제를 해결해야 한다는 점을 우회하기 위해 온라인 모의투표를 하는 방법들도 제시되었습니다. '청소년 리더십 계획'(Youth Leadership Initiatives, YLI)에서는 인터넷을 활용한 전국 단위의 모의투표 프로그램을 제공했는데, 2003년의 경우 6만 7,000명의 학생이 이 프로그램에 참여했습니다(Donovan, 2004:8). 이와 유사한 사례로 캐나다에서 2015년 실시된 '전국학생 투표주간'(National Student Vote Week) 프로그램에는 6,662개 학교에서 92만 2,000명의 학생들이 참여하는 성과를 거두기도 했습니다.

우리나라에서도 2020년 총선을 앞두고 다소 급박하게 선거 연령 조정이 이루어지면서 투표에 참여하게 될 청소년들을 위해 일부 교육청에서 모의투표 프로그램을 시행하려 했으나, 선거관리위원회에서 문제의 소지가 있다는 결정을 내려 무산된 아쉬운 일도 있었습니다. 선거참여 교육 가운데 가장 직접적이고 효과가 큰 방법이기 때문에 보다 장기적이고 체계적인 계획과 접근을 통해 추후 선거교육의 한 부분으로 시행될 수 있기를 기대해봅니다.

3. 정치적 판단능력 향상 교육

01 ◢ 정치적 판단능력의 의미

　　민주적 대표성을 위해서 1차적으로 투표율이 일정 수준 이상 높아지는 것이 필요하겠지만 만약 시민들이 후보나 정책에 대해 판단할 능력이 부족한 상태라면 단순히 표를 행사하는 것만으로는 민주정치의 발전을 기대하기 어려울 것입니다. 따라서 선거교육 역시 선거참여에서 한 걸음 더 나아가 어떻게 정치적 판단능력을 향상시킬 수 있을 것인지에 대해 고민할 필요가 있습니다.

　　'정치적 판단능력'이라는 용어 자체는 매우 큰 의미를 지니고 있지만 '선거교육'이라는 제한된 범위에서의 판단능력은 결국 후보자들을 어떻게 선택할 것인지에 대해 접근하는 방법과 태도를 가르치는 교육이라는 의미입니다. 후보자 선택의 기준으로 통상 언급되는 것은 다음과 같은 요소들입니다(한국교육개발원, 1997: 35).

① 이 후보의 소속 정당은 지금까지 한 행위로 보아 다른 정당보다 믿을만한가

② 이 후보의 소속 정당은 다른 정당에 비해 권력형 비리와 부정 부패의 정도가 덜 심한가

③ 이 후보의 소속 정당은 빈부 격차 해소와 같은 사회 정의 실현을 위한 정책을 다른 정당보다 더 지지해왔는가

④ 이 후보는 우리 지역이 필요로 하는 사업을 성실하게 실행할 실력과 신뢰성이 다른 사람보다 나은 편인가

⑤ 이 후보는 선거운동의 방법으로 지역 감정에 호소하지 않는 편인가

⑥ 이 후보는 선거운동의 방법으로 금품이나 향응을 제공하지 않는가

이러한 기준들을 다시 정리하면 크게 인물 본위, 정책 본위, 정당 본위의 세 가지 기준으로 나눌 수 있습니다. '인물 본위'는 후보자의 인품, 학력, 경력 등 후보의 개인적 요소를 기준으로 선택하는 것이고, '정책 본위'는 후보자와 정당이 내세운 공약과 정책을 중심으로, '정당 본위'는 후보자가 소속된 정당의 지향점과 성과를 기준으로 판단하는 것입니다. 일반적으로 사람들에게 제일 쉽게 와닿는 것은 '인물 본위'의 기준입니다. 어떤 사람이 걸어온 정치적 역정과 경력, 성품을 알 수 있는 일화, 외모와 표정 등에서 느껴지는 이미지는 직접적인 호소력을 지니고 있을 뿐 아니라 강력한 인상을 통해 짧은 시간에 판단을 내릴 수 있도록 하기 때문에 많은 사람들이 인물을 중심으로 투표하는 경향을 보입니다. 하지만 정치적 선택은 개인에 대한 인기투표가 아니라 궁극적으로는 정치적 대표자가 지역과 공동체에 어떤 이익을 가져오고 얼마나 올바른 정책적 판단을 할 것인지를 결정하는 과정입니다. 따라서 개인의 인상이나 이미지만을 바탕으로 판단을 내리는 것은 지양해

야 할 태도라고 할 수 있습니다. 결국 정치적 판단능력 향상 교육은 후보자들이 내세우는 정책, 소속된 정당의 특성, 후보자 개인의 자질 등에 관한 정보를 종합적으로 수집해서 분석·판단할 수 있는 능력과 태도를 기르는 교육이라고 할 수 있을 것입니다.

02 정치적 판단능력 향상 교육의 사례

미국 대통령 선거 과정에서 등장했던 정치적 판단능력 향상 교육의 사례들을 몇 가지 살펴보겠습니다. 후보에 관한 정보와 그들의 정책을 판단하기 위한 정보를 얻는 데 가장 도움이 되는 것은 온라인 매체입니다. 미국에서는 대통령 후보자들의 유세연설, 후보수락연설 등을 찾아보거나 TV 정치광고를 보고 분석하는 활동을 통해 학생들의 흥미를 불러일으키는 데 활용했습니다. 보다 체계적인 학습을 위해 교사들은 CNN이 만든 사이트(www.cnn.com/ELECTION/2008)를 효과적으로 활용했는데, 2008년 대통령 선거를 앞두고 만들어진 이 사이트에서는 주요 이슈와 관련된 후보자들의 입장을 정리해 전달해주는 역할을 했습니다. 교사들은 먼저 학생들에게 대통령 후보들의 프로필과 정책에 대해 조사하도록 했습니다. 다음으로 학생들이 CNN사이트에 접속해 자신이 가장 중요하다고 생각하는 이슈를 체크하면 각 이슈 관련의 5점 척도로 구성된 온라인 퀴즈가 나타납니다. 여기에 학생들이 모두 답하면 사이트에서는 자동으로 학생들의 입장과 일치하는 후보를 산출해 주었습니다. 이에 따라 학생들이 다시 자신이 선택한 후보에 관한

1~2장 내외의 보고서를 작성해 제출하는 방식의 수업이었습니다. 대부분의 학생들이 흥미로웠고 선택에 도움이 되었다는 반응을 보였으나, 기본적으로 CNN 사이트는 학생이 아닌 성인들을 대상으로 만들어졌기 때문에 어려운 용어나 복잡한 배경 지식들을 제대로 이해하지 못하는 경우도 많았다고 합니다(Journell, 2011: 235–237). 이는 청소년들의 효과적인 선거교육을 위해서는 대상의 특성에 맞는 별도의 사이트가 구축되어야 할 필요성을 제기하는 것으로 볼 수 있습니다.

미국 정치에는 진보와 보수로 대표되는 민주당과 공화당의 양당제가 매우 강력하게 자리잡고 있습니다. 그래서 후보자에 대한 선택은 민주당과 공화당 가운데 어떤 정당의 정책에 동의하는가의 문제와 직접적으로 연결됩니다. 즉, 각 정당의 정치적 배경과 정책방향을 이해하지 못하는 상황에서 후보자의 개인적 프로필이나 도덕성만을 문제삼는 것은 학생들에게서 잘못된 판단을 유도하게 될 위험성이 있습니다. 따라서 미국 대통령 선거에서의 판단능력 향상 교육은 필연적으로 민주당과 공화당의 입장 차이를 학생들에게 이해시키는 과정을 수반하게 됩니다. 학생들은 먼저 민주당과 공화당의 정책적 방향이 만들어진 역사적 배경을 이해해야 하는데 이는 정치적 중립성의 차원에서 교사들에게 매우 부담이 되는 부분입니다. 따라서 외부의 단체가 객관적 입장에서 만든 자료를 활용하거나 각 정당의 입장을 개별적으로 확인하는 방식으로 우회하는 경우가 많습니다. 대표적으로 활용되는 사이트가 '벤의 미국 정부 가이드'(Ben's Guide to the U.S. Government, bensguide.gpo.gov)입니다. 미연방기록보관소에서 만든 공식 사이트인 이곳에서는 정부의 구조, 기관의 구성과 역할, 선거제도 및 역사 등에 대한 내용들을 학생들의 연령 별로 재구성해 제공하고 있습니다. 또한 관련된 내용을 다루는 게임이나 프로그램들도 담겨있어 교사들이 학생들에게 선거제도나 정부 기구, 정당의 역사에 대한 자료를 찾도록 할 때 우선적으로 활용하는 사이트이기도 합니다. 선거교육을 하는 교사들은 통상 이 사이트를 통해 전반적인 내용을 이해한 후 민주당, 공화당의 개별 홈페이지에 접속해 각 정당의 차이를 확인하는 과정을 거치도록 합니다. 각 당의 입장을 충분히 이해했다면 교사가 학생들에게 여러 가지 사회적 이슈에 대한 퀴즈를 던져서 이에 대한 대답을 종합해 학생 본인의 입장이 어떤 정당의 정책에 더 부합하는지 평정해보도록 수업하는 경우가 많습니다(Journell, 2011: 237-238). 또한 양당제의 한계를 넘어서는 차원에서 제3의 정당을 창당해보고 정당의 이름, 정강, 주요 정책, 슬로건이나 배너, 정책자료집 등을 만들어보는 수업을 시도한 경우도 있습니다(Bardeen, 2008: 30).

03 ▼ 후보자 평정카드 작성 수업

이중 교실 상황에서 가장 적용이 용이할 것으로 보이는 후보자 평정카드 작성 수업의 사례로 패트릭(Patrick, 1976: 370-372)의 후보 평정카드 수업을 살펴봅시다.

평정카드 작성을 위한 사전 작업으로 학생들은 정당의 강령이나 후보자의 정책·공약을 수집하고, 뉴스나 신문·잡지 등을 통해 후보자에 대한 정보와 평가 등을 수집해 각 후보자별 평정카드를 채워나갑니다. 파트A는 정당과 후보자의 정책에 대한 평가이고 파트B는 후보자의 개인적 자질에 대한 평가자료입니다. 이를 바탕으로 후보자에 대한 종합평정인 파트C를 작성하게 되는데 여기까지가 한 후보자에 대한 평정자료입니다. 이와 같은 작업을 학생 본인의 선거구에 입후보한 후보자별로 반복해 작성합니다. 이후 최종적으로 '후보자 비교평정표'에 여러 후보자들의 종합평정표(파트C)의 내용을 정리해 판단의 근거로 활용하게 됩니다(유명철, 1998: 232-236). 앞서 언급한 미국 사례에서 CNN의 사이트는 이와 같은 비교평정 수업을 온라인으로 간편화한 것이라고 볼 수 있습니다. (322~324쪽 참조)

본 QR코드를 스캔하시면
후보자 평정카드로 연결됩니다.

국회의원 후보자의 평정카드

후보자 성명 _____

파트A : 후보자 정당의 정강, 정책(공약, 이슈)에 대한 입장

1. 다음과 같은 공적 관심사의 중요한 분야에 관해 자신과 후보자의 견해가 일치하는가?

	예	평 아니오	정 모르겠다
공해(환경오염) 문제	_____	_____	_____
실업 문제	_____	_____	_____
물가 문제	_____	_____	_____
시민권 문제	_____	_____	_____
범죄 문제	_____	_____	_____
교육 문제	_____	_____	_____
빈민 지원 문제	_____	_____	_____
과세 문제	_____	_____	_____
외교 정책 문제	_____	_____	_____
통일 문제	_____	_____	_____
여성 문제	_____	_____	_____
다른 문제	_____	_____	_____
〃	_____	_____	_____
〃	_____	_____	_____
〃	_____	_____	_____
합계	_____	_____	_____

2. 요약컨대, 후보자의 견해와 자신의 견해가 어느 정도 일치하는가?

강한 일치	_____
보통 일치	_____
약한 일치	_____
보통 불일치	_____
강한 불일치	_____
불확실함	_____

파트B : 후보자의 개인적 자질(인물)

	예	평 정 아니오	모르겠다
1. 후보자는 기본적으로 정직한가?	_____	_____	_____
2. 후보자가 여러분과 같은 국민의 요구에 대해 적극적인 감각을 가지고 있는 것으로 보이는가?	_____	_____	_____
3. 후보자를 일반 국민들이 좋아하고 존중하는가?	_____	_____	_____
4. 자신이 속해 있거나, 또는 자신이 일체감을 가지고 있는 사회집단이 후보자를 좋아하고 존중하는가?	_____	_____	_____
5. 후보자가 다른 정치 지도자들에 의해 높이 평가되고 있는가?	_____	_____	_____
6. 후보자가 지성을 갖춘 사람인가?	_____	_____	_____
7. 후보자는 쉽고 분명하게 서로 의사소통할 수 있는 능력을 가지고 있는가?	_____	_____	_____
8. 후보자는 업무수행과 성취 능력이 있는 것으로 생각되는가?	_____	_____	_____
합계	_____	_____	_____

파트C : 종합 평정

국회의원 후보자 평정카드에 대한 자신의 응답과 관련해 아래 물음에 답하시오.

1. 후보자 정당의 정강, 정책(공약, 이슈)에 관한 입장에 대해 자신의 평정은?

　　　　　　 아주 긍정적　　　　　　　　　　 아주 부정적
　　　　　　 긍정적　　　　　　　　　　　　 불확실
　　　　　　 부정적

2. 후보자의 개인적 자질에 대한 자신의 평정은?

　　　　　　 아주 긍정적　　　　　　　　　　 아주 부정적
　　　　　　 긍정적　　　　　　　　　　　　 불확실
　　　　　　 부정적

3. 후보자에 대한 자신의 종합적인 평정은 무엇인가? 등급을 표시해 보시오.

아주 긍정적	긍정적	부정적	아주 부정적	불확실

후보자의 이름	정당의 강령, 정책 (공약, 이슈)에 대한 입장					개인적 자질(인물)에 대한 입장					종합 평정				
	아주 긍정적	긍정적	부정적	아주 부정적	불확실	아주 긍정적	긍정적	부정적	아주 부정적	불확실	아주 긍정적	긍정적	부정적	아주 부정적	불확실

후보자 비교평정표

비교평정표의 완성으로 수업이 마무리되는 것이 아니라, 오히려 이를 바탕으로 본격 시작됩니다. 비교평정표를 완성한 후 학생들은 서로의 평가를 놓고 발표와 토론을 할 수 있습니다. 예를 들어 정당의 강령, 후보자의 정책, 개인적 자질 가운데 자신이 가장 중요하게 생각한 것은 무엇이고 그 이유는 왜인지, 순서를 정하자면 어떤 순서로 중요도를 고려하는지, 최종적으로 어떤 후보를 왜 지지하며 반대로 개선이 필요하다고 생각하는 부분은 어떤 것인지에 대해 의견을 나누는 과정에서 자신의 생각을 정리하고 다른 사람의 의견을 수용하는 태도를 연습할 수 있습니다.

4. 선거관련 이슈토론 교육

01 ▼ 선거관련 이슈토론 교육의 의의와 사례

선거교육은 보다 큰 차원에서 정치적 참여의식을 고취하는 시민교육으로 자리잡아야 합니다. 만약 선거교육이 단순히 사람들을 투표장으로 끌어내는 데 초점을 맞춘다면 오히려 선거를 요식적 행위로 만들고 정치적 참여를 능동적 사고와 판단이 없는 기계적 의무의 이행처럼 만들어버릴 가능성이 있습니다. 심지어 이런 요식성이 반복되고 누적되다보면 선거 이외의 정치적 참여나 행동을 불필요하거나 부정적인 것으로 인식하게 될 가능성도 있습니다. 따라서 선거를 계기로 정치 자체에 대한 관심을 높이고 성찰의 계기를 제공해 일상적인 공동체적 삶의 일부로서 받아들이도록 만들 필요가 있습니다.

'선거관련 이슈토론 교육'은 이런 목적에서 시도되는 선거를 계기로 이루어지지만, '선거 참여' 외 더욱 심화된 내용을 다루는 모든 교육의 형태를 포괄해 지칭하는 개념입니다. 선거를 계기로 이루어지는 수업이기 때문에 선거와 완전히 동떨어진 소재를 다루기는 어렵지만 선거제도나 관련된 공약 및 이슈를 폭넓게 다루는 과정에서 자연스럽게 선거 참여의 필요성을 인식시키고 참여의지를 높일 수 있을 것으로 기대됩니다.

선거제도와 참정권에 대해 깊이 있는 이해를 제공하기 위한 목적에서 역사적 접근을 시도하는 수업도 가능합니다. 미국의 경우 편견반대연합(Anti-Defamation League, ADL[13])에서 2016년 대선을 앞두고 흑인의 참정권을 보장한 1965년 린든 존슨(Lyndon Johnson)대통령의 민권법(Voting Rights Act) 통과 50주년을 기념해 배포한 '참정권, 어제와 오늘'(Voting Rights Then and Now)은 참정권의 확대과정을 통해 참정권의 역사적 중요성을 인식하고 학생들이 자신에게 선거권이 어떤 의미를 갖는지 생각해볼 수 있도록 토론 기회를 제공하는 수업이었습니다(ADL, 2015). 이 수업에서는 참정권 확대를 위한 워싱턴 대행진과 마틴 루터 킹에 대한 별도의 수업자료들을 통해 민권법의 의의를 인식하고 참정권이 민주사회에서 지니는 의미를 탐색해보는 한편, 현재 미국의 투표법이 가지고 있는 문제점과 개선방안에 대해서도 토론하게 됩니다. 내용이 복잡하고 어려운 편이기 때문에 수업 대상이 고등학생으로 설정되어 있습니다.

이보다 낮은 학령의 학생들을 대상으로 한 수업으로는 4~8학년을 대상으로 한 교육프로그램을 전문적으로 제공하는 미들웹

---

13) ADL은 1913년 유대인 차별을 극복하려는 목적으로 설립되었으나 현재는 다양한 형태의 사회적 차별에 반대하는 목소리를 내고 있으며 그 주요한 사업 중 하나로 초중등 학생들에게 교육할 차별반대 교육자료들을 제작, 배포하고 있습니다.

(Middle Web)에서 개발한 대통령 선거일 역사수업이 있습니다 (Jody & Shara, 2016). 역시 2016년 대통령 선거를 앞두고 제시된 이 수업안에서 특이한 점은 역사수업과 선거교육을 결합시켰다는 것입니다. 이 수업은 기본적으로 전형적인 선거 시뮬레이션의 형태를 띠고 있지만 특이한 점은 역사 속에 이미 존재했던 대통령 후보들 중 한 사람이 되어 모의 선거운동을 한다는 점입니다. 이미 역사적 배경과 인물이 존재하는 상황이기 때문에 학생들은 당시의 역사와 사회상, 시대적 쟁점들을 공부한 후 이를 바탕으로 선거 포스터나 연설문, 홍보자료들을 만들게 됩니다. 또한 학생들이 투표로 당선자를 결정한 후 별다른 후속 수업과정이 없는 다른 시뮬레이션 수업과는 달리, 이 수업은 투표 후 학생들의 선택과 실제 역사에서 당선된 사람을 비교해보고 어떤 후보가 왜 성공하거나 혹은 실패했는지 토론하는 과정이 수업의 핵심 요소 중 하나입니다. 이런 점에서 역사를 통한 선거교육을 심도있게 시도할 수 있는 수업방식입니다.

2016년 선거를 앞두고 아이오와(Iowa)주에서 만들어진 '코커스101'(Caucus 101) 프로그램은 인터넷을 활용한 선거교육의 새로운 경향을 보여주는 대표적인 사례라고 할 수 있습니다. 이 프로그램은 대통령 선거를 앞두고 청소년들의 선거에 대한 관심을 끌어올리기 위해 아이오와 주정부 차원에서 만들어졌습니다. 기본적으로 30분, 60분, 90분짜리 수업들과 최대 7일 차까지 구성된 수업계획 및 자료들을 제공하고 있다는 점은 기존의 선거교육들과 비슷하지만, 수업과정에서 SNS를 통한 학생들의 토론을 적극적으로 유도하고 수업커리큘럼 자체도 교사들 간의 SNS 토론을 통해 수정·변형할 수 있도록 사이트를 구성했다는 점에서 특징을 지닙니다. 특히 이 프로그램의 핵심은 확장된 형태의 가상투표(straw poll)을 제공한다는 점입니다. 2015년 대통령후보자 당내 경선과정은 물론 2016년 대통령 선거에서도 청소년들이 실제 후보자들을 상대로 가상투표를 할 수 있도록 시스템을 구성했는데, 2016년의 경우 아이오와주 80개 카운티 280개 학교에서 5만 명 이상이 참여하는 성과를 거두었습니다. 이는 청소년들이 단순히 부모님을 끌고 투표장에 나오는 수동적인 프로그램의 수준을 넘어 청소년들이 직접 선호하는 후보를 뽑는 과정에서 사회적 반향을 만들어낼 수 있다는 점이 중요합니다. 2016년의 가상투표도 많은 언론에 소개되었는데 학생들의 정당별 선택을 통해 공화당은 실제로 후보로 선출되었던 도널드 트럼프(Donald Trump)가, 민주당 후보로는 힐러리 클린턴(Hillary Clinton)과의 경쟁에서 밀렸던 버니 샌더스(Bernie Sanders)가 뽑혔습니다. 학생들의 최종 선택은 압도적으로 샌더스 쪽이었는데 실제 선거에서는 민주당 후보로 힐러리가 승리했을 뿐 아니라 최종적으로는 트럼프가 대통령에 당선되었다는 점에서 청소년들과 선거권을 가진 기성세대들의 선택이 엇갈리는 부분을 보여주는 흥미로운 사례이기도 합니다.

학생들이 스스로 정치에 대해 관심을 갖고 참여하도록 하기 위해 시뮬레이션이나 게임이 활용되는 경우도 있습니다. '케이블 TV를 통한 교육'(Cable in the Classroom)에서 만든 'ELECTIONS: Your Adventure in Politics' 프로그램은 학생들이 인터넷 기반의 게임을 통해 선거운동과 미국의 독특한 대의원제도에 대해 학습하도록 만들어져서 큰 호응을 받았습니다(Moore et al, 2014)[14]. 최근에는 웹기반 게임을 넘어서 모바일 환경에서 할 수 있는 선거 관련 시뮬레이션 게임들도 등장하고 있습니다.[15]

02 ＼ 투표연령제한 토론수업 사례

선거 토론교육 가운데 교실 현장에서 활용되었던 사례 한 가지를 좀 더 자세히 살펴보도록 합시다. 2016년 미국 대통령 선거를 앞두고 토론수업을 통해 민주적 시민성 양성을 목표로 시카고 기본권재단(Constitutional Rights Foundation Chicago), 기본권 재단(Constitutional Rights Foundation), 스트릿 로(Street Law)에서 공동으로 '토론을 통한 민주주의'(Deliberating in a Democracy) 프로그램을 제작해 배포했습니다. 선거관련 이슈를 다룬 다양한 수업 계획들이었으며 '최소 투표연령'(Minimum Voting Age)에서는 최근 우리 사회에서도 선거관련 주요 이슈였던 투표연령 제한의 기준에 대해 학생들이 토론하는 내용을 담고 있습니다. 투표연령을 16세까지 낮출 것인가의 문제에 대해 찬반으로 나누어 단계별로 토론을

---

14) 이 온라인게임은 시뮬레이션 게임을 통한 사회과 교육의 선도적 사례로 여러 논문에서 다루어졌고 2005년 웨비상(Webby Award)을 수상하기도 했으나 2020년 현재 서비스가 중단된 상태입니다.

15) Race for the White House－The Election Game이나 President Forever 2016 같은 전통적인 형태의 후보자 되어보기 게임도 있지만 학생들이 재정정책담당자가 되어 선거제도를 관리해보도록 하는 Budget Hero:Election Edition도 있고 대통령이 되어 세금과 유권자들의 표를 관리하는 Democracy2 등 다양한 게임들이 있고 '270soft' 같은 정치게임 전문 개발사들도 등장하고 있습니다. 이 개발사는 2020년 대통령 선거를 앞두고 'President Infinity'라는 게임을 새로이 출시하는 등 활발히 활동하고 있습니다.

진행한 후 숙의를 통해 합의에 이르도록 하고 있습니다. 수업과 관련된 배경읽기 자료, 워크시트, 오디오 자료, 심화학습 자료 등을 폭넓게 제공함으로써 교사가 상황에 따라 수업을 재구성하기 쉽도록 만들어져 있습니다. 여기에서는 여러 수업 계획 가운데 강제투표제가 필요한가의 문제(voting—Should voting be compulsory in our democracy?)를 다룬 것을 소개하겠습니다.

수업 계획상에서 절차는 다음과 같이 10단계로 구성되었습니다.

수업 절차

1단계 : 도입

수업과 학습 목표에 대해 소개한다. [유인물 1 – 숙의 안내문]을 배포하고 그것에 대해 논의한다. 숙의 규칙을 검토하고 교실의 주요 위치에 규칙문을 게재한다. 이번 수업에서는 숙의를 할 것이고, 수업에서의 경험을 수업 후에 발표할 것임을 강조한다.

2단계 : 읽기

각 학생들에게 [읽기자료]를 배포한다. 학생들이 [읽기자료]를 주의 깊게 읽게 하고, 그들이 중요하고 흥미롭게 생각하는 사실과 아이디어에 밑줄을 긋게 한다(과제로 제시하는 것이 이상적이다).

3단계 : 조별로 읽고 토론하기

4~5명의 학생이 한 조가 되도록 여러 조를 조직한다. 각 조의 구성원들은 [읽기자료]에 대한 공동의 이해를 향상시키기 위해 서로 중요한 사실과 흥미로운 아이디어들을 공유한다. 그들은 [유인물 2 – 숙의 활동지(읽기자료 검토)]에 그 사실들과 아이디어들을 기록한다.

4단계 : 숙의 질문 소개하기

각 [읽기자료]는 숙의 질문에 대해 설명하고 있다. 학생들이 숙의 질문을 크게 읽고 게시하게 하고, [유인물 2]에 있는 빈 공간에 숙의 질문을 쓰게 한다. 학생들에게 [유인물 1]의 숙의 규칙을 상기시킨다.

5단계 : 근거들 학습하기

각 조를 A조와 B조 두 조로 나눈다. 각 조는 배정된 입장과 관련해서 가장 설득력 있는 근거들을 선정한다. 두 조는 모두 [읽기자료]를 다시 읽는다. A조는 숙의 질문에 찬성하는 가장 설득력 있는 근거들을 찾아야 한다. B조는 숙의 질문에 반대하는 가장 설득력 있는 근거들을 찾아야 한다. 각 조의 모든 구성원이 최대한 참여할 수 있도록 개별 학생은 각자 적어도 한 가지 이상의 근거를 제시해야 한다.

> ※ **주의** A조와 B조는 근거들에 대해 학습할 때 소통해서는 안 된다. 만약 학생들이 논쟁점들을 확인하는 것에 도움을 필요로 하거나 시간이 제한적이라면, [유인물 - 숙의 질문과 관련된 논쟁거리]를 활용하게 한다. 학생들이 가장 설득력 있는 주장들을 확인하게 하고, [읽기자료]로부터 기억해야 할 추가적인 주장들을 더하게 한다.

6단계 : 가장 설득력 있는 근거들을 제시하기

각 조의 학생들은 숙의 질문에 대한 찬성 또는 반대의 가장 설득력 있는 근거들을 발표한다. 다음 단계인 '입장 바꾸기'를 위한 준비로, 각 조는 가장 설득력 있는 근거들을 주의 깊게 들어야 한다.

> A조는 숙의 질문에 찬성하는 그들의 근거들을 설명한다. 만약 B조가 어떤 사항을 이해하지 못한다면, A조에게 질문을 제기할 수 있다(그러나 주장을 해서는 안 된다).
>
> B조는 숙의 질문에 반대하는 그들의 근거들을 설명한다. 만약 A조가 어떤 사항을 이해하지 못한다면, B조에게 질문을 제기할 수 있다(그러나 주장을 해서는 안 된다).

> ※ **주의** 각 조의 구성원들은 자기 조의 근거들을 믿지 못하거나 동의하지 않

을 수 있다. 그러나 다른 사람들에게 그 근거들을 발표할 때에는 가능한 한 설득력 있게 말해야 한다.

7단계 : 입장 바꾸기

각 조는 상대 조의 주장들을 이해하고, 상대 조의 근거들 중 가장 설득력 있는 근거들을 선택한다.

> B조는 A조가 제시한 찬성 근거들 중 가장 설득력 있는 근거들을 A조에게 설명한다.
> A조는 B조가 제시한 반대 근거들 중 가장 설득력 있는 근거들을 B조에게 설명한다.

8단계 : 질문에 대해 숙의하기

학생들은 이제 각자에게 배정되었던 입장을 내려놓고 한 집단으로서 질문에 대해 숙의한다. 이번 수업에서의 숙의 질문을 다시 한번 상기한다. 숙의과정에서, 학생들은 ① 이 주제와 관련해 그들이 학습한 것을 활용할 수 있고, ② 이 주제와 관련된 의견들을 진술할 때 그들의 개인적인 경험들을 제시할 수 있다.

숙의 후에, 학생들은 학급의 합의점을 도출한다. 그리고 학생들은 이 주제에 대한 개인적 견해를 학급에게 표현하고 글로 적어본다. ([유인물 2]의 '나의 개인적인 입장'을 참고하세요.)

※ **주의** 각 학생이 학급의 합의점에 동의할 필요는 없다.

9단계 : 숙의 결과 보고하기

전체 교실을 하나로 다시 집중시킨다. 수업 안내서로 [유인물 3-숙의에 대한 학생 반성]을 배포한다. 학생들은 다음과 같은 질문에 대해 토론한다.

> 각 측에서 제시한 근거들 중 가장 설득력 있는 근거들은 무엇이었는가?
> 합의점은 무엇인가?

당신이 여전히 가지고 있는 질문은 무엇인가? 어디서 추가적인 정보들을 찾을 수 있을까?

민주주의 사회에서 이 주제에 대한 숙의가 중요한 이유는 무엇인가?

당신 또는 당신의 학급은 이 문제를 어떻게 해결할 수 있을까? 해결을 위한 선택사항에는 학습한 것을 다른 사람들에게 가르쳐주기, 선출직 공무원·NGO·기업가에게 편지쓰기, 추가적인 연구 수행하기 등이 있다.

직접 글로 쓰기, 시각적 또는 청각적 에세이 제작하기 등으로 학생들이 숙의 질문에 대해 개인적인 반성을 할 수 있는 방법을 고안해야 한다. 개인적인 의견을 인터넷에 게재할 수도 있다.

10단계 : 학생 투표/학생 반성

학생들에게 "숙의 질문에 대해 동의하는가, 반대하는가, 또는 여전히 결정하지 못했는가?" 질문한다. 답변을 기록하고 학생들의 협의 또는 투표에 따라 www.deliberating.org에 그 결과를 게재하게 한다. 학생들에게 [유인물 3]을 완성하게 한다.

1단계의 '숙의 안내문'은 토론이 익숙하지 않은 학생들에게 숙의(deliberating)란 무엇인지, 어떤 자세로 토론에 임해야 하는지 기본적인 원칙을 확인시키는 것입니다. 숙의 안내문은 다음과 같이 구성되어 있습니다.

- **숙의란 무엇인가요?**

숙의(의미있는 토론)는 아이디어의 집중적으로 교환하는 것이자 의사결정을 내릴 목적으로 논쟁을 분석하는 것입니다.

- **우리는 왜 숙의를 하나요?**

시민들은 다른 시민, 지역사회의 지도자, 정부 대표와 함께 아이디어를 표현하고 교환할 수 있어야 합니다. 민주주의 국가에서 시민과 공무원이 정보에 입각한 정책 결정을 내리기 위해서는 논쟁 문제에 대한 공개 토론에 참여할 수 있는 역량과 기회가 필요합니다. 숙의는 열린 마음을 필요로 합니다. 열린 마음으로 숙의에 참여할 때 시민들은 새로운 정보나 상황 변화에 따라 결정을 숙고할 수 있습니다.

- **숙의 규칙은 무엇인가요?**

  - 수업자료를 주의 깊게 읽으세요.
  - 숙의 질문에 초점을 맞춥니다.
  - 다른 사람이 말하는 것을 주의 깊게 경청하세요.
  - 이해한 것을 확인하세요.
  - 다른 사람들이 말하는 것을 분석하세요.
  - (적극적으로) 말하고, 다른 사람들이 말하도록 격려해 주세요.
  - 아이디어를 뒷받침하는 읽기 자료를 참고하세요.
  - 자신의 경험을 포함한 관련 배경 지식을 논리적으로 사용하세요.
  - 아이디어와 의견을 표현하기 위해 진심을 다하세요.
  - 논란이 발생하더라도 숙의를 멈추지 말고, 상대방을 존중하세요.
  - 인물이 아닌 견해에 집중하세요.

2단계의 읽기자료는 매우 다양한 내용들이 사전에 제시될 수 있습니다. 또는 자료의 일부만을 제시하고 자료를 찾을 수 있는 곳을 알려주어 학생들이 직접 찾아보도록 유도할 수도 있습니다. 이 수업 계획에서 제시된 읽기자료는 상당히 많기 때문에 자료의 목록만 간단히 적어보도록 하겠습니다.

읽기 자료
- 민주 사회에서 선거의 의의와 중요성, 세계적인 투표율 추이 - 저조한 투표 참여에 대한 우려와 이에 대응하는 정책들 - 강제투표를 실시하는 나라들의 사례와 구체적인 방법 - 강제투표제에 찬성하는 사람들의 주장과 근거 - 강제투표제에 반대하는 사람들의 주장과 근거 - 관련 참고문헌 목록

3단계와 4단계는 읽기 자료를 바탕으로 여러 가지 생각해볼 질문(숙의 질문)에 대해 조별로 토론하고 생각해보도록 하는 단계입니다. 학생들의 생각을 돕고 토론의 방향이 엉뚱하게 흘러가지 않도록 하기 위해 숙의 질문도 다음과 같이 자료로 제시됩니다.

- **■ 숙의 질문**

  민주주의 사회에서 투표는 강제되어야 하는가?

- **■ YES - 찬성하는 주장들**

  대부분의 민주주의 국가들은 시민들에게 세금을 납부할 것, 아동을 학교에 보낼 것, 배심원으로 참여할 것 등과 같이 공공의 이익을 위한 다양한 활동에 참여할 것을 요구한다. 투표는 이러한 활동들만큼이나 중요하다.

민주주의는 모든 사람들이 참여해야 하고, 공동선(common good)에 책임이 있다는 생각에 기반하고 있다. 만약 민주주의가 국민에 의한 정부를 의미한다면, 좋은 시민이 된다는 것은 자신을 대표할 사람을 적극적으로 선택하는 것을 의미한다.

강제적인 투표가 투표 참여를 증가시킨다는 증거가 지속적으로 나타난다. 특히, 가난하고 충분히 교육받지 못한 사람들의 투표를 증가시킨다.

민주적으로 선택된 정부는 더 높은 득표율을 얻을수록 더 정당하다.

만약 사람들이 투표를 하지 않을 경우 벌금을 물게 될 것임을 알게 된다면, 그들은 선거에 관한 이슈들과 후보자들의 입장에 대해 더 많이 주의를 기울이고, 투표에 참여할 것이다.

정당은 투표하도록 사람들을 설득하는 것 대신에, 정당이 가진 생각과 후보자에 관해 사람들에게 알리는 데에 더 집중할 수 있다.

- **NO - 반대하는 주장들**

사람들은 정치에 참여하는 것을 거부할 수 있는 권리를 가져야 한다. 자유로운 발언의 권리가 침묵할 권리를 포함하고 있는 것처럼, 투표의 권리는 투표하지 않을 권리를 포함한다.

사람들이 사기성이 짙고, 무의미하다고 생각하는 선거에 투표하도록 강요하는 것은 민주적인 절차에 대해 냉소하게 하고, 핵심적인 민주주의 원칙들을 저버리는 것이다.

강제적인 투표를 위해서는 시민에 대한 대규모적이고 중앙집권화된 데이터베이스가 필요하다. 그러나 현대사회의 컴퓨터와 데이터베이스는 개인에 관한 아주 많은 정보들을 폭로할 수 있다는 위험이 있다. 따라서 선거 정보에 대한 분산적인 통제권이 점점 더 강력해지는 국가권력으로부터 시민을 보호할 수 있는 중요한 방법이다.

낮은 투표율은 투표권자들이 현재의 시스템에 만족하고, 그것을 바꿀 필요가 없다고 인식하고 있음을 의미할 수 있다.

투표하도록 강요받는 사람들은 지혜롭거나 학식이 풍부한 사람들이 아닐 것이다. 또한 그들의 의지에 반해 투표하는 사람들은 무작위로 아무 후보자에게나 투표할 수 있다.

높은 투표참여율이 곧 사람들이 자유롭다거나 정부를 지지하고 있음을 의미하지는 않는다. 전체주의 정부는 투표하도록 사람들을 종종 강요한다. 예를 들어, 1950년과 1984년 사이 소비에트 연방의 투표율은 평균 99.97%였다.

5단계부터 7단계는 각 조가 다시 찬성/반대로 역할을 지정해 근거를 바탕으로 토론하도록 하는 단계입니다. 그리고 8단계에서 다시 학생들은 조별로 입장을 통합해 정리하게 되고 학급 전체의 차원에서 합의점을 도출하게 됩니다.

9단계는 전체 학급의 의견을 정리하고 이 의견을 에세이, 인터넷 게시글 등으로 외부로 표출하도록 하는 단계입니다. 흥미로운 것은 이런 '외부로의 표현'이 학생들에게 주는 교육적 효과가 큰 데 반해, 실제로 그렇게 표현할 공간이 부족함을 고려해 10단계에서 딜리버레이팅(deliberating)이라는 웹사이트를 제시했다는 점입니다. 이 사이트는 '딜리버레이팅 인 데모크라시'(Deliberating in a Democracy) 프로그램 전용으로 개설했으며, 이 사이트의 게시판은 프로그램에 참여한 전국의 많은 학생들이 의견을 올리고 서로 소통하는 공간으로 활용되었습니다[16].

---

16) 2020년 현재 이 사이트는 프로그램 종료로 인해 더 이상 접속되지 않습니다.

미국 법교육
교수학습법 사례

1. 전화번호부 찾기

지금까지 설명한 법교육 교수학습방법들은 모두 최소한 한 시간 혹은 그 이상의 수업시간과 계획을 필요로 하는 방법들이었습니다. 하지만 때로는 일반적인 법교육학습 내용들을 풀어내기 위해 간단한 팁을 필요로 하기도 합니다. 이 장에서는 이렇게 수업에서 부분적으로 활용될 수 있는 법교육의 팁들을 살펴보려고 합니다. 미국의 법교육 단체인 '교실 법교육 프로젝트'(Classroom Law Project)에서 개발해 무료로 배포해 온 교수학습 자료 중 우리 상황에 응용이 가능한 몇 가지 사례를 소개해볼까 합니다.

첫 번째로 소개드릴 수업은 '교실 법교육 프로젝트'(Classroom Law Project—Teaching Youth Participation in Democracy)에서 2007년에 제시했던 '전화번호부 빨리 찾기 게임'입니다. 이 프로그램의 원제는 'Telephone Book Scavenger Hunt'인데 'Scavenger Hunt'는 우리나라로 치면 '보물찾기'처럼 지정한 물건을 빨리 찾아오는 게임입니다. 그러니까 전화번호부에서 수업 중 호명되는 곳의 전화번호를 빨리 찾는 것이 이 게임의 핵심입니다.

법교육의 여러 목표 중 하나는 학생들이 우리 사회가 다양한 법적 기관과 관계들로 구성되어 있다는 것을 알고, 이런 제도를 잘 활용하도록 하는 것입니다. 하지만 실제 생활 속에서 이런 법적 기구들의 존재를 인식하거나 심지어 직접 활용하게 되는 경우는 별로 없지요. '전화번호부 찾기'의 핵심은 학생들이 문제에 부딪혔을 때 그 문제를 해결하기 위한 법률적 방법들을 직접 찾아보는 경험을 하게 하는 것입니다.

프로젝트에서 제시되었던 수업 방법은 학생들에게 상황을 제시하는 인쇄물을 배부하는 것으로 시작됩니다.

상황 :

1. Jerry는 군대에 가기를 원한다

2. Mary는 동네에 있는 레크레이션 센터 시간을 알고 싶다

3. Jose의 외숙모가 혼인신고를 하려고 한다

4. Victoria는 상원의원을 만나려고 하고 있다

5. Abdul은 시의회에 방문하기를 원한다

6. Sholanda는 그녀의 개를 잃어버렸다

7. Levi는 이웃의 교통안전에 대해 우려하고 있다

8. Joe의 부모님은 주 선거인명부에 등록하기를 원하고 있다

9. Susie는 주지사에게 물어볼 것이 있다

10. Ari는 배심원으로 선정되었는데 그에 관해 궁금한 것이 있다

11. Zack의 가족은 막 이사를 왔다. 그래서 그들은 그 지역에 어떤 학교들이 있는지 알고 싶어 한다

그리고 각 상황별로 다음의 내용들을 찾아서 쓰도록 합니다.

　기본적으로 이렇게 간단한 수업방식이지만 좀 더 확장하는 것도 가능합니다. 예를 들어 학생들 스스로 '상황'을 설정하는 시나리오를 길게 만들어 학생 상호 간에 문제를 내고 푸는 방식으로 진행한다든지, 고학년 단계에서는 어떤 기관이 어떤 상황을 담당하는 것이 좋은지, 개선의 여지나 기관의 부족 혹은 중복 문제는 없는지 등에 대해 토론해보도록 할 수 있습니다. 또한 앞서 다루었던 '작문 수업'과 연계해 각 기관에 문의나 게시글을 올려보도록 할 수도 있습니다. 이 수업방식은 기관의 존재를 인식하고 그 역할을 배운다는 점에서 한걸음 더 나아가, 그 기관에 접근하는 방법까지 스스로 찾아보도록 함으로써 공식적인 절차를 통해 공공문제를 해결하려는 태도를 기를 수 있다는 점에서 흥미로운 시도입니다.

　사실 예전에는 집집마다 노란색 전화번호부가 한두 권씩 있었지만, 요즘은 전화번호부를 거의 쓰지 않아 우리 주변에서 찾아보기 어렵게 되어 이 수업형태를 그대로 쓰기는 어려울 것입니다. 하지만 조금만 형태를 바꾸면 다양한 활용이 가능한 수업방식입니다. 예를 들어 저학년의 경우 경찰서, 소방서, 구청, 세무서 등 몇몇 공공기관들을 미리 제시하고 각 상황에서 어떤 기관들에 도움을 청할 수 있을 것인지 답하도록 한다든가 전화번호부 대신 인터넷 검색을 통해 답하도록 하는 방식, 혹은 퀴즈 형태로 만들어 모둠별로 경쟁하는 방식 등도 가능할 것입니다.

2. 청문회 수업

다음으로 소개할 수업도 앞서 언급한 프로젝트에서 2006년
에 제시되었던 '이민 정책에 관한 청문회' 교수학습 자료입니다.
청문회(hearing)는 어떤 법을 만들거나 정책을 세우는 과정에서
주요한 사항들을 질문하고 의견을 교환하는 장입니다. 이 수업에
서는 여러 가지 입장이 존재하는 사회적 쟁점을 모의 청문회의
형식으로 토론합니다.

청문회의 형식을 빌리면 참가 학생들이 각 입장을 대표하는
전문가 패널의 역할을 맡게 됩니다. 따라서 일종의 역할놀이처럼
다양한 관점들이 보여주는 주장과 그 근거를 체계적으로 살펴보고,
질의응답의 방식으로 논의를 심화시켜 갈 수 있다는 장점이 있습니다.

제시된 수업에서는 그 가운데서도 '이민정책'에 관한 청문회
를 다루고 있습니다. 미국은 이민자들로 이루어진 국가이기 때문
에 이민정책을 어떻게 수립하고 실행할 것인지가 사회통합의 핵
심적인 키워드가 될만큼 매우 중요한 부분입니다. 이 수업에서는
이민정책에 관한 엇갈리는 입장을 네 가지로 나누었는데 학생들
이 각각의 입장을 충분히 이해할 수 있도록 구체적인 설명을 추
가했습니다. 수업 전 배부자료를 통해 제시된 네 가지 입장은 다
음과 같습니다.

■ 이민 정책에 관한 4가지 입장

1) 세계에 대해 개방적 자세로 이민정책을 세워야 한다.

21세기 사회에 살고 있는 지금, 세계화의 힘은 새로운 세상을 건설하고 있다. 국제 무역은 더욱 확대되고 있으며 국경은 점차 흐려져 가고 있다. 사람, 이념 그리고 재화는 빠른 속도로 세계를 가로질러 가고 있다. 미국인들은 개방, 인내 그리고 다양성에 대해 높은 자존감을 가지고 있다. 이민 온 사람들에 의해 전 세계 소비자들의 취향과 선호도를 알 수 있으며 또한 개방된 시장에서 미국 기업에게 유리함을 준다. 우리의 문을 열면 세계를 알 수 있고 내일을 향해 나아가는 국가가 될 것이다.

2) 불필요한 이민을 막자.

빈민국의 인구 증가, 전쟁과 테러의 확산 그리고 굶주림과 질병 등은 우리나라에 많은 영향을 주고 있다. 이민에 대해 개방하는 것은 어떤 누구의 문제도 해결할 수 없다. 그것은 우리의 학교와 보건 시스템에 부담만 지울 뿐이며 가난한 국가에서는 그 나라의 인재들(교육을 많이 받은 사람들, 기술공 등)이 빠져나가는 기회를 줄 뿐이다. 우리의 사회 구조와 경제를 생각하지 않는 이런 급속한 개방을 더 이상 보고 있을 수 없다. 그럼에도 불구하고 인도주의에 의해, 우리는 국제 사회 활동에 참여해 빈민국에서의 이주가 안정적으로 이루어질 수 있도록 도움을 제공해야 할 것이다.

3) 우리가 필요한 능력을 가진 사람들은 받아들이자.

21세기는 국가 간의 경제적 경쟁으로 말미암아 새로운 긴장을 만들어 가고 있다. 오늘날 미국은 세계시장이 요구하는 능력을 준비할 필요가 있다. 이민 정책은 세계의 문제를 해결하기 위한 것이 아닌, 경제적 필요를 고려하면서 수립되어야 한다. 미국의 첨단 기술 산업을 지원하기 위해 먼저 외국의 과학자와 기술자들에게 이민을 허가해야 한다. 미국의 공장, 농장 그리고 서비스 산업의 비용을 낮추기 위해 우리는 낮은 임금을 받는 업종에 한해 제한된 외국인들의 이민을 허락해야 한다.

4) 이민을 금지하자.

> 인구 증가, 전쟁, 테러, 굶주림 그리고 질병은 점점 더 우리를 괴롭히고 있다.
> 미국인들은 세계에 출몰하는 여러 문제를 모두 해결할 수 없다는 사실을 알아
> 야 할 것이다. 비록 미국이 이민자들이 세운 나라라고 하더라도 이민을 적극
> 권장하자는 논의는 이미 역사 속으로 사라졌다. 우리는 과감하게 이민자들의
> 수를 줄여야 하고 국경을 통제해야 할 것이다.

이 자료를 배부하고 난 후 교사는 4명씩 네 개의 그룹을 만듭니다. 이 네 그룹은 앞서 제시된 네 가지 입장을 하나씩 맡게 됩니다. 그룹을 구성하는 네 명에게도 각각 역할이 주어집니다. 2명은 청문회에서 하게 될 3~5분 정도의 프레젠테이션을 준비합니다. 나머지 두 사람은 각각 국내 정책 분석가, 국외 정책 분석가의 역할을 맡습니다. 국내 정책 분석가는 그룹 내 모든 학생들의 의견을 수렴해 자신들의 주장이 국내 상황에 미칠 영향을 설명하고, 국외 정책 분석가는 다른 나라의 사례들을 통해 자신들의 주장이 어떤 평가를 받고 있는지 설명합니다.

네 개의 그룹에 참가한 16명의 학생들 외에 다른 학생들은 상임위원회 멤버가 됩니다. 각 정책 그룹들이 하는 프레젠테이션을 경청하고 질문을 던지는 역할입니다. 이 과정에서 상임위원회 멤버들이 서로 고르게 질문할 수 있도록, 그리고 네 개의 그룹이 모두 자신의 입장을 잘 설명할 수 있도록 배려해주는 것이 중요합니다.

이 수업 계획에서 다루고 있는 이민 문제는 다문화교육의 차원에서 우리나라에서도 중요한 사회적 이슈로 떠오르고 있습니다. 그리고 청문회 형식의 토론 수업은 다른 사회적 이슈를 다루는 데도 효과적으로 활용될 수 있을 것입니다.

3. 외계인의 침략

　세 번째로 소개하는 교수학습법을 이해하기 위해서는 먼저 미국의 '권리장전'(Bill of Rights)이 무엇인지 알아야 합니다. 헌법은 통상 국가기관의 구조와 역할을 밝혀놓은 '통치구조론'과 그 국가기관의 존재 목표이자 권한의 한계라고 할 수 있는 '기본권론'으로 구성되어 있습니다. 그런데 미국 헌법은 영국과의 독립전쟁 후 연방을 형성하기 위해 새로이 만들어지면서 기본권에 해당하는 조항들을 따로 두지 않았습니다. 그런데 연방 헌법이 각 주에서 조인되는 과정에서 주민들은 영국 정부가 그랬듯 연방 정부가 주의 자치권을 침해하거나 억압하면 어떻게 할 것인지 의문을 제기했습니다. 이에 따라 연방 정부에 대한 주정부의 권리를 밝히는 열 개 조항들을 본문 뒤에 추가해서 넣게 되었습니다. 조항을 추가해 헌법을 수정했다는 의미에서 '수정헌법 조항'(ammendment)이라고 불리는 이 열 개의 조항은, 처음에는 연방 정부에 대한 주정부의 권리를 의미하는 내용들이었으나 점차 국가에 대한 개인 권리의 의미로 해석이 확장되었고 이에 따라 권리의 목록, 즉 '권리장전'으로 불리게 되었습니다. 이후 수정헌법조항은 계속 늘어나서 현재 27조까지 만들어졌지만 통상 미국에서 '권리장전'이라고 하면 처음에 만들어졌던 수정헌법 10개 조항을 의미합니다.

'외계인의 침략' 수업은 학생들에게 이 열 개의 헌법상 권리들에 대해 생각해보는 기회를 제공하고자 만들어진 것입니다. 학생들의 흥미를 유발하기 위해 먼저 상황이 제시됩니다. 어느 날, TV에 갑자기 이상하게 생긴 외계인이 등장해서 자신이 전국의 통신망을 장악했으며 이제부터 하는 말을 잘 듣고 행동하라고 경고합니다. 긴장한 가족들이 모두 모여앉은 가운데 이 외계인은 다음과 같은 말을 전합니다.

내 이름은 STHGIR이다. 나는 지구보다 더 우수한 행성인 NOITUTITSNOC에서 왔다. 나는 현재 미국 전역의 통신사를 통제하고 있고 우리는 이 지구에 사는 인간들의 삶을 통제할 능력을 가지고 있다. 하지만 우리는 우리 별과 지구와의 전쟁을 원하지 않으며 단지 평화롭고 조화롭게 살기 위한 약간의 제재를 해야 할 필요를 느낀다. 우리는 너희의 법을 살펴보았고 정부가 통제하는 방법을 살펴보았다. 우리는 너희들에게서 모든 것을 빼앗지는 않겠지만 너희가 누리던 지금까지의 생활을 모두 허락하지도 않을 것이다. 너희에게는 중요한 10가지의 권리가 주어져 있다. 나는 이 10가지 권리 중 5가지만 허락할 것이고 그 5가지는 미국 시민들이 가장 많이 선택한 순위대로 고를 것이다. 아래에 제시된 10가지 권리 중에서 너희가 가장 중요하다고 생각하는 것을 1로 하고 포기할 수 있는 권리를 10개 순위를 매겨보도록 해라. 너희가 순위를 다 매기면 또 다른 지시사항을 줄 것이다.

- 총기를 소유할 권리 (　)
- 표현의 자유 (　)
- 변호사 조력권 (　)
- 잔인하고 이상한 처벌을 받지 않을 권리 (　)
- 언론의 자유 (　)
- 재판에 참여할 권리 (　)
- 종교의 자유 (　)
- 집회의 자유 (　)
- 불리한 증언으로부터 보호받을 권리 (　)

> - 영장없는 체포 · 수색으로부터 보호받을 권리 (　)

　　외계인의 이름인 'STHGIR'은 '권리'(rights)를 뒤집은 것이고 행성의 이름인 'NOITUTITSNOC'은 '헌법'(constitution)을 뒤집은 것입니다. 즉, '헌법 상의 권리'에 대한 학습이라는 점을 암시하고 있습니다. 제시되어 있는 열 개의 권리가 앞서 설명한 열 개의 수정헌법조항, 즉 '권리장전'에 제시된 권리들입니다. '무인도에 가게 된다면 가져가고 싶은 물건 세 가지를 골라라'라는 질문과 비슷하게, 외계인의 강제에 의해 가장 중요하다고 생각하는 권리의 순서들을 매겨야 하는 상황을 제시하는 수업입니다.

　　미국과 우리나라는 상황이 약간 다르긴 하지만 우리 헌법에 제시된 권리의 목록들을 정리해 제시하는 방식으로 얼마든지 적용이 가능할 것으로 보입니다. 게다가 이 수업은 여러 가지 방식으로 확장될 수 있습니다. 일단 권리의 순위를 적을 때 왜 그런 순위를 택했는지 워크시트에 서술하거나 말로 설명하도록 할 수 있습니다. 이와 같은 작업을 학생 개인별로 할 수도 있고, 모둠을 나누어 각 모둠에서 토론을 통해 순위를 결정하도록 할 수도 있습니다. 조금 더 체계적으로 수업을 진행하기 위해서는 모둠에서 역할을 나누어 각 권리의 내용과 사례 등을 조사해보도록 할 수도 있으며, 각 모둠에서 본인들이 중요하다고 생각하는 권리와 그 이유를 학급 학생들에게 설득하는 기회를 주고 최종적으로 어떤 모둠의 순위가 학급 전체의 선택과 가장 가까웠는지 맞춰보는 빙고 형식의 게임도 가능할 것입니다. 또한 집에서 가족들과 함께 토론을 통해 순위를 만들어보는 과제를 제시하는 것도 다양한 관점을 접할 기회를 제공하는 방법입니다.

4. 동화 속 법 이야기
- '잭과 콩나무'

    법교육의 목적 중 하나는 학생들이 법을 자신들과 분리된 예외적인 내용이 아니라 생활 속에서 늘 벌어지는 사회적 관계의 양상으로 인식하고 친근하게 받아들이도록 하는 것입니다. 이를 위해 학생들에게 익숙한 영화나 드라마 혹은 동화 속의 상황을 법적으로 해석해서 다른 각도로 생각해보도록 하는 책이나 교육자료들이 많습니다.

    미국 시카고에 자리잡고 있는 쿡(Cook) 카운티 순회법원(Circuit Court of Cook County)도 학생들이 법교육에 관심을 갖도록 하기 위해 유명한 동화인 '잭과 콩나무'를 각색한 '잭 스프리긴즈와 왕국의 대결'(The Kingdom vs. Jack Spriggins)[17]라는 연극을 만들었습니다. 이 프로그램을 기획한 법원 측에서는 젊은이들 대부분이 위법 행위를 저지른 후에야 법원에 오게 되기 때문에 사법 체계에 대해 나쁜 감정을 갖게 되는 점을 개선하고자 법원에 대한 친근감을 높이기 위한 차원에서 이 프로그램을 기획했다고 합니다.

---

17) 미국의 재판은 당사자주의(adversary system)를 택하고 있기 때문에 모든 소송이 각기 다른 주장을 펼치는 두 당사자 간의 대결로 이해됩니다. 이 재판의 경우 잭이 저지른 위법행위는 살인, 절도 등 형사 범죄에 해당하므로 검찰측인 왕국(kimdom)와 피고인 잭의 대결(vs)로 사건명이 만들어진 것입니다.

이 연극에서 주인공 잭은 홀어머니와 사는 18세의 가난한 소년입니다. 잭은 소를 팔기 위해 시장에 가는데, 도중에 만난 사람과 이야기를 나누다가 소를 '마법의 콩'과 교환하게 됩니다. 이 마법 콩은 하늘까지 자라나서 잭은 이 콩나무를 타고 올라가 거인을 처치하고 노래하는 하프와 황금알을 낳는 마법 거위를 가져옵니다. 여기까지는 동화의 줄거리와 같지만 연극에서는 이런 잭의 행동이 살인 및 절도에 해당하는 범죄로 볼 수 있다는 점에서 체포되어 재판을 받게 됩니다.

비슷한 사례로 '왕비와 럼펠스틸스킨의 대결'(The Case of Rumpelstiltskin vs. the Queen)이라는 연극도 있습니다. 이 연극에서 왕비감을 찾고 있는 왕의 앞에 나타난 방앗간 주인은 자신의 딸이 황금을 만드는 능력이 있다고 거짓말을 합니다. 정말 그런 능력이 있다면 왕국에 크게 도움이 되겠다며 왕이 결혼을 하겠다고 하자 방앗간 주인은 숲속에 사는 요정 럼펠스틸스킨을 찾아가 황금을 만들어달라고 부탁합니다. 요정은 그녀가 첫 아이를 자신에게 주는 조건으로 황금을 만들어주기로 합니다. 약속대로 요정은 금을 만들어주었고, 방앗간집 딸은 왕과 결혼해 아이를 가졌지만 아이를 주겠다는 약속은 지키지 않았습니다. 이에 화가 난 럼펠스틸스킨이 왕비를 계약 위반으로 고소한 것입니다.

이런 동화 속의 이야기를 통한 법교육 수업은 우리나라에서도 얼마든지 가능합니다. '선녀와 나무꾼' 이야기를 통해 선녀의 날개옷을 훔쳐 하늘나라로 돌아가지 못하게 한 나무꾼에게 납치와 감금의 죄가 있다고 볼 것인지, 공양미 삼백 석에 제물이 되기로 한 심청이와 뱃사람들의 계약은 법적으로 유효한 것인지, 흥부와 놀부 이야기의 앞부분에서 놀부에게 모든 재산이 상속된 것에 문제가 있는 것은 아닌지, 제비의 다리를 부러뜨린 놀부의 행위도 처벌을 받을 수 있는지 등 학생들이 흥미를 가질만한 소재는 무궁무진합니다.

부록

FIRC형 사건 기록지
배심원 기록지
작문평가 점수표 예시
토론수업 단계와 워크시트 자료

FIRC형 사건 기록지

(   ) 고등학교   이름 (   )

논제		일시	20 . .
사실관계 Fact			
쟁점 Issue			
논리적 근거와 추론 Reason			
결론/ 최종판단 Conclusion			
수업에 대한 반성 및 소감			

주제1 언니의 생명과 동생의 선택

케이트는 전골수구 백혈병이라는 희귀병을 앓고 있다. 동종 기증자에 의한 제대혈 기증만이 유일한 희망이라는 의사의 말에 브라이언과 사라 부부는 수정란 선택을 위한 맞춤형 시험관 아기로 동생 안나를 낳았다.

안나는 태어나자마자 제대혈을 언니에게 제공했다. 안나의 제대혈을 통해 회복되어가는 듯이 보였던 케이트는 몇 년 후 재발해 다시 악화되기 시작했다.

의사들이 이번에는 안나의 골수를 채취해 이식하는 것을 권했으며 이후 열세 살이 될 때까지 십여 차례 이상 힘든 골수채취 및 혈액제공 등을 반복했다.

하지만 반복되는 치료로 케이트의 신장은 망가져버렸고 이번엔 안나의 신장을 떼어 언니에게 주어야 하는 상황이 되었다.

안나는 그동안 모아둔 저금통의 돈을 꺼내어 변호사를 찾아가 '의료해방', 즉 본인의 신체에 관한 의료행위의 결정을 스스로 할 수 있는 권리를 획득하기 위한 소송을 제기했다.

엄마인 사라는 전직 변호사였기 때문에 직접 본인들의 입장을 대변하기로 해 소송이 벌어지게 되었다.

케이트의 병은 완치가 어려운 병이기 때문에 신장을 이식한다 해도 완전히 건강해질지는 보장하기 어려운 상황이지만, 당장 이식을 받지 않으면 몇 달 내로 확실하게 사망할 것이며 다른 기관을 통해 공여자를 찾는 것은 불가능한 상황이다.

하지만 만약 안나가 승소한다면 가족관계가 파탄에 이를 것이고 가족들이 이후 안나의 의료결정에 영향을 주려고 시도할 가능성이 높기 때문에 안나는 가족을 떠나 복지기관에 맡겨지게 될 가능성도 있다.

- 토론주제1 – 미성년자인 안나가 자신의 법적 권리를 주장하는 것은 어디까지 허용될 수 있을까? 안나가 자신을 위해 무엇이 최선인지 스스로 판단할 수 있을까?

- 토론주제2 – 케이트가 죽는 것이 확실하다 해도 안나의 의료해방 권리는 인정되어야 할까?

- 토론주제3 – 안나의 권리가 인정되면 안나는 고아원에 맡겨지게 될 텐데 그렇다면 안나의 의료해방을 인정하는 것이 정말 안나를 위해 현명한 판결이라고 할 수 있을까? 여러분이 판사라면 어떤 판결을 내릴 것인가?

주제2 미뇨네트호 사건

　20명의 선원을 태우고 바다를 항해하던 배가 암초에 부딪혀 침몰하게 되어, 선원들은 뗏목으로 탈출했다. 보름 이상 아무것도 먹지 못하고 표류하던 이들은 굶어 죽을 지경이 되었다.

　그러자 선원들은 서로 제비를 뽑아 한 명을 선택해 먹기로 하고 여기에 모두 동의했다.

　하지만 정작 제비뽑기로 걸린 사람은 자신의 동의를 철회하고 죽지 않겠다고 격렬히 저항했다. 다른 선원들은 이미 약속된 일이라며 이 선원을 살해해 나누어 먹었다.

　며칠 후 바다를 지나가다가 이 배를 구조한 상선의 선원들은 끔찍한 광경에 고개를 돌려야 했다. 결국 이들은 모두 살인 및 시신훼손죄로 재판에 회부되었다.

　이들은 유죄일까 무죄일까?

• 토론주제1 – 역사 속에 이와 비슷한 사건의 사례들을 찾아보고 '긴급피난'의 법적 개념을 확인해보자. 이 사건의 선원들이 한 행동은 '긴급피난'에 해당하는 것으로 볼 수 있을까?

• 토론주제2 – 모두가 죽을 상황이었기 때문에 제비뽑기를 통해 희생자를 정하자는 것에는 모두가 만장일치로 동의했다. 이렇게 제비뽑기를 했다는 것이 유죄, 무죄의 판단에 참고가 되어야 할까?

• 토론주제3 – 선원들의 국적이 모두 달랐고 이들을 구조한 상선 역시 다른 나라 선적이었다면 이들의 재판은 어디에서 어느 나라의 법이 적용되어야 할까?

• 토론주제4 – 만약 정의감이 넘치는 어떤 선원이 권총을 뽑아 들고 누구도 희생시킬 수 없다고 위협해서 결국 모든 사람들이 굶어 죽었는데 요행히 이 선원만 끝까지 살아남아 아사 직전에 구조되었다면 이 사람은 죄가 없다고 할 수 있을까?

주제3 소수자 우대 사건

셰릴 홉우드는 부유한 집안 출신이 아니다. 홀어머니 밑에서 자라면서 혼자 힘으로 고등학교, 지역 전문대학, 그리고 새크라멘토에 있는 캘리포니아 주립대학교를 다녔다.

그 뒤 텍사스로 이사해, 텍사스 최고이자 전국에서도 알아주는 텍사스 법학 전문대학 입학원서를 냈다. 그러나 학업 평균성적이 3.8점이고 입학시험도 잘 보았는데(백분위 83점) 떨어졌다.

백인 여성인 홉우드는 입학을 거절당한 것이 부당하다고 생각했다. 합격생 중에는 홉우드보다 대학 성적은 물론이고 입학시험 점수도 낮은 흑인과 멕시코계 미국인들도 있었다.

학교는 사회적 소수자에게 가산점을 주는 소수집단 우대정책을 시행하고 있었다. 사실 대학 성적과 입학시험 점수가 홉우드와 비슷한 소수집단 학생들(심지어는 홉우드보다 잘 사는 경우도 있다)은 전원 합격했다.

홉우드는 연방법원에 소송을 제기하면서, 자신은 차별에 희생되었다고 주장했다. 홉우드의 주장은 받아들여져야 할까?

• 토론주제1 – 미국에서 시행되고 있는 '소수집단 우대정책'(affirmative action)의 내용과 이에 대한 찬반 논란의 근거들을 확인해보자. 미국에서는 왜 이런 정책을 도입했을까?

• 토론주제2 – 이 사건은 '배려를 통한 통합'이라는 사회적 정책방향에 의해 개인이 역차별을 당해 피해를 보게 된 사례이다. 위 사례에서 홉우드가 치른 희생은 사회적으로 용인될 수 있는 범위인가 아니면 과도한 희생인가? 만약 이런 정책이 없다면 어떤 사회적 문제가 생기게 될까?

• 토론주제3 – 도시의 무제한적인 팽창을 막기 위해 설정된 '그린벨트' 제도도 결국 도시집중 억제라는 공공의 목적을 위해 개인의 사유재산권 행사를 제한하는 것이라고 할 수 있다. 공공을 위한 일부 개인의 희생이 인정될 수 있을까? 그 한계는 어디일까?

• 토론주제4 – 우리나라의 군가산점 논쟁과 연관해서 생각해보자. 군대를 다녀온 사람들이 치른 희생에 대해 공무원 시험에서 가산점을 주는 제도는 정당한 보상인가 부당한 차별인가? 만약 문제가 있다면 어떤 방식으로 보상해주는 것이 타당한가?

주제4 윌리엄스 사건

미국 아이오와주에서 열 살된 소녀가 실종되었다. 부모는 구석구석 찾아보았지만 소녀를 찾지 못했다.

그 직후 윌리엄스라는 남자가 건물을 나서는 것이 눈에 띈다. 그는 담요에 싼 짐을 들고 나와서 승용차 조수석에 싣고 어디론가 떠났다. 윌리엄스가 건물 문을 열때 도와주었던 소년은 담요 아래로 나온 소녀의 발을 보게 된다.

몇 시간이 지나지 않아 근교에서 윌리엄스의 차가 버려진 채 발견되고 윌리엄스는 경찰로부터 납치 혐의로 체포된다. 윌리엄스는 호송되면서 자신의 변호사를 선임했고 그와 만나기 전까지는 아무말도 하지 않겠다고 한다. 또한 연락을 받고 나온 변호사는 자신이 윌리엄스를 만나기 전까지 경찰이 어떤 심문이나 조사도 하지 말 것을 요구했다.

하지만 호송을 맡은 베테랑 형사는 윌리엄스가 정신병을 앓은 적이 있고 종교에 깊이 심취한 인물이라는 것을 알고 있었다. 그는 자신만의 방법을 써보기로 했다. 베테랑 형사와 그의 동료 형사와 함께 다양한 주제로 이야기를 나누다가 이렇게 말한다.

"이봐 윌리엄스, 가는 동안 자네가 생각해 봤으면 하는 내용이 있어. 먼저 날씨를 보게나 진눈깨비가 내리고 날씨가 춥지. 더군다나 오늘은 눈도 몇 인치 내린다고 하더군 그 소녀 장례식이라도 치러 주려면 눈이 쌓이기 전에 찾아야 하지 않겠나?"

기독교 신앙에 심취해 있던 윌리엄스는 기독교인으로서 장례식의 중요성을 상기하고는 그 소녀를 묻은 장소를 안내했다. 이것이 결정적인 증거가 되어 윌리엄스는 살인죄로 기소되었다.

하지만 윌리엄스의 변호사는 묵비권을 행사하겠다고 미리 선언했으므로 형사의 진술유도는 불법이며 따라서 이에 따라 확인된 증거도 불법인 것으로 보아 윌리엄스는 무죄라고 주장했다.

이 형사의 행동을 불법적인 심문으로 보아 윌리엄스를 무죄석방해야 할까 아니면 법적으로 유효한 행동으로 보아 유죄를 선고해야 할까?

• 토론주제1 – 비슷한 사례인 '미란다 사건'의 내용을 찾아보자. '적법절차의 원칙'이 무엇이며 그 의의는 무엇일까?

• 토론주제2 – 강요에 의한 진술이 아니라 대화를 통해 자발적으로 한 진술도 묵비권의 원칙에 어긋나는 것으로 보아야 할까?

• 토론주제3 – 비록 절차상의 하자가 있었다 하더라도 객관적으로 윌리엄스가 끔찍한 살인을 저지른 것은 분명한 상황인데 윌리엄스를 석방해야 할까? 이 경우 어떤 문제가 발생할 것으로 예상되는가?

주제5 요더 사건(Wisconsin vs Yoder 1972)

아미시(amish) 교도들은 스위스식 정통 기독교를 고집하며 현대문명과 단절하고 사는 기독교 신자들이다. 전쟁을 부인하며 군복이 연상된다고 해서 단추 달린 옷도 입지 않고 사는 사람들이다.

위스콘신주는 모든 주민들이 고등학교까지 의무교육을 받도록 하고 있는데 그 주에 살고 있던 아미시들은 초등학교까지만 보내면 충분하다고 주장한다.

초등학교를 마친 후 농사나 목공예 등 생활하는 데 필요한 기술을 가르쳐야 하므로 주의 의무교육은 자신들의 신앙에 심각한 위협이 된다는 것이다.

열심히 노동해 먹고 살도록 한 자신들의 신앙에 따르면 위스콘신주의 의무교육 제도는 종교적 구원을 받는 데 방해가 되며 너무 많이 배우는 것은 오히려 오만하고 방자한 심성을 갖게 함으로써 신실함을 해친다는 주장도 제기되었다.

따라서 위스콘신주가 아미시 청소년들을 강제로 고등학교까지 가도록 하는 것은 수정헌법 제1조에 보장된 종교의 자유를 심각하게 침해하는 것이라며 위스콘신주를 상대로 미 연방대법원에 소송을 제기했다.

이들의 주장은 받아들여져야 할까?

• 토론주제1 - 개인 신앙의 자유는 어디까지 용인될 수 있는가?

• 토론주제2 - 국가에서 국민에게 교육을 권리로 보장할 수는 있지만 의무로 강제하는 것이 타당할까? 그 이유는 무엇이며 어떤 수준까지 강제할 수 있을까?

• 토론주제3 - 만약 부모들은 물론이고 아이들도 의무교육을 거부한다면 아이들의 의사는 최종 판단에 어느 정도 고려되어야 할까? 우리의 상황에 적용해서 생각해본다면 학교를 가지 않겠다는 아이들의 의사도 존중될 수 있을까?

주제6 복제인간의 권리

생명공학 기술이 아주 발달한 미래 어느 사회에서 가장 돈을 많이 버는 사업은 복제인간을 만드는 것이었다.

복제인간은 주로 원 주인의 건강에 문제가 있을 시 각종 장기나 신체부위를 이식하는 용도로 예비 부품처럼 활용되었다.

기술의 발달로 비용도 그렇게 비싸지 않았기 때문에 대부분의 사람들이 마치 보험을 드는 것처럼 '신체은행'에 자신의 복제품을 맡겨두고 필요할 때마다 꺼내어 쓰고 있었다. 덕분에 사람들의 수명은 200세를 넘을 수 있었다.

그런데 원래 극저온에서 냉동보관되어 있어야 할 복제인간 '클론'이 이식수술을 위해 잠시 해동된 사이에 신체은행을 탈출했다.

숨어 살면서 인간들의 법제도에 대해 공부하게 된 클론은 헌법상 '인간의 존엄성'을 근거로 자신이 기본권을 보장받아야 할 똑같은 인간이므로 자신에 대한 추적 및 체포와 신체강탈이 부당하며, 더 나아가 신체은행에 갇혀 있는 모든 복제인간들을 해동시키고 이와 같은 복제행위를 금지해야 한다는 소송을 법원에 제기했다.

그러나 복제와 이식이 일반화된 사회에서 기존의 장기를 치료하는 의료기술들은 모두 퇴보했고 인간의 신체는 전반적으로 약화되었으므로 이러한 금지조치가 받아들여진다면 모든 인간들의 수명은 1/4, 즉 50세 이하로 낮아지게 될 것이다.

복제인간들의 주장은 받아들여져야 할까?

• 토론주제1 – 법적으로 '인간'의 조건은 무엇을 기준으로 설정되어야 할까? 인간과 인간 아닌 존재의 차이는 무엇인가? 복제인간은 인간으로서의 권리를 보장받을 수 있을까?

• 토론주제2 – 현재의 의학기술로도 장기 이식은 얼마든지 가능하다. 인간의 장기는 인간의 일부로 보아야 할까 아니면 물건과 마찬가지로 취급되어야 할까?

• 토론주제3 – 물리적인 신체가 없는 인공지능(AI)이 인터넷상에서 자의식을 갖게 되어 복제인간과 마찬가지로 자신의 권리를 주장한다면 권리를 인정해야 할까? 반대로 어떤 사람이 모든 신체를 상실하고 뇌만 남아서 유리관에 담겨 모니터 화면을 통해 자신의 의사를 전달한다면 이 뇌도 개별적인 인간으로 권리를 인정해야 할까?

02 ◥ 배심원 기록지

(   ) 고등학교   이름 (   )

논제		일시	20 . .
• 사건의 개요 • 사건의 쟁점 및 판결 시 유의해서 볼 사항			

토론 내용 정리	( ) 팀	( ) 팀
배심원 질문 /답변		
나의 판결	• 판결 내용 • 판결 이유의 요지	
배심원 최종 판결	• 판결 내용 • 판결 이유의 요지 • 소수 의견	

작문평가 점수표 예시[18]

점수표

No.	기준					
1	분량(20)	20 (951~1050)	15 (901~950)(1051~1100)	10 (801~900)(1101~1200)	5 (701~800)(1200 이상)	0 (700 미만)
2	서론(15) 환기 및 주장제시			10 (환기와 주장 문장 있음)	5 (주장문장만 있음 or 환기·주장이 예측가능)	0 (주장문장 없음)
3	용어 정리				5 (정확한 용어 정리)	0 (틀린 내용이거나 용어 정리가 없음)
4	본론1(30) 타당한 근거1		15 (논리적 타당성: 상)	10 (논리적 타당성: 중)	5 (논리적 타당성: 하)	0 (내용 없음)
	타당한 근거2		15 (논리적 타당성: 상)	10 (논리적 타당성: 중)	5 (논리적 타당성: 하)	0 (내용 없음)
5	본론2(25) 타당한 반론		10 (논리적 타당성: 상)		5 (논리적 타당성: 하)	0 (내용 없음)
	타당한 재반론		15 (논리적 타당성: 상)	10 (논리적 타당성: 중)	5 (논리적 타당성: 하)	0 (내용 없음)
6	결론(10) 에세이 형식		10 (논리적 타당성 있음)	5 (논리적 타당성 약함)		0 (내용 없음)

18) 부산남고등학교 황승애 선생님이 시사토론 수업에서 활용했던 자료입니다.

토론수업 단계와 워크시트 자료

1. 토론 진행 순서

찬성 측 토론자			반대 측 토론자
1	찬성1 입론(2분)	작전회의 (1분20초) ⇨	반대1 확인질문(2분)
			⇩
4	찬성2 반론(2분)	⇦	반대2 반론(2분)
		⇘	
6	찬성3 반론(2분)	⇦	반대3 반론(2분)
		⇘	
8	찬성1 확인질문(2분)	작전회의 (1분20초) ⇦	반대1 입론(2분)
	⇩		
9	찬성2 반론(2분)	⇨	반대2 반론(2분)
		⇙	
11	찬성3 최종발언(2분)	⇨	반대3 최종발언(2분)

판정팀 준비 및 질문 시간(5분)
⇩
판정팀 판정(5분)
⇩
미니 논술문 작성 제출

2. 토론 진행 대본

지금부터 찬반 토론을 시작하겠습니다.
오늘의 논제는 '_____' 입니다.
찬성팀 토론자는 _____, _____, _____입니다.
반대팀 토론자는 _____, _____, _____입니다.
양 팀 인사하면 큰 박수로 격려해주시기 바랍니다. 양 팀, 차렷! 인사(박수).

토론의 목적과 원칙을 말씀드리겠습니다. 모두 큰소리로 따라해 주시기 바랍니다.
하나, 토론의 목적은 상대를 이기는 것이 아니라 상대를 이해하는 것이다.
둘, 토론은 문제와 갈등을 해결하는 소통의 수단이다.
셋, 토론을 잘하면 민주주의가 이루어진다.
넷, 토론의 핵심은 잘 듣는 것이다. 듣고 나서 말하자.
다섯, 상대방의 발언에 비난을 하거나 모욕을 주지 않는다.

그러면, 지금부터 토론을 시작하겠습니다.
모든 발언은 각 2분씩입니다.
1분 40초가 지났을 때 종을 한 번, 2분에 종을 두 번 울립니다.
2분 10초가 되면 "발언시간 끝났습니다." 하고 발언을 중단시키겠습니다.

(1) 먼저, 찬성팀 제1토론자 입론해 주십시오.
　　"작전회의 시간입니다. 시간은 1분 20초입니다."
　　1분 20초 후 종 울림 "작전회의 시간이 끝났습니다."
(2) 반대팀 제1토론자 확인질문해 주십시오.
(3) 반대팀 제2토론자 반론해 주십시오.
(4) 찬성팀 제2토론자 반론해 주십시오.
(5) 반대팀 제3토론자 재반론해 주십시오.
(6) 찬성팀 제3토론자 재반론해 주십시오.
(7) 이번에는 반대팀에서 입론을 하겠습니다. 반대팀 제1토론자 입론해 주십시오.
　　"작전회의 시간입니다. 시간은 1분 20초입니다."
　　1분 20초 후 종 울림. "작전회의 시간이 끝났습니다."

(8) 찬성팀 제1토론자 확인질문해 주십시오.

(9) 찬성팀 제2토론자 반론해 주십시오.

(10) 반대팀 제2토론자 반론해 주십시오.

(11) 반대팀 제3토론자 재반론 및 최종발언해 주십시오.

(12) 찬성팀 제3토론자 재반론 및 최종발언해 주십시오.

이상으로 양 팀 간의 토론을 마치겠습니다.

수고하신 양 팀에게 큰 박수 부탁드립니다.

판정을 하기 전 청중들의 질문시간을 갖겠습니다.

질문이나 의견이 있는 분은 손을 들어주시기 바랍니다.

질문시간이 끝났습니다. 청중의 판정 결과를 취합해 발표하겠습니다.

그럼 이상으로 토론을 마치도록 하겠습니다.

모두 수고하셨습니다.

3. 활동 학습지

모둠활동(주장에 대한 근거 찾기)

	자료 수집 카드		
토론주제		우리 모둠의 입장은 (찬성 / 반대)입니다.	
자료제목		출처	
자료요약		활용전략	

토론 개요서	
토론 주제	우리 팀의 입장은 (찬성 / 반대)입니다.

나의 주장에 대한 이유	
나의 이유에 대한 근거(사례)	
나의 이유와 근거에 대한 상대방의 예상 질문	
상대방의 예상 질문에 대한 자신의 답변	
상대방의 주장 (이유&근거)	
상대방의 주장에 대한 우리 팀의 반박	

토론 녹취록

토론 주제	
찬성1 입론	
작전회의(1분20초)	
반대1 확인 질문	
반대2 반론	
찬성 반론	
반대 입론	
작전회의(1분20초)	
찬성 확인 질문	
찬성 반론	
반대 반론	
찬성 반론	
반대 최종 발언	
찬성 최종 발언	

판정서	
1. 우승팀은?	이유는?
2. 최우수토론자는?	이유는?

개별평가과제 - 미니 논술문

미니 논술문			
학번		이름	
주제			

토론 주제에 대한 나의 생각을 논술하시오.
주장 - 이유와 근거1 - 이유와 근거2 - 결론

참고문헌

◥ 총론

강구진(1983). 재소자의 법의식에 관한 조사연구. 서울대학교 법학 24권 4호. 78 – 89.

곽한영(2007). 법교육이 청소년의 법의식에 미치는 영향에 관한 연구 – 여자비행청소년을 중심으로. 서울대학교 박사학위 논문.

곽한영(2010). 초기 사회과 교과서에 나타난 법교육의 양상에 관한 연구 – 교수요목기 공민1 교과서를 중심으로. 법교육연구 제5권 제2호. 1 – 23.

곽한영(2012). 시민법교육(PLE)의 의미와 접근방식에 관한 고찰. 법교육 연구 제7권 제2호. 1 – 27.

김미희(2007). 교과서 분석을 통한 사회과에서의 기본권 교육의 실태 연구. 법교육연구. 제2권 1호. 1 – 23.

박성혁(1994). 학생들의 법사회화 과정에 관한 기초 이론의 재검토. 한국 사회과교육학회. 시민교육연구 제19권. 211 – 224.

박성혁(2006). 법교육의 역사와 현황 그리고 발전 방향. 법교육연구 제1 권 제1호. 53 – 71.

이진석(1994). 기본권교육으로서 헌법교육의 실태와 교수모형 탐색. 사회와 교육. 18권. 119 – 139.

문용린(1994). 청소년의 도덕성, 법의식 발달, 비행 경향성 및 법교육 실태에 관한 연구. 한국형사정책연구원.

법무부(2005). 미국, 일본 법교육 현황 조사 자료집.

이종국(2008). 한국의 교과서 변천사 – 근대 교과서 백년, 다시 새 세기를 넘어. 대한교과서주식회사.

이종국(2001). 한국의 교과서 출판 변천 연구. 일진사.

이종국(2005). 한국의 교과서상. 일진사.

유봉호(1982). 일제말기(1930 – 1945)의 초중등학교 교육과정 연구. 한국 정신문화원 논총 제40권. 75 – 98.

유봉호, 김용자(1998). 한국 근현대 중등교육 100년사. 한국교육학회 교육사연구회.

Butts, J. A., Buck, J., Coggeshall, M. B. (2002). The Impact of Teen Court on Young Offenders. Washington, DC:The Urban Institute.

Buzzell, T. (1994). An Evaluation of Teens, Crime and the Community in a Juvenile Diversion Setting. Washington, DC: National Crime Prevention Council.

Buzzell, T., and R. Wright. (1992). Law−Related Education in Juvenile Corrections: Evaluation Results from the Iowa State Training School. Des Moines, IA: Iowa Center for LawRelated Education, Drake University.

Carroll, J. (1992). Report of Project Legal to National Diffusion Network. Syracuse. NY:Syracuse University, The Maxwell School

Center for Action Research(1994). Project Prince:Evaluation of Impact on Student. Boulder Co.:University of Colorado.

Fox, J., K. Minor, and W. Pelkey. (1993). The Relationship Between Law−Related Education Diversion and Juvenile Offenders Social− and Self−Perceptions. Richmond, KY: Eastern Kentucky University.

Gannon, C. (2000). Fresh Lifelines for Youth Executive Summary. San Jose, CA: Fresh Lifelines for Youth Project.

Hirschi. T. (1969). Causes of Delinquency. Berkeley:University of California Press.

Hissong, R. (1991). Teen Court−Is It An Effective Alternative to Traditional Sanctions?. JOURNAL FOR JUVENILE JUSTICE AND DETENTION SERVICES Vol. 6. 14−23.

Law Centres Federation(2007). Equality Throught Justice : Annual Report 2006−07. Law Centres Federation.

National Law—Related Education Evaluation Project(NLREEP)(1984). Law—Related Education Project Final Report. Phase II, Year3, Boulder:University of Colorado. Center for Action Research and the Social Science Educatio Consortium.

South Carolina Department of Youth Services(1986). Juveniles and the Law Diversion Program: Preliminary Evaluation Report. Columbia, SC: South Carolina Department of Youth Services, Planning and Information Section.

Starr, Isidore(1985). Reflections on the law studies movement in our schools. In C. J. White & N. Gross(Eds), The bulwark of freedom:Public understanding of the law. 37—44.

Williamson, D., Young, C. (1992). Law—Related Education as diversion option for juvenile offenders in Kentucky. Journal for juvenile justice and Detention Services Vol.7. 16—19.

Williamson, Deborah et al(2007). Law—Related Education and Juvenile Justice:Promoting Citizenship Among Juvenile Offenders. C.C.Thomas.

Kohlberg, L. (1976). Moral stages and moralization. Moral development and behavior, 31—53.

Tapp, J. L., & Levine, F. J. (Eds). (1977). Law, justice, and the individual in society: Psychological and legal issues (p. 311). New York: Holt, Rinehart and Winston.

성낙인 외 (207). 법교육지원법 입법을 위한 연구보고서.

ABA(1985). Law—related education and young child, The social studies, May, p.139.

◥ 1장 모의재판

곽한영(2014). 교육연극으로서 모의재판 수업모형의 재구성. 법교육연구
　　제9권 제1호. 1 – 25.
정봉진(2010). "미국 로스쿨에서의 법률정보의 조사, 법문서의 작성 및
　　모의재판 과목의 교육", 『법과 사회』, 38, 289 – 328.
최대권(1999). 『미국 사회에 있어서의 지적 흐름에 관한 연구: 법학 교육
　　을 중심으로』, 미국학연구소 편.
홍대식(2008). "모의재판, 무엇을 어떻게 가르칠 것인가?", 『법과 사회』,
　　35, 129 – 153.

◥ 2장 교육연극

곽한영(2013). "교육연극 기법을 활용한 법교육 방안 연구", 『법교육연구』,
　　8(2), 1 – 22.
권재원·구민정(2005). "연극 – 논쟁 수업 모형 개발에 대한 연구 : 청소
　　년 문화활동을 통한 고차 사고력 함양을 위하여", 『한국교육연구』,
　　제10권 제2호, 34 – 63.
김면성(2008). "동화를 활용한 교육연극 수업이 초등학생의 환경태도에
　　미치는 영향", 부산대학교 석사학위논문.
김영미(2004). "교육연극 기법을 활용한 소설교육 방안 연구 – 중학교 교
　　육과정을 중심으로", 공주대학교 교육대학원 석사학위논문.
김지순(2004). "교육연극이 초등학교 아동의 사회적 능력발달에 미치는
　　영향", 부산교육대학교 교육대학원 석사학위논문.
김창화(1997). 교육연극의 활용방안에 관한 연구. 연극교육연구 제1집,
　　7 – 39.
김효(1999). "교육연극의 본질:드라마와 놀이", 『연극교육연구』, 제3집,
　　147 – 178.
신동인·조연호(2011). "저소득층 초등학생을 위한 연극교육 프로그램의
　　개발 및 효과성에 관한 연구", 『연극교육연구』, 19권, 35 – 69.

심상교(2001). "교육연극을 활용한 수업방법 연구", 『어문학교육』, 제23호, 61-89.

이명숙(2004). "교사교육과 교과교육학적 접근", 길병휘 외 저, 『교사교육:반성과설계』, 217-242.

이용희(2008). "교육연극을 활용한 사회 연계성 체험", 『인문과학연구』, 제19집, 303-325.

임성규(2008). "교육연극을 통한 초등 학습 관객의 현실 체험 교육 연구: 현실주의 아동극을 중심으로", 『한국초등국어교육』, 제37집, 305-330.

조경애(2006). "교육연극 활동수업이 초등학생의 창의성에 미치는 효과", 한국교원대학교 교육대학원 석사학위논문.

조병진(1998). 연극의 교육적 활용: 그 가능성과 방향. 연극교육연구 제2집, 217-244.

진혜경(2006). "연극치료 프로그램이 초등학생의 사회성과 스트레스에 미치는 영향", 한국교원대학교 교육대학원 석사학위논문.

황정현(1999). "총체적 언어교육 방법론으로서의 교육연극 이해", 『한국초등국어교육』, 제15집, 51-67.

3장 청소년법정

곽한영, 하혜숙(2006). 한국형 청소년법정모델 개발을 위한 기초연구, 시민교육연구 제38권 제2호, 1-25.

이대성(2010). 학생장치법정을 활용한 학교 법교육의 실천 가능성, 법교육연구 제5권 제2호, 75-103.

박성혁, 이봉민(2003). 청소년 법정제도를 활용한 학생선도프로그램 개선방안에 관한 연구, 시민교육연구 제35권 제2호, 25-44.

Butts, J. A. et al(2002). The Imkpact of Teen Court on Young Offenders. OJJDP, 98-JN-FX003. The Urban Institute.

Cadwallader, R. (1994). Grand Prairie's Teen Court, Arlington:Fort-Worth

Star Telegram.

Deborah Williamson et al. (1997). *Law−Related Education and Juvenile Justice: Promoting Citizenship Among Juvenile Offenders*, NewYork : C. C. Thomas.

Pearson, S.S. and Jurich, S. (2005). Youth Court:A Community Solution for Embracing At−Risk Youth. American Youth Policy Forum.

Wilson, J. J. (2000). Teen Courts: A Focus on Research. Juvenile Justice Bulletin.

◥ 4장 또래 조정

Coser, L. A. 박재환 역(1980). 갈등의 사회적 기능, 한길사.

이명준 외(2004). 초중등학교의 갈등해결 교육에 관한 연구, 한국교육과 정평가원 연구보고서.

전희옥(2002). 사회과 교육에서의 갈등문제 교육, 사회과교육연구 제9호. 75 − 100.

최창욱 외(2005). 청소년 갈등해결프로그램 개발 및 효과연구, 한국청소 년개발원 연구보고서.

DeCecco, J., Richards, A.(1974). Growing pains:Uses of school conflict. NY:Aberdeen.

Bodine, J. R., Crawford, K.D., Schrumpf, F. (1994). Creating the peaceable school−program guide:A comprehensive program for teaching conflict resolution, creating the peaceable school: Student manual. IL:Research Press.

Jones, T. S. (2004). Conflict Resolution Education:The Field, the Findings, and the Future, in Conflict Resolution Quarterly Vol.22 No.1 − 2. 233 − 267.

Krappmann, L., & Oswald, H. (1987). Negotiation Strategies in Peer Conflicts: A Follow—up Study in Natural Settings.

University of Florida(2007). Take CHARGE! curriculum, FL:University of Florida.

江口勇治, 곽한영, 이지현 역(2007). 세계의 법교육, 한국학술정보.

웹사이트

SFED(San Francisco Education Fund). http://www.sfedfund.org/peerres ources/pr_prog_conflict.php (검색일: 2007. 2. 28).

◥ 5장 딜레마 토론수업

김경순(2000). 쟁점중심 통합 사회과 수업모형탐색. 석사학위논문. 한국 교원대학교대학원.

박인정(2012). 쟁점 중심 수업의 설계와 운영에 관한 연구 : 시사 토론 과목 의 실천 사례를 중심으로. 석사학위논문. 부산대학교 교육대학원.

윤혜경(2005). 딜레마 일화를 활용한 과학 교사 교육. 한국과학교육학회 지 25(2). 98—110.

이진숙(2010). 쟁점 중심 토론 수업이 중학생의 정치적 효능감에 미치는 영향. 석사학위논문. 충북대학교대학원.

이현중(2002). 유아교육 예비교사가 교육실습과정에서 느끼는 갈등 연 구. 석사학위논문. 한국교원대학교대학원.

조철기(2013). 내러티브로 구성된 딜레마를 활용한 지리수업 방안. 중등 교육연구 61(3). 513—535.

최지영(2009). 협동학습상황에서의 교사 경험의 성찰. 학교심리와 학습 컨설팅 1(2). 1—19.

Cuban, L.(1992). Managing Dilemmas while building professional communities, Educational esearcher, 21. 4—11.

Evans, R. W. (1976). Critical Thinking and Reasoning : A handbook for Teachers, A Project Search Development, Albany:State Univ. of New York, 3-9.

Funtowicz, S. O. and Jerome R. Ravetz(1991). "A New Scientific Methodology for Global Environmental Issues." In *Ecological Economics: The Science and Management of Sustainability*. Ed. Robert Costanza. New York: Columbia University Press: 137-152.

Hunt, M. P. & Metcalf, L. (1955). Teaching High School Social Studies, New York : Harper and Row.

Kohlberg, L. (1981). Essays in Moral Development. Volume 1:The Philosophy of Moral Development. San Francisco:Harper & Row.

McParland, M. (2001). Theory into Practice:Moral Dilemmas, Sheffield: Geographical Association.

Volkmann. M. J. & Anderson, M. A. (1998). Creating Professional Identity:Dilemmas and Metaphors of a First-Year Chemistry Teacher. Science Education, 82. 293-310.

▼ 6장 온라인 매체 활용 수업 - 블렌디드 러닝과 플립드 러닝

김백희, 김병홍(2014). 플립드 러닝(Flipped Learning)을 기반으로 한 역할 교체식 토의 수업 방안 연구. 우리말연구 제37집. 141-166.

이동엽(2013). 플립드 러닝(Flipped Learning) 교수학습 설계모형 탐구. 디지털정책연구. 제11권 제12호. 83-92.

이지연, 김영환, 김영배(2014). 학습자 중심 플립드러닝(Flipped Learning) 수업의 적용 사례. 교육공학연구 제30권 제2호. 163-191.

정 민(2014). Flipped Classroom 학습이 초등학생의 수학과 학업성취와 태도에 미치는 영향. 한국교원대하교대학원 석사학위논문.

Bergmann, J., & Sams, A. (2012). Flip your classroom: Reach every student in every class every day. International Society for Technology in Education.

Chaplin, S. (2009). Assessment of the impact of case studies on student learning gains in an introductory biology course. Journal of College Science Teaching, 39(1), 72-79.

Davies, R. S., Dean, D. L., & Ball, N. (2013). Flipping the classroom and instructional technology integration in a college-level information systems spreadsheet course. Educational Technology Research and Development, 61(4), 563-580.

Davis, R. S., Dean, D. L., & Ball N. (2013). Flipping the Classroom and instructional technology integration in a college-level information systems spreadsheet course. Educational Technology Research and Development. Vol.61 No.4. 563-580.

Freeman, S., O'Connor, E., Parks, J. W., Cunningham, M., Hurley, D., Haak, D., ... & Wenderoth, M. P. (2007). Prescribed active learning increases performance in introductory biology. CBE-Life Sciences Education, 6(2), 132-139.

Fulton, K. (2012). Upside Down and Inside Out: Flip Your Classroom to Improve Student Learning. Learning & Leading with Technology, 39(8), 12-17.

Garrison, D., & Kanuka, H. (2004). Blended learning : Uncovering its transformative potential in higher education. The Internet and Higher Education, Vol.7 No.2. 95-105.

Green, G. (2012, July). The flipped classroom and school approach: Clintondale High School. In annual Building Learning Communities Education Conference, Boston, MA. Retrieved from http://2012. blcconference. com/documents/flipped-classroom-school-approach. pdf.

Hake, R. (1998). Interactive-engagement versus traditional methods:

a six−thousand−student survey of mechanics test data for introductory physics courses. American Journal of Physics, 16, 64 −74.

Hamdan, N., McKnight, P., McKnight, K., & Arfstrom, K. M. (2013). A white paper based on the literature review titled a review of flipped Learning. Flipped Learning Network, 1−15.

Hamdan, N., Mcknight, P., Mcknight, K., & Arfstrom, K. M. (2013). A review of flipped learning. Flipped Learning Network.

Knight J. K., & Wood W. B. (2005). Teaching more by lecturing less. Cell Biology Education, 4, 298-310.

Michael, J. (2006). Where'dvances Physiology Education, 30, 159-167

Musallam, R. (2010). The effects of screencasting as a multimedia pre−training tool to manage the intrinsic load of chemical equilibrium instruction for advanced high school chemistry students. University of San Francisco, San Francisco.

O'Dowd, D. K., & Aguilar−Roca, N. (2009). Garage demos: using physical models to illustrate dynamic aspects of microscopic biological processes. CBE−Life Sciences Education, 8(2), 118− 122.

Papadopoulos, C., & Roman, A. S. (2010). Implementing an inverted classroom model in engineering statics: Initial results. In American Society for Engineering Education. American Society for Engineering Education.

Tucker, B. (2012). The flipped classroom. Education Next, 12(1). 82−83.

◥ 7장 사례연구와 작문수업

박성혁(1998). 사회과교육에서의 법교육 방법에 관한 연구−사례연구법의 적용을 중심으로. 사회와 교육 제26권. 한국사회과교육학회.

박성혁, 권의주(2002). 사회과 법교육 내용의 현상적 특징과 참평가 방안에 관한 연구-작문평가를 중심으로. 시민교육연구 제34권 제1호. 113-137.

배화순(2017). 사회과 글쓰기 수업을 통한 융복합 교육 방안. 학습자중심교과교육연구. 제17권 제20호. 21-40.

Gerlach, R. A., Lamprecht, L. W. (1975). Teaching about the Law, Cincinnati, Ohio:The W.H.Anderson Co.

◥ 8장 선거교육

교육부(2015). 사회과 교육과정.

길승흠·김광웅·안병만(1987). 한국선거론, 다산출판사.

김영인(2003). 정치참여에 대한 두 가지 관점 고찰, 시민교육연구, 35(1). 39-68.

김영지(2004). 청소년 참여의 동향과 실제, 청소년문화포럼, 10. 11-36

신두철(2012). 호주의 정치참여 위기와 민주시민교육 : 호주선거위원회의 선거교육을 중심으로, 한국시민윤리학회보, 25(2). 31-45.

안효익(2010). 디지털 컨버전스 환경에서의 정치참여와 정치교육, 시민교육연구, 42(3). 95-125.

유명철(1998). 선거 참여를 위한 교실에서의 유권자 교육. 정치정보연구, 1(1). 217-253.

이남영(1992). 투표참여와 기권: 제14대 국회의원선거 분석. 한국정치학회 국내하계학술대회논문집: 선거와 한국정치. 135-139.

최연혁(2010). 투표참여의 동기변수와 시민교육. 스칸디나비아 연구, 11. 81-122.

Almond, G. A., & Verba, S. (2015). The civic culture: Political attitudes and democracy in five nations. Princeton university press.

Bardeen, T.(2008). Election 2008 Classroom KIT, Instructor;Sep/Oct 2008, 118(2), 28−33.

Callahan, R. M., Muller, C., & Schiller, K. S. (2010). Preparing the next generation for electoral engagement: Social studies and the school context. American Journal of education, 116(4), 525−556.

Cooks, J., & Epstein, T. (2000). Diss in democracy? African American adolescents' concepts of citizenship. Journal of social studies Research, 24(2), 10.

Donovan, C. (2004). Youth Voting:In the classroom and at the polls. From Research to Practice. Circle 2004 Dec.19. 8−9.

Downs, A. 전인권·안도영 역(1997). 민주주의 경제학이론, 나남.

Ferguson, P. (1991). Impacts on social and political participation. Handbook of research on social studies teaching and learning, 385−399.

Harrop, M., & Miller, W. L. (1987). Elections and voters: a comparative introduction. New Amsterdam Books.

−Journell, W. (2011). Teaching Politics in Secondary Education: Analyzing Instructional Methods from the 2008 Presidential Election. The Social Studies, 102. 231−241.

Junn, J. (1998). Civic Education: What makes students learn. New Haven:Yale University Press.

Kids Voting(2016). NEARLY 1 MILLION STUDENTS VOTE IN KIDS VOTING PRESIDENTIAL ELECTION. Kids Voting Press Release. Nov 17, 2016.

Lazer, S. (1999). NAEP 1998 civics report card for the nation.

Ledford, C. C. & Lyon, A. (2004). Election Resources and Activiteis for Grades K−5. Social Studies and the Young Learner, 17(1). 19−21.

Lutkus, A. D., Weiss, A. R., Campbell, J. R., Mazzeo, J., & Moore, D.,

Beshke, C. A., Bohan, C. H. (2014). Simulations and Games in the Civics Classroom. Social Studies Research & Practice. 9(2). 78−88.

Mitsuru Uchida(2007). 일본의 무관심한 유권자에 대한 대책 : 제도적 개혁, 시민 참여와 시민 교육, 한국민주시민교육학회보, 12(1). 129−136.

National Association of Secretaries of State. (1999). New millennium project, part I: American youth attitudes on policies, citizenship, government, and voting. Washington, DC: Author, 34-38.

Newmann, F. M. (1991). Classroom thoughtfulness and students' higher order thinking: Common indicators and diverse social studies courses.

Theory & Research in Social Education, 19(4), 410−433.

Patrick, J. J. (1976). Making Decisions About Participating in Elections. Social Education, 40(6), 366−72.

Putnam, R. (1995). Bowling Alne, Journal of Democracy, 9. 65−78.

Riker, W. H., & Ordeshook, P. C. (1968). A theory of the calculus of voting. American Political Science Review, 62. 25−42.

Simon, J., Merrill, B. D. (1998). Political Socialization in the Classroom Revisited:The Kids Voting Program. The Social Science Journal. 35(1). 29−42.

웹사이트

ADL(2015). Voting Rights Then and Now. Lesson Plans. https://www.adl.org/education/educator−resources/lesson−plans/voting−rights−then−and−now (검색일: 2017. 11. 30.).

Caucus 101:A Curriculum for Iowans, by Iowans http://teachers.caucus101.com (검색일: 2017. 11. 30.).

Deliberating in Democracy−Lesson Plans−Minimum Voting Age http://dda.deliberating.org/index.php?option=com_content&view

= article&id = 99%3A − minimum − voting − age&catid = 58%3A − mi
nimum − voting − age&Itemid = 37&lang = en (검색일: 2017. 11. 30.).
Deliberating in Democracy − Lesson Plans − Voting http://dda.deliberating.
org/index.php?option = com_content&view = article&id = 73%3Avot
ing&catid = 41%3Avoting&Itemid = 37&lang = en (검색일: 2017. 11. 30).
Jody P. & Shara P. (2016). A Lively History Activity for President' Day.
A MiddleWeb Blog. https://www.middleweb.com/27908/a − lively
− history − activity − for − presidents − day (검색일: 2017. 11. 30).

◥ 9장 미국 법교육 교수학습법 사례

Crosby, M. N. (1991). A Review of Innovative Approaches to LRE.
Technical Assistance Bulletin No.4.
Classroom Law Project − Teaching Youth Participation in Democracy,
https://classroomlaw.org (검색일: 2020. 5. 20.).
Lesson Plan(2006). Immigration − a Townhall Hearing Simulation.
Lesson Plan(2007). Telephone Book Scavenger Hunt.
Lesson Plan(2020). Extraterrestrials and the Bill of Rights! Lesson Plan
Grades 4 − 12.

곽한영

〈학력〉

서울대학교 학·석사
서울대학교 박사(법교육)

〈경력〉

법무부 산하 한국법교육센터 본부장
한국법교육학회 편집장
한국시민청소년학회 이사
부산광역시교육청 사회(심화) 인정도서심의회 심의위원
법무부 헌법교육 강화 추진단 중등분과위원장
부산광역시교육청 고등학교 사회 인정도서 심의위원
게임물관리위원회 등급재분류자문회의 자문위원
이화여자대학교 교육대학원 겸임교수
부산대학교 취업전략과 부처장
일반사회교육과 학과장
現 일반사회교육과 교수

〈저서〉

곽한영 외, 『청소년의 법과 생활』, 대한교과서, 2006. 2.
곽한영 외, 『세계의 법교육』, 한국학술정보, 2007. 5.
곽한영, 『혼돈과 질서 – 인문학의 눈으로 본 세상의 균형과 조화에 관한 이야기』, 사람
    의무늬, 2016. 2.
곽한영, 『게임의 법칙』, 창비, 2016. 10.
곽한영, 『청소년을 위한 법학 에세이』, 해냄출판사, 2020. 06.

〈논문〉

「한국 법교육의 현황과 전망」, 법교육연구, 2006. 6.
「국민참여재판, 어떻게 가르칠 것인가」, 법교육연구, 2008. 12.
「초기 사회과 교과서에 나타난 법교육의 양상에 관한 연구 – 교수요목기 공민1 교과서
    를 중심으로 –」, 법교육연구, 2010. 12.
「미국 각주의 사회과 필수화 입법 사례 연구 – 일리노이 주의 사례를 중심으로」, 법교
    육연구 2018. 8.
「홍콩 민주화 시위에서 시민교육의 역할 – Liberal Studies를 중심으로」, 법교육연구,
    2019. 12.
「놀이와 법의식의 관계에 관한 연구 – 법교육에의 시사점을 중심으로」, 법교육연구,
    2020. 4.

법교육 교수학습방법론 강의

초판발행   2020년 8월 21일

지은이   곽한영
펴낸이   노 현

편 집   최은혜
기획/마케팅   박세기
표지디자인   벤스토리
제 작   우인도 · 고철민

펴낸곳   ㈜ 피와이메이트
             서울특별시 금천구 가산디지털2로 53 한라시그마밸리 210호(가산동)
             등록 2014. 2. 12. 제2018-000080호

전 화   02)733-6771
fax   02)736-4818
e-mail   pys@pybook.co.kr
homepage   www.pybook.co.kr
ISBN   979-11-6519-076-7 93370

정 가   20,000원

박영스토리는 박영사와 함께하는 브랜드입니다.